DIEDERICHS GELBE REIHE

herausgegeben von Michael Günther

Claudia Weber

Buddhistische Sutras

Das Leben des Buddha in Quellentexten

Diederichs

Die Deutsche Bibliothek – CIP-Einheitsaufnahme
Buddhistische Sutras : das Leben des Buddha in Quellentexten / Claudia Weber. – Kreuzlingen; München : Hugendubel, 1999
(Diederichs)
(Diederichs Gelbe Reihe ; 156 : Indien)
ISBN 3-424-01448-6

Umschlaggestaltung: Zembsch' Werkstatt, München
Produktion: Tillmann Roeder, München
Satz: SatzTeam Berger, Ellenberg
Druck und Bindung: Pressedruck, Augsburg
Printed in Germany

ISBN 3-424-01448-6

Inhalt

Einleitung 19

Editorische Notiz 33

Das Mahāvadāna-Sūtra –
Der große Lehrtext über die
Vorzeitgeschichte (der Buddhas) . . . 35

1 Gegenwartsgeschichte 36
1 a Zahlreiche Mönche unterhalten sich über das Wissen Buddhas von seinen Vorläufern 36
1 b Der Buddha berichtet über die Herkunft seines Wissens von seinen Vorläufern . . 37
1 c Zusammenfassung von 1 a–b in fünf Versen 39

2 Zeit und Herkunft der sieben Buddhas 40
2 a Offenbarung über das Zeitalter des Erscheinens der sieben Buddhas 40
2 b Offenbarung über die Lebensdauer der sieben Buddhas 40
2 c Offenbarung über die Kaste der sieben Buddhas 41
2 d Offenbarung über die Familienzugehörigkeit der sieben Buddhas . . . 41

3 Die Lebensumstände der sieben Buddhas 42
3a Offenbarung über die jeweiligen Bodhibäume der sieben Buddhas 42
3b Offenbarung über die Hörerversammlungen der sieben Buddhas . . . 42
3c Offenbarung über das jeweilige Hauptschülerpaar der sieben Buddhas . . 43
3d Offenbarung über die jeweiligen dienenden Jünger der sieben Buddhas . . 45
3e Offenbarung über den jeweiligen Sohn der sieben Buddhas 46
3f Offenbarung über die Eltern der sieben Buddhas und deren Wohnort 46

4 Vipaśyin im Mutterleib 49
4a Empfängnis des Bodhisattva Vipaśyin . . 49
4b Vier Götter sollen die schwangere Mutter beschützen 50
4c Das Kind wird im Mutterleib von keinerlei Unreinheit befleckt 50
4d Der Bodhisattva im Mutterleib ist wie ein Edelstein auf einer Schnur 51
4e Die Mutter leidet während der Schwangerschaft keine Schmerzen . . . 52
4f Während sich der Bodhisattva im Mutterleib befindet, befolgt die Mutter von Natur aus die fünf Laiengebote . . . 52
4g Die Mutter trägt kein Verlangen nach Männern 53

5 Wunder und Umstände bei der Geburt Vipaśyins 53
5a Lichtschein und Erdbeben bei der Geburt 53

5b Der Bodhisattva wird unbefleckt von Schmutz geboren 54
5c Die Mutter gebiert Vipaśyin stehend . . 54
5d Der eben geborene Vipaśyin tut sieben Schritte 54
5e Zwei Wassergüsse aus dem Himmel baden Vipaśyin 55
5f Ein Brunnen spendet Wasser für Vipaśyin 55
5g Jubel der Götter über Vipaśyins Geburt . 56
5h Vipaśyin bekommt eine Amme 56

6 Vipaśyin als »großer Mann« (mahā-puruṣa) 57
6a Die zwei möglichen Lebenswege eines »großen Mannes« 57
6b Die zweiunddreißig Merkmale des »großen Mannes« 59
6c Vipaśyins Mutter stirbt nach sieben Tagen 64

7 Auszeichnende Eigenschaften des Kindes 64
7a Die übermenschliche Schönheit des Bodhisattva 64
7b Der Bodhisattva ist bei jedermann beliebt 65
7c Die Augen des Bodhisattva blinzeln nicht 66
7d Der Bodhisattva besitzt das himmlische Auge 66
7e Der Bodhisattva hat eine wohlklingende Stimme 66
7f Der Bodhisattva ist ein Gelehrter . . . 67

8 Vipaśyins Erlebnisse und Weltflucht . 67
8a Die erste Ausfahrt: Begegnung mit einem alten Mann 67
8b Der Wagenlenker berichtet König Bandhumat über die erste Ausfahrt . . . 69
8c Die zweite Ausfahrt: Begegnung mit einem kranken Mann 71
8d Der Wagenlenker berichtet König Bandhumat über die zweite Ausfahrt . . 72
8e Die dritte Ausfahrt: Begegnung mit einem Toten 73
8f Der Wagenlenker berichtet König Bandhumat über die dritte Ausfahrt . . . 75
8g Die vierte Ausfahrt: Begegnung mit einem Mönch und Weltflucht 76
8h Achtzigtausend Leute folgen Vipaśyin in die Hauslosigkeit 79
8i Vipaśyin belehrt die achtzigtausend Mönche 79

9 Vipaśyins Erleuchtung und Entschluß zur Lehrverkündigung . . 81
9a Vipaśyin setzt sich zur Meditation nieder 81
9b Vipaśyin erkennt die Reihe des Entstehens in Abhängigkeit (pratītya-samutpāda) . . 82
9c Vipaśyin erkennt die Möglichkeit der Aufhebung der Glieder des pratītya-samutpāda 84
9d Vipaśyin schaut die Vergänglichkeit der Glieder des pratītya-samutpāda und der fünf Gruppen der Persönlichkeit (skandha) 90
9e Vipaśyin stellt zwei Erwägungen an . . 91

10 Vipaśyins Wirksamkeit als Buddha . 92
10a Vipaśyin beschließt, Khaṇḍa und Tiṣya zu belehren 92
10b Vipaśyin sucht den Gazellenhain in Bandhumatī auf 92
10c Vipaśyin belehrt Khaṇḍa und Tiṣya . . 93
10d Achtzigtausend Leute ziehen in die Hauslosigkeit 94
10e Die achtzigtausend Mönche werden belehrt 95
10e* Die Unterweisung der achtzigtausend Mönche, die vor der Erleuchtung des Vipaśyin in die Hauslosigkeit zogen . . 95
10f Vipaśyin sendet zweimal achtzigtausend Mönche aus 96
10g Der Verlauf der sechs Jahre 97
10h Vipaśyin verkündet den Prātimokṣa . . 98
11 Wiederaufnahme der Gegenwartsgeschichte 99

Das Mahāparinirvāṇa-Sūtra – Der große Lehrtext vom körperlichen Verlöschen (des Buddha) 105

1 Varṣākāras Besuch beim Buddha . . 106
2 Predigt über die Bedingungen zur Sicherung des Mönchstums 112
2a Die erste Reihe von Bedingungen . . . 112
2b Die zweite Reihe von Bedingungen . . 115
2c Die dritte Reihe von Bedingungen . . . 115
2d Die vierte Reihe von Bedingungen . . 116
2e Die fünfte Reihe von Bedingungen . . 116

2f Die sechste Reihe von Bedingungen . . 117
2g Die siebte Reihe von Bedingungen . . 118
3 Predigt in Veṇuyaṣṭikā 119
4 Predigt über Nachlässigkeit und Nichtnachlässigkeit 120
5 Der Buddha zu Pāṭaliputras Ausbau und Zukunftsaussichten 124
6 Bewirtung des Buddha in Pāṭaliputra 126
7 Die wunderbare Überquerung des Ganges 128
8 Predigt über Zucht, Versenkung und Weisheit 130
9 Über das Schicksal Verstorbener . . 131
10 Āmrapālis Besuch beim Buddha . . 134
10a Ermahnung der Mönche 134
10b Belehrung der Hetäre und Einladung an den Buddha 136
11 Besuch der Licchavis beim Buddha . 136
11a Die prächtige Anfahrt der Licchavis . . 136
11b Paiṅgika-Māṇava preist den Buddha . 138
11c Ablehnung der Einladung der Licchavis 139
12 Āmrapāli bewirtet den Buddha . . . 139
13 Anweisung über das Verbringen der Regenzeit 141

14 Erste Erkrankung des Buddha . . . 142
14 a Der Buddha überwindet die Krankheit . 142
14 b Der Buddha erklärt, die Lehre rückhaltlos verkündet zu haben 143
15 Der Buddha rühmt sich der Fähigkeit zur Lebensverlängerung . 146
16 Māras Aufforderung zum Eingang in das Parinirvāṇa 148
17 Der Buddha über die acht Ursachen von Erdbeben 150
18 Gespräch mit Ānanda über das baldige Verlöschen 153
18 a Ānanda erfährt vom bevorstehenden Verlöschen 153
18 b Der Buddha weigert sich, sein Leben zu verlängern 153
19 Der Buddha ermahnt zur Beachtung der Leitbegriffe seiner Lehre 154
20 Buddhas Abschiedsblick auf Vaiśālī . 156
21 Predigten an die Mönche auf dem Weg von Vaiśālī nach Bhoganagaraka 157
21 a Predigt im ersten Dorf 157
21 b Schema-Predigten in weiteren Dörfern . 157
22 Der Buddha über die drei Ursachen von Erdbeben 158

23 Der Buddha rühmt seine Anpassungsfähigkeit an seine Hörer 159

24 Der buddhistische Kanon allein ist maßgeblich 161

25 Sanskrit-Sondertext I: Der Buddha preist die Verehrungswürdigkeit seiner Reliquien 167

26 Das letzte Mahl des Buddha 170
26 a Der Buddha folgt einer Einladung Cundas 170
26 b Der Buddha über die verschiedenen Arten von Mönchen 172

27 Der Buddha wird schwach und will trinken 174

28 Bekehrung des Malla Putkasa . . . 176
28 a Putkasa erzählt von der Insichversunkenheit seines Lehrers 176
28 b Der Buddha rühmt sich des Überhörens eines Gewitters 177
28 c Putkasa wird Laienanhänger und schenkt goldfarbige Gewänder 179
28 d Im Schmuck der Tücher Putkasas strahlt Buddhas Haut in goldenem Glanz . 180

29 Am Fluß Hiraṇyavatī 181
29 a Bad des Buddha und Trostworte für Cunda 181
29 b Strafandrohung für den Mönch Chanda 182

30 Erneuter Schwächeanfall des Buddha 182
30 a Der Buddha läßt sich die sieben Bodhyaṅgas verkünden 182
30 b Preis der heilenden Kraft der Bodhyaṅgas 184

31 Sanskrit-Sondertext II: Der Buddha offenbart den Mallas von Kuśinagarī übernatürliche Kräfte 186
31 a Vorbereitungen für einen festlichen Empfang des Buddha 186
31 b Ein großer Felsblock soll beseitigt werden 187
31 c Der Buddha hilft den Mallas 188
31 d Der Buddha weist auf seine Wunderkräfte hin 189
31 e Der Buddha erklärt seine Körperkraft . 190
31 f Der Buddha erklärt die Kraft seiner Verdienste 192
31 g Der Buddha erklärt die Kraft seiner Weisheit 195
31 h Der Buddha erklärt seine übernatürliche Kraft 196
31 i Der Buddha erklärt die Kraft der Unbeständigkeit 199
31 j Der Buddha über die Vergänglichkeit aller Dinge 200
31 k Besuch der Götter Brahmā und Śakra . 201

32 Am Sterbelager des Buddha 202
32 a Ānanda bereitet dem Buddha das letzte Lager 202
32 b Ānanda beklagt das bevorstehende Nirvāṇa 203

32c Der Buddha tröstet Ānanda 204
32d Der Buddha über wunderbare Übereinstimmungen im Wirken eines Weltherrschers und Ānandas 205

33 Ānanda nennt Kuśinagarī eine unbedeutende Stadt 206

34 Das Mahāsudarśana-Sūtra – Der Lehrtext vom (König) Mahāsudarśana 207
34a Beschreibung der Herrlichkeit der Residenz Kuśāvatī 207
34b König Mahāsudarśana und seine vier Wunderkräfte 210
34c Untertanen schenken dem König Kostbarkeiten 211
34d Unterkönige erhalten die Erlaubnis, den Palast anstelle des Königs zu errichten . . 213
34e Mahāsudarśana bestimmt die Lage und Größe des Palastes 214
34f Beschreibung der Herrlichkeit des Palastes 214
34g Verschönerung der Umgebung des Palastes durch Anlage von Parks und Teichen 217
34h Weihe des Palastes und Meditation des Königs 219
34i Bittbesuch der Ehefrauen beim König . 220
34j Mahāsudarśana betrachtet den gesamten Aufzug 221
34k Die Hauptgemahlin bittet den König, zur Lebensfreude und zum Genuß des Daseins zurückzukehren 223

34 l Der König möchte zur Aufgabe des Lebensgenusses ermahnt werden . . . 224
34 m Die Frauen handeln nach dem Wunsch des Königs 225
34 n Der König übt die vier Brahma-vihāras . 226
34 o Der Buddha identifiziert sich mit Mahāsudarśana 227

35 Der Mönch Upamāna 228
35 a Fortweisung Upamānas 228

36 Über die Bestattung und über die Zukunft des Ordens 229
36 a Anordnung des Buddha über seine Bestattung 229
36 b Sanskrit-Sondertext III: Die künftige Entwicklung der Lehre 230

37 Ānanda verkündet den Mallas von Kuśinagarī das bevorstehende Parinirvāṇa 231

38 Der Besuch der Mallas 232
38 a Die Ankunft der Mallas 232
38 b Die Vorlassung der Mallas 233

39 Der Buddha bekehrt den Gandharvenkönig Supriya 234

40 Die Bekehrung Subhadras 234
40 a Subhadras Ankunft 234
40 b Der Buddha bekehrt Subhadra 236
40 c Subhadras Ordination 238
40 d Über den Asketen Subhadra und seine früheren Geburten 240

40e Anordnungen über die Ordination von Angehörigen fremder Schulen 240

41 Letzte Anordnungen des Buddha . . 242
41a–b Der Prātimokṣa als Stellvertretung des Buddha. Erlaubnis zur Aufhebung nebensächlicher Gebote 242
41c Verhalten älterer und jüngerer Mönche zueinander 242
41d Bedeutung der vier heiligen Stätten . . 243

42 Das Parinirvāṇa des Buddha 244
42a Frage nach Zweifeln 244
42b Letzte Worte des Buddha 245
42c Der Eingang in das Parinirvāṇa . . . 245

43 König Ajātaśatru erfährt vom Tode des Buddha 247

44 Ereignisse beim Parinirvāṇa 248
44a Verse von Mönchen und Göttern . . . 248
44b Klage der Mönche und Götter . . . 249

45 Die Mallas erhalten vom Tode des Buddha Kenntnis 250

46 Die Mallas erhalten Anweisung über die Bestattung 252

47 Überführung des Leichnams zum Makuṭabandhana-Caitya 253
47a Vorbereitungen zur Überführung . . 253
47b Aniruddha über die Absichten der Götter 254
47c Der Zug zum Makuṭabandhana-Caitya 255

48 Mahākāśyapa-Episode 257
48 a Ein Ājīvika berichtet Mahākāśyapa vom Heimgang des Buddha 257
48 b Stellungnahme der Mönche Mahākāśyapas 257

49 Einsargung und Verbrennung der Leiche 259
49 a Der Scheiterhaufen läßt sich nicht anzünden 259
49 b Mahākāśyapas letzte Verehrung des Buddha 260
49 c Verbrennung des Leichnams und Sammlung der Gebeine 261

50 Der Streit um die Reliquien 262
50 a Forderungen benachbarter Länder . . 262
50 b König Ajātaśatru von Magadha sendet Varṣākāra nach Kuśinagarī . . . 263
50 c Kuśinagarī lehnt alle Forderungen ab . 265

51 Die Verteilung der Reliquien 266
51 a Der Brahmane Dhūmrasagotra schlägt eine Teilung vor 266
51 b Verständigung und eine friedliche Teilung 267
51 c Die Vergebung der Kohlenreste . . . 269
51 d Errichtung von Stūpas 270
51 e Abschließende Verse über das Schicksal der Reliquien 270

Anmerkungen 272
Abkürzungen 312
Literatur 314
Register 321
Danksagung 331
Zur Herausgeberin 332

Einleitung

1. Woher wir von Buddhas Leben wissen

Von Leben und Legende des Siddhārtha Gautama, des historischen Buddha, wissen wir zahlreiche Einzelheiten (siehe etwa Hans Wolfgang Schumann, Der historische Buddha, DG 73). Lange Zeit waren sogar die genauen Lebensdaten (563–483 v. Chr.) unter den Wissenschaftlern im wesentlichen unumstritten. Dabei beriefen sie sich auf schriftliche Quellen von der Insel Śrī Laṅka, die in der Sprache des Pāli abgefaßt waren. Das Datum des Todes Buddhas, das von Gelehrten nach den Pāli-Quellen berechnet worden war, blieb aber nicht das einzige aus der buddhistischen Überlieferung. Im Norden Indiens gab es eine »kurze« Chronologie. Nach dieser Tradition ist der Buddha hundert Jahre vor der Königsweihe des indischen Kaisers Aśoka (265 v. Chr.) verstorben (also 365 v. Chr.). Wenn man genau hinschaut, findet man die südliche, die »ceylonesische« Chronologie in den Ländern, die noch heute dem Pāli-Buddhismus folgen (Śrī Laṅka, Burma, Thailand, Kambodscha, Laos), die kurze Chronologie dagegen in den übrigen Traditionen.

Wie kommt es zu solchen Widersprüchen? Es hat viele verschiedene Formen des Buddhismus gegeben und gibt sie heute noch. Hier ist nicht nur an den Unterschied von »Kleinem Fahrzeug« (Hīnayāna) und »Großem Fahrzeug« (Mahāyāna) zu denken, sondern auch an zahlreiche Schulen innerhalb der beiden großen Richtungen. Uns interessiert hier das »Kleine Fahrzeug«. Zu ihm gehört die Schule, deren Kanon auf Pāli überliefert ist und die die »Lehre der Alten« (Theravāda) vertritt. Da dieser Kanon der einzige ist, der heute in einer indischen Sprache vollständig erhalten vorliegt, schöpften die Indologen vor allem daraus ihr Wissen.

Inzwischen kennen wir aber auch Kanon-Texte anderer Schulen in indischen Sprachen. Zu ihnen gehören die »Vertreter der Lehre, daß alles ist« (Sarvāstivādin), die ihre Schriften in Sanskrit abfaßten. Und genau aus dieser Schule stammen die hier vorgelegten Erzählungen zum Leben des Buddha.

Die Geschichte der Entdeckung unserer Sanskrit-Fragmente ist spannend. Nicht in Indien, sondern in Kutscha an der zentralasiatischen Seidenstraße war zwischen 1889 und 1899 ein – für indische Verhältnisse uraltes – Sankrit-Fragment aus dem 5. Jahrhundert n. Chr. gefunden worden. Zahlreiche Indologen aus aller Welt waren fasziniert und fingen an, Expeditionen an die Seidenstraße auszurüsten. Auch deutsche Forscher nahmen an diesem Wettlauf um wertvolle Handschriften teil, die von der Zerstörungswut der einheimischen Bevölkerung bedroht waren. Sie entsandten zwischen 1902 und 1914 vier sogenannte Turfan-Expeditionen, benannt nach einer Oase in Zentralasien. In Höhlen, die von Mönchen ausgemalt und zu Kultorten ausgestaltet waren, in Heiligtümern und im Sand der verschütteten Städte fanden sich vollständige und fragmentarische Handschriften. Wie sich später herausstellen sollte, war ein erheblicher Teil der entdeckten Manuskripte von Sarvāstivādin verfaßt worden.

Im Vergleich von Texten aus dem Kanon der Theravāda- und der Sarvāstivāda-Schule zeigen sich Unterschiede und Übereinstimmungen. So gibt es für das Mahāvadāna-Sūtra und das Mahāparinirvāṇa-Sūtra Entsprechungen im Pāli-Kanon, und zwar im »Korb der Lehrreden« (Sutta-Piṭaka) unter den langen Sūtren (Dīgha-Nikāya) (siehe Tabelle).

Vergleicht man die entsprechenden Texte, zeigt sich, daß der Inhalt der Pāli-Version zwar auf sehr alte Überlieferung zurückgeht, aber auch, daß manchmal die Sanskrit-Version die ältere Fassung bietet. Späte Einschübe im Mahāparinirvāṇa-Sūtra scheinen die sogenannten Sanskrit-Sondertexte zu sein, die nur auf Sanskrit und nicht auf Pāli und auch nicht in tibetischer oder chinesischer Übersetzung überliefert sind. (Es handelt sich hier um MPS 25; 31 und 36 b.)

Sarvāstivāda	**Theravāda**	**Stelle im Pāli-Kanon**
Mahāvadāna-Sūtra	Mahāpadāna-Suttanta	DN 14
Mahāparinirvāṇa-Sūtra	Mahāparinibbāna-Suttanta	DN 16
(Mahāsudarśana-Sūtra, Teil des MPS)	Mahāsudassana-Suttanta	DN 17

Die heutige Forschung zu Leben und Legende des Buddha ist nicht allein auf Pāli-Quellen und tibetische oder chinesische Übersetzungen angewiesen, sondern kann auch Sanskrit-Schriften heranziehen. Neben den hier genannten Sūtren der Sarvāstivāda-Schule gibt es auch noch solche der »Wurzel«- oder »Ur«-Sarvāstivādin (Mūlasarvāstivādin), die im kaschmirischen Gilgit entdeckt wurden. Schon länger bekannt ist eine Lebensbeschreibung der Lokottaravādin (Vertreter der Lehre, daß [der Buddha] überweltlich sei). Damit kennen wir aus indischen Sprachen vier verschiedene kanonische Versionen der Buddhabiographie, so daß wir aufpassen müssen, welche Tatsachen wir aus welcher Tradition kennen. (Es gibt außerdem weitere, z. T. poetische Werke zum Leben des Buddha.)

Die Bestimmung des Todesjahres des Buddha – der Ausgangspunkt unserer Überlegungen – steht noch aus. Wahrscheinlich stimmt weder die lange noch die kurze

Chronologie. Vielleicht fällt die Lebenszeit des Buddha erst in das letzte Jahrhundert oder sogar in die letzten Jahrzehnte vor dem Indienzug Alexanders des Großen, also um die Mitte des 4. Jahrhunderts v. Chr. (Bechert).

2. Legende oder Geschichte?

Warum hat der Bodhisattva (ein zur Buddhaschaft bestimmtes Wesen) als junger Mann auf seine Familie verzichtet und ist in die Hauslosigkeit gezogen? Die Quellen erzählen uns (MAV 8), daß er eines Tages zum Vergnügen mit einem Wagen in einen nahegelegenen Park fuhr. Auf der Fahrt erblickte er erstmalig einen Greis, »der bucklig war, gebogen wie eine Dachstange aus Bambusrohr, (und) sich auf einen Stock stützte« und der »mit zitterndem Körper vor ihm einherging« (MAV 8 a.6). Als der Wagenlenker dem zukünftigen Buddha erklärt, auch er werde einst altern, läßt dieser nachdenklich den Wagen wenden und zieht sich in seine Gemächer zurück. Ähnlich beschäftigen ihn seine Gedanken nach weiteren Begegnungen mit einem Kranken, einem Toten und einem Mönch. Der Bodhisattva erkennt: Auch ihm sind Alter, Krankheit und Tod bestimmt. Er beschließt, als Mönch nach einem Weg zu suchen, dem Leid zu entgehen.

Ist das Legende oder Geschichte? Es scheint zumindest ein gutes Legendenmotiv zu sein; denn in der christlichen »Legenda aurea« des Jacobus von Voragine lesen wir über den indischen Königssohn Josaphat (der Name ist aus dem Wort Bodhisattva entstanden) folgendes: »Ein andermal begegnete ihm ein Greis, der war voll Runzeln in seinem Antlitz, und krumm gebeugt, und stammelte aus zahnlosem Munde. Des wunderlichen Anblicks erschrak er und wollte wissen, wovon das wäre. Da sagte man ihm, daß er von viel Jahren dahin sei kommen. Sprach Josaphat ›Und wie endet es sich?‹ Sie antworteten ›Mit dem Tode endet es sich‹. Er sprach ›Sterben alle Menschen oder nur etliche?‹ Da sagten sie ihm, daß alle Menschen sterben müßten. (...) Das bedachte der Jüngling oftmals in seinem Herzen, und ward gar traurig, (...).«

Von den vier Ausfahrten eines Buddha hören wir erstmals im vorliegenden Mahāvadāna-Sūtra. Und da ist der Bodhisattva nicht Gautama, sondern Vipaśyin. Vipaśyin nun ist einer von sechs Buddhas, die vor Gautama gelebt haben sollen. 80 000 Jahre alt soll er geworden sein! Unser Sūtra erzählt ab Kapitel 4 von der Schwangerschaft seiner Mutter, der Geburt, seinen Eigenschaften, den vier Ausfahrten, der Erleuchtung und den ersten Predigten des neuen Buddha. Jedes Kapitel beginnt: »Der Regel entsprechend« geschah dies oder jenes, es endet: »Dies ist in diesem Fall die Regel.« – Dies ist die Regel: Das sagt, jeder der insgesamt sieben Buddhas hat im wesentlichen das gleiche erlebt. Also handelt es sich bei den meisten Begebenheiten doch wohl um Legenden. Manches – die Erleuchtung z.B. – ist vom historischen Buddha übernommen. Aber meist gilt: Nicht von Gautama werden die Geschichten zunächst erzählt, sondern von einem Vorgänger.

Anders liegt der Fall beim Mahāparinirvāṇa-Sūtra. Die Erzählung beginnt einige Monate vor Gautamas Tod und endet mit der Aufteilung seiner Reliquien auf acht darum streitende Dörfer oder Städte. Zwar läßt sich die Historizität dieser Ereignisse nicht beweisen, aber vieles hört sich durchaus glaubwürdig an, etwa wenn der Mönch Mahākāśyapa erst verspätet zur Verbrennung der Leiche eintrifft (MPS 48 und 49). Aber sicher ist nicht das ganze Sūtra geschichtlich. In der soeben angesprochenen Mahākāśyapa-Episode sind es die Götter, die verhindern, daß der Leichnam verbrannt wird, ehe Mahākāśyapa da ist (MPS 49a). Auch das Auftreten des Buddha-Widersachers Māra (bisweilen als buddhistischer Teufel bezeichnet) (MPS 16), die Erdbeben, die verschiedene Ereignisse des Buddhalebens begleiten (MPS 17 und 22), und das Zerstören und Wiederzusammensetzen eines riesigen Felsblocks durch den Buddha (MPS 31, lückenhafter Text) klingt in westlichen Ohren nach Legende.

Viele Leser werden wissen, daß Gautama 80 Jahre alt geworden ist, und sich fragen: Gibt es zwischen Buddhas Erleuchtung mit 35 Jahren und seinem Tod keine berichtenswerten Ereignisse? Tatsächlich besaßen die Sarvāstivādin ein weiteres Sūtra, das Catuṣpariṣat-Sūtra (»Lehrtext von der vierfachen Versammlung« aus Mönchen, Nonnen, Laien und Laienanhängerinnen). Es beginnt mit der Erleuchtung und fährt fort mit der Gewinnung von zahlreichen Mönchen und Laien für die Sache des Buddhismus. Wer will, kann diesen Text in einer englischen Übersetzung lesen (Kloppenborg 1973).

3. Das Mahāvadāna-Sūtra im Kontext

»Langweilige« Daten

Das Mahāvadāna-Sūtra besitzt eine Rahmenerzählung (MAV 1 und 11), in der die Mönche des Buddha Gautama nach dessen Vorgängern (Vipaśyin, Śikhin, Viśvabhuj, Krakasunda, Kanakamuni, Kāśyapa) fragen. Dieser nennt zunächst einige Daten (MAV 2 und 3), etwa in welchem Zeitalter die früheren Buddhas auftraten, wie alt sie wurden, wie ihre Eltern hießen usw. Ziel dieser Aufzählungen ist es zu zeigen, daß das Schema eines Buddhalebens immer das gleiche ist, Einzelheiten aber variieren können. Diesem Abschnitt, der zudem noch Lücken aufweist, ist wenig abzugewinnen. Nur einige Verse lockern die immer gleich gebauten Sätze auf.

Schwangerschaft und Geburt

Interessanter wird es mit Kapitel 4 und 5, die über die Schwangerschaft der Buddhamutter und über die Geburt Vipaśyins berichten. Bei der Empfängnis wird mancher Leser den Traum der Buddhamutter vermissen, in dem der Bodhisattva als weißer Elefant in ihre Seite eingeht. Dieses Detail wird erst in späteren Texten erwähnt. Es gibt außerdem einige weitere Unterschiede zur entwikkelten Form der Buddhalegende. Von Gautama hören wir, daß er außerhalb seiner Vaterstadt im Hain Lumbinī zur Welt kam. Von solch einem Hain ist bei Vipaśyin nicht die Rede. Allerdings bringt auch in unserem Sūtra die Buddhamutter den Bodhisattva stehend zur Welt, und Vipaśyin macht direkt nach seiner Geburt sieben Schritte. Wie später bei Gautama stirbt die Buddhamutter sieben Tage nach der Geburt ihres Sohnes.

Wie sieht ein Buddha aus?

Aus 32 körperlichen Merkmalen ersehen die Zeichendeuter, denen der Säugling vorgestellt wird, daß Vipaśyin ein bedeutsamer Mann, ein »großer Mann« werden wird (MAV 6). Wer diese Kennzeichen besitzt, wird entweder ein weltbeherrschender König oder aber – ein Buddha. Manche dieser Merkmale kennen wir von Buddhastatuen, etwa den Haarknoten, der in unserem Sūtra als (naturgewachsener) »Turban« (MAV 6b.32) bezeichnet wird, oder den weißen Haarwirbel zwischen den Augenbrauen (MAV 6b.33). In einigen Fällen trägt eine Buddhaskulptur auch auf jeder Fußfläche ein Rad (MAV 6b.3). Andere der 32 Merkmale entsprechen nicht unserem Schönheitsempfinden und sind an den späteren Buddhastatuen auch nicht zu erkennen. So heißt es z.B.: »Ohne den Körper herabzubeugen, faßt (…) der Prinz seine Kniescheibe an (und) berührt sie« (MAV

6b.10). So lang sind die Arme der Statuen nun wirklich nicht.

Oft erwähnt wird auch, daß der Buddha »Schwimmhäute« zwischen den Fingern und Zehen habe. Das seien die Steinstege, die bei den Buddhaskulpturen aus Gründen größerer Stabilität stehenbleiben mußten, behaupten einige Forscher. Wenn man genau hinschaut, ist aber gar nicht von Schwimmhäuten die Rede. Vipaśyin hat »mit einem Netz bedeckte Hände (und) Füße (...) wie bei einem Wildgänsekönig« (MAV 6b.7). Vielleicht sind trotzdem Schwimmhäute gemeint, vielleicht aber nur ein Netz feiner Adern.

Was Vipaśyin in der Erleuchtung erfuhr

Ehe unser Sūtra die Erleuchtung beschreibt (MAV 9), berichtet es von den vier Ausfahrten (MAV 8). Einige Anmerkungen dazu wurden schon gemacht.

Sicher war die Erleuchtung des Buddha eine zu außergewöhnliche Erfahrung, um sie in Worte fassen zu können. Auch dem Buddha selbst wird es schwergefallen sein, sie richtig zu beschreiben. Er war aber darauf angewiesen, seinen Jüngern in etwa einen Eindruck davon zu vermitteln. In unserem Sūtra wird die Erleuchtung als das Erkennen vom »Entstehen in Abhängigkeit« (MAV 9b) beschrieben. In der entwickelten Form ist dies eine Reihe von zwölf Begriffen, in unserem Text gab es wohl ursprünglich nur zehn Glieder (in MAV 9c.11 und 9c.25–26 stehen die übrigen zwei).

Der Gedankengang ist folgender: Alter und Tod (1) eines Wesens sind ohne seine Geburt (2) nicht denkbar. Die Geburt wiederum setzt einen Werdeprozeß (3) voraus. Dadurch, daß während früherer Geburten Dinge »ergriffen« wurden und damit Karman (die Summe der Tatfolgen) angesammelt wurde, wird ein neuer Werdeprozeß in Gang gesetzt: Ergreifen (4) bedingt den Werdeprozeß. Man greift aber nur nach Dingen, die man begehrt. Gier (5) wiederum ist von vorausgegangenen (sinnlichen) Empfindungen (6) abhängig. Empfindungen gibt es nur, wenn ein Kontakt, eine »Berührung« (7), zwischen Sinnesobjekt und Sinnesorgan stattgefunden hat. Ohne die sechs Sinnesobjekte und sechs Sinnesorgane (sechs, weil unsere fünf und das Denken gemeint sind) (8) ist eine solche Berührung nicht möglich. Die sechs Sinne setzen ein Individuum voraus, das aus einem Körper und geistigen Potenzen (9) besteht. Damit eine geistig-körperliche Individualität entstehen kann, muß vorher – so sagen die Buddhisten – Bewußtsein (10) vorhanden sein. Schließlich bedingen sich Körper/Geist einerseits und Bewußtsein andererseits gegenseitig (MAV 9b.11–12). Wenn diese Kette an einer Stelle durchbrochen wird – und das ist möglich –, dann werden Alter und Tod besiegt.

Auf so kleinem Raum wie in dieser Einleitung läßt sich der komplizierte philosophische Hintergrund des »Entstehens in Abhängigkeit« nicht erläutern. Neben den Erklärungen in vielen Einführungen in den Buddhismus kann eine sehr sorgfältige, nicht ganz leicht lesbare Darstellung in Nyanatilokas »Buddhistischem Wörterbuch« unter dem Stichwort *paticcasamuppāda* empfohlen werden.

Ein weiterer Gedanke kam Vipaśyin während seiner Erleuchtung: Auch die fünf Gruppen, die eine empirische Person ausmachen, nämlich Körper, Empfindungen, Wahrnehmungen, Geistesregungen und Bewußtsein, können »aufgehoben« werden, so daß eine Wiedergeburt unmöglich ist.

Auf die Erleuchtung folgen im Mahāvadāna-Sūtra Berichte von der Gewinnung von Jüngern durch Vipaśyin (MAV 10) und das Ende der Rahmenerzählung, in dem der Buddha Gautama von einem Besuch bei den Göttern spricht (MAV 11).

4. Bemerkenswertes aus dem Mahāparinirvāṇa-Sūtra

Der Inhalt des Sūtra

Das Mahāparinirvāṇa-Sūtra berichtet von den Ereignissen einige Monate vor dem Tode des Buddha bis zur Verteilung der Reliquien des verstorbenen Buddha. Da der Sanskrit-Text außerordentlich umfangreich ist, hat der Herausgeber Waldschmidt ihn in sechs Vorgangsgruppen unterteilt.

Gruppe I (= Vorgang 1–7) erzählt von Gesprächen und Predigten im Königreich von Magadha (siehe Anm. 9 zu MPS 1.2). Sie beginnt mit einer Unterhaltung zwischen dem Buddha und einem Minister von Magadha über die Bedingungen zur Sicherung eines Staates. Der Abschnitt endet mit dem wunderbaren Sich-Versetzen des Buddha von einem Ufer des Ganges zum anderen.

Vorgangsgruppe II (= Vorgang 8–14) umfaßt Begebenheiten auf dem Weg nach und bei Vaiśālī, das nördlich von Magadha liegt (siehe Anm. 86 zu MPS 10 a.1). Dazu gehört die Bewirtung des Buddha durch eine Hetäre und eine erste Erkrankung des Buddha.

In der Gruppe III (= Vorgang 15–19) sind die Ereignisse von Buddhas Rühmen seiner Fähigkeit zur Lebensverlängerung bis zur Ankündigung des in drei Monaten bevorstehenden Todes zusammengefaßt. Wir hören u. a. vom Besuch des (buddhistischen »Teufels«) Māra, der den Buddha zum Sterben drängt, und vom Fehler Ānandas, nicht rechtzeitig um eine Verlängerung des Lebens des Buddha gebeten zu haben.

Gruppe IV (= Vorgang 20–31) besteht aus den Vorgängen auf dem Weg von Vaiśālī zum Sterbeort des Buddha, Kuśinagara (der Ort heißt in unserem Sūtra Kuśinagarī). Der Buddha bestimmt den buddhistischen Kanon als Leitschnur für die Mönche nach seinem Tod. Er erhält sein letztes Mahl vom Schmied Cunda und erkrankt erneut. Zur Gruppe IV gehören auch zwei nur im Sanskrit vorliegende Stücke: Sanskrit-Sondertext I (Vorgang 25) über die Verehrung der Reliquien des Buddha und Sanskrit-Sondertext II (Vorgang 31) über verschiedene Wunderkräfte des Buddha.

Gruppe V (Vorgang 32–40) überschreibt Waldschmidt »Begebenheiten im Śālawalde bei Kuśinagara, von der Herrichtung des Sterbelagers für den Buddha bis zur Bekehrung (des Wanderasketen) Subhadra«. Als Vorgang 34 gehört das Mahāsudarśana-Sūtra zu dieser Textgruppe. Es berichtet über eine frühere Existenz des Buddha als König Mahāsudarśana im Vorläuferort von Kuśinagara. Der fragmentarisch erhaltene Vorgang 36 b (= Sanskrit-Sondertext III) besteht aus einer Prophezeiung des Buddha über die künftige Entwicklung der Lehre.

In der VI. Vorgangsgruppe (= Vorgang 41–51) sind die letzten Anordnungen des Buddha, sein Tod, die Bestattungsfeierlichkeiten, der Streit um die Reliquien und seine Schlichtung festgehalten. Bemerkenswert ist die Mahākāśyapa-Episode (Vorgang 48), die davon berichtet, daß der Leichnam des Buddha nicht verbrannt werden konnte, ehe nicht der abwesende Mahākāśyapa zur Verehrung nach Kuśinagara gekommen war.

Dieses Sūtra bietet keine größeren Schwierigkeiten für das Verständnis und auch keine komplizierten philosophischen Texte. Ich möchte trotzdem auf einige Punkte näher eingehen.

Buddha beim Mahl

Dreimal wird der Buddha in unserem Sūtra mit einigen Mönchen zum Mahl eingeladen (MPS 6; 12; 26). Einmal ist ein Minister sein Gastgeber, einmal eine Hetäre und schließlich der Schmied Cunda.

Die Speisung von Mönchen ist eine der Hauptaufgaben

der buddhistischen Laien. Normalerweise warten die Mönche schweigend vor einem Haus, bis die Hausfrau ihnen Essen in die Almosenschale füllt. Besonders verdienstvoll ist jedoch eine regelrechte Einladung zum Mahl, für das sich die Mönche durch die Darlegung eines Themas der buddhistischen Lehre bedanken. Noch besser ist es, wenn die Gastgeber das Tugendverdienst *(puṇya)*, das sie durch diese Tat erreicht haben, an andere weitergeben, es übertragen. Der Minister Varṣākāra überträgt sein Verdienst an die Götter des Landes, indem er Wasser aus einer goldenen Kanne gießt. Es war zur Zeit des Buddha üblich, daß man zur Bekräftigung einer Schenkung dem Empfänger Wasser über die Hände goß.

Das Essen beim Schmied Cunda hat als die letzte Mahlzeit des Buddha Bedeutung erlangt. Nach der Pāli-Parallele zu unserem Text (DN 16.4.13–20) ißt der Buddha das nicht zu identifizierende Gericht »Schweineweich« *(sūkara-maddava)*. Er läßt die Reste des Essens von Cunda vergraben, da niemand außer ihm diese Speise verdauen könne. Schließlich erkrankt der Buddha an Ruhr. Da er bald darauf verstirbt, legt diese Schilderung den Schluß nahe, Gautama sei an einer Lebensmittelvergiftung gestorben.

Das Mahāparinirvāṇa-Sūtra dagegen spricht von einem Gericht mit leckeren Brustbeeren (MPS 26 a.12). Dieses wird anders als im Pāli nicht vergraben, und von der schweren Ruhr hören wir ebenfalls nicht. Trotzdem hält der Buddha es nach unserem Sūtra für nötig, daß Cunda getröstet wird, weil der Erhabene nach einem Essen bei ihm verstorben sei (MPS 29a).

Die Krankheit des Buddha

Wenn man über die Todesursache des Buddha nachdenkt, muß man sich vor Augen halten, daß er bereits vor seinem letzten Mahl krank war (MPS 14). Heftige Schmerzen quälten ihn, und er stand »am Rand des Todes«. Nach dem Essen bei Cunda erlitt der Buddha einen Schwächeanfall (MPS 27), bei dem ihm der Rücken schmerzte. Kurz darauf (MPS 30a) litt er erneut an Rückenschmerzen. Dies ist kein Hinweis auf eine Lebensmittelvergiftung. Es bleibt unklar, woran der Buddha erkrankt war.

Die Stufen des Heilswegs

Zu den Texten, die Elemente der buddhistischen Lehre behandeln, gehört MPS 9. Dort wird von Laienanhängern berichtet, die bei einer Hungersnot verstorben sind. Die Mönche des Buddha wollen wissen, wie ihr weiteres Schicksal aussieht. Die Antwort: Einige werden Nichtwiederkehrer werden, d. h., sie werden als Götter geboren, die die Erleuchtung erlangen und nicht mehr als Mensch auf Erden geboren werden. Einige der verstorbenen Laien werden zu Einmalwiederkehrern, die in ihrem nächsten Leben als Mensch zur Erleuchtung kommen. Die übrigen schließlich sind »In-den-Strom-Getretene«. Bis zu ihrer Erleuchtung werden sie noch sieben Mal als Götter oder Menschen wiedergeboren.

Dies sind die Stufen des Heilswegs: der In-den-Strom-Getretene, der Einmalwiederkehrer, der Nichtwiederkehrer und der Heilige *(arhat)*, der die Erleuchtung bereits erreicht hat.

Erdbeben begleiten ein Buddhaleben

Die wichtigsten Ereignisse im Leben eines Buddha werden von starken Erdbeben begleitet (MPS 17): die Empfängnis des künftigen Buddha (1), seine Geburt (2), seine Erleuchtung (3), seine erste Predigt (4), sein Entschluß, bald zu sterben (5), und sein Tod (6). Unser Sūtra ist zwar in weiten Teilen historisch, hier ist aber ein erster Schritt in Richtung Legende getan. Die Ereignisse, die im Leben des historischen Buddha tatsächlich stattgefunden haben, werden auf weitere, legendarische Vorläufer übertragen (und zudem durch das Naturwunder der Erdbeben zu kosmischen Begebenheiten überhöht). In dieser Entwicklungslinie, die vom Auftreten mehrerer Buddhas ausgeht, steht das zuvor besprochene Mahāvadāna-Sūtra.

Und nicht nur die Buddhas der Vorzeit lebten nach diesem Schema, auch der in Zukunft kommende Buddha Maitreya wird diese Lebensstadien durchlaufen. Die Hoffnung auf einen künftigen Heilsbringer teilen Buddhisten mit Vertretern anderer Religionen. Die Hindus leben in Erwartung der Verkörperung Viṣṇus als Kalkin, die Moslems warten auf den Mahdī, Juden auf den Messias und Christen auf die Wiederkunft Christi.

Editorische Notiz

Der Übersetzung des Mahāvadāna-Sūtra[1] liegt die Sanskrittextausgabe von Ernst Waldschmidt zugrunde: Das Mahāvadānasūtra. Ein kanonischer Text über die sieben letzten Buddhas. 2 Teile. Berlin 1953 u. 1956. Dabei blieb unberücksichtigt, welche Teile im handschriftlichen Material tatsächlich bezeugt sind und welche Teile aufgrund von Parallelen ergänzt wurden. In eckigen Klammern [] stehen Ergänzungen, die ich selbst anhand von Fukitas Rekonstruktion der Kapitel 4 und 5 (MAV(F)), anhand des Saṅghabhedavastu (SBV, Edition von R. Gnoli) oder anhand von neuen Fragmenten der Sanskrithandschriften aus den Turfanfunden (SHT, herausgegeben von E. Waldschmidt, Teil I–III, zusammen mit L. Sander Teil IV u. V) vorgenommen habe. In runden Klammern () stehen Ergänzungen, die übersetzungstechnisch notwendig waren (z. B. die Wiederholung eines Bezugsworts, das an einer weit entfernten Stelle im Satz steht), Ergänzungen aus dem Sinn heraus und vermutliche Ergänzungen (oft mit Fragezeichen versehen).

Die Übersetzung des Mahāparinirvāṇa-Sūtra folgt der Textausgabe von Ernst Waldschmidt: Das Mahāparinirvāṇasūtra. Text in Sanskrit und Tibetisch verglichen mit dem Pāli nebst einer Übersetzung der chinesischen Entsprechung im Vinaya der Mūlasarvāstivādins. Auf Grund von Turfan-Handschriften herausgegeben und bearbeitet. 3 Teile. Berlin 1950–1951. Weitere Untersuchungen von Waldschmidt zum MPS sind im Literaturverzeichnis unter Waldschmidt 1939, 1944, 1948 a und b, 1955 sowie 1961 zu finden. Auch bei diesem Text wurden in eckigen Klammern Ergänzungen nach den Sanskrithandschriften aus den Turfanfunden (SHT) und anderen neueren Untersuchungen angegeben, in den runden Klammern stehen die übrigen Ergänzungen (s. o.).

Verse in der Sanskritvorlage erscheinen im Druck der deutschen Übersetzung in kursiver Schrift. Die Zahlen am Ende der Verse, die zwischen einem doppelten Schrägstrich stehen (z. B. //5//), entsprechen der indischen Numerierung, wie sie sich traditionell am Ende von Textpassagen findet.

Absatznummern, denen nur ein Gedankenstrich folgt, stehen für im Sanskritoriginal noch nicht vorkommende Absätze (die jedoch in der tibetischen Übersetzung vorhanden sind).

Zur Aussprache der indischen Wörter

Die Vokale a, i, u werden kurz gesprochen.
Lang sind dagegen ā, ī, ū sowie e und o.
Das vokalische ṛ klingt etwa wie ri.

c entspricht tsch, j entspricht dsch, ñ entspricht deutschem nj.
ṭ, ḍ und ṇ entsprechen etwa t, d und n.
y entspricht deutschem j, v entspricht deutschem w.
ś und ṣ werden sch gesprochen, s wie ß.

Mit einem deutlichen Hauchlaut werden die Konsonanten kh, gh, ch, jh, ṭh, ḍh, th, dh, ph, bh gesprochen.

Das Mahāvadāna-Sūtra

Der große Lehrtext über die Vorzeitgeschichte (der Buddhas)

1 Gegenwartsgeschichte

1 a Zahlreiche Mönche unterhalten sich über das Wissen Buddhas von seinen Vorläufern

1 So wurde von mir gehört.
2 Zu einer Zeit weilte der Erhabene in Śrāvastī[2] im Jetavana[3], der Klosteranlage des Anāthapiṇḍada.
3 Nun kam unter den zahlreichen Mönchen, die in der Karīrika-Rundhalle[4] versammelt saßen, diese derartige Unterhaltung, (dieses) Gespräch, auf:
4 »(Es ist) ein Wunder, ihr Ehrwürdigen, wie weitreichend doch dem Erhabenen in dieser Weise, richtig (und) persönlich, eine intuitive Schau in Hinsicht auf die ehemaligen vollkommen Erleuchteten zu eigen ist, die in der Vergangenheit zur Existenz gelangt sind, die den Weg (durch die Existenzen) abgeschnitten haben, die den Pfad (durch die Existenzen) abgeschnitten haben[5], die ohne falsche Vorstellungen sind[6], die die falschen Vorstellungen hinter sich gelassen haben[7], die vollkommen verloschen sind, die voller Mitleid sind, die ohne Wünsche sind.«
5 »Von solcher Sittlichkeit, wahrhaftig, waren die Buddhas, die Erhabenen«, so (sagten) die einen. »Von solchen Eigenschaften, von solcher Weisheit, von solcher höheren Geisteskraft *(abhijñā)*, von solcher Erlösung, von solchem Aufenthaltsort, wahrhaftig, waren die Buddhas, die Erhabenen«, so (sagten) die anderen.
6 »Ist denn der wahre Tatbestand[8] vom Erhabenen (geistig) ganz durchdrungen worden?
7 Oder verkündeten die Gottheiten (etwas), wodurch dem Vollendeten in dieser Weise, richtig (und) persönlich, eine intuitive Schau in Hinsicht auf die ehemaligen vollkommen Erleuchteten zu eigen ist, die in der Vergangenheit zur Existenz gelangt sind, die den Weg (durch die

Existenzen) abgeschnitten haben, die den Pfad (durch die Existenzen) abgeschnitten haben, die ohne falsche Vorstellungen sind, die die falschen Vorstellungen hinter sich gelassen haben, die vollkommen verloschen sind, die voller Mitleid sind, die ohne Wünsche sind?

8 ›Von solcher Sittlichkeit, wahrhaftig, waren die Buddhas, die Erhabenen‹, so (sagten) die einen. ›Von solchen Eigenschaften, von solcher Weisheit, von solcher höheren Geisteskraft, von solcher Erlösung, von solchem Aufenthaltsort, wahrhaftig, waren die Buddhas, die Erhabenen‹, so (sagten) die anderen.«

9 Diese Unterhaltung der zahlreichen Mönche, die in der Karīrika-Rundhalle versammelt saßen, war (noch) nicht zu Ende.

1b Der Buddha berichtet über die Herkunft seines Wissens von seinen Vorläufern

1 Der Erhabene, der sich zur Tagesruhe zurückgezogen hatte, hörte mit dem himmlischen Gehör, das völlig rein ist (und) das menschliche Maß überschreitet, (die Rede der Mönche).

2 Als er (sie) aber gehört hatte, kehrte er aus der (meditativen) Versenkung zurück (und) ging zur Karīrika-Rundhalle.

3 (Dorthin) gelangt, setzte er sich vor der Mönchsgemeinde auf einem (für ihn) bereiteten Sitz nieder. Als er sich niedergesetzt hatte, sprach der Erhabene die Mönche an:

4 »Welche Unterhaltung unter euch, o Mönche, den zahlreichen Mönchen, die in der Karīrika-Rundhalle versammelt sitzen, war (noch) nicht zu Ende? Und mit welcher Rede nun saßt (ihr) jetzt versammelt nieder?«

5 »Hier kam unter uns, Herr, den zahlreichen Mönchen, die in der Karīrika-Rundhalle versammelt sitzen, diese derartige Unterhaltung, (dieses) Gespräch, auf:

6 ›(Es ist) ein Wunder, ihr Ehrwürdigen, wie weitreichend doch dem Erhabenen in dieser Weise, richtig (und) persönlich, eine intuitive Schau in Hinsicht auf die ehemaligen vollkommen Erleuchteten zu eigen ist, die in der Vergangenheit zur Existenz gelangten, die den Weg (durch die Existenzen) abgeschnitten haben, die den Pfad (durch die Existenzen) abgeschnitten haben, die ohne falsche Vorstellungen sind, die die falschen Vorstellungen hinter sich gelassen haben, die vollkommen verloschen sind, die voller Mitleid sind, die ohne Wünsche sind.‹

7 ›Von solcher Sittlichkeit, wahrhaftig, waren die Buddhas, die Erhabenen‹, so (sagten) die einen. ›Von solchen Eigenschaften, von solcher Weisheit, von solcher höheren Geisteskraft, von solcher Erlösung, von solchem Aufenthaltsort, wahrhaftig, waren die Buddhas, die Erhabenen‹, so (sagten) die anderen.

8 ›Ist denn der wahre Tatbestand vom Erhabenen (geistig) ganz durchdrungen worden?

9 Oder verkündeten die Gottheiten (etwas), wodurch dem Vollendeten in dieser Weise, richtig (und) persönlich, eine intuitive Schau in Hinsicht auf die ehemaligen vollkommen Erleuchteten zu eigen ist, die in der Vergangenheit zur Existenz gelangten, die den Weg (durch die Existenzen) abgeschnitten haben, die den Pfad (durch die Existenzen) abgeschnitten haben, die ohne falsche Vorstellungen sind, die die falschen Vorstellungen hinter sich gelassen haben, die vollkommen verloschen sind, die voller Mitleid sind, die ohne Wünsche sind?‹

10 ›Von solcher Sittlichkeit, wahrhaftig, waren die Buddhas, die Erhabenen‹, so (sagten) die einen. ›Von solchen Eigenschaften, von solcher Weisheit, von solcher höheren Geisteskraft, von solcher Erlösung, von solchem Aufenthaltsort, wahrhaftig, waren die Buddhas, die Erhabenen‹, so (sagten) die anderen.

11 Diese Unterhaltung unter uns, Herr, den zahlreichen Mönchen, die in der Karīrika-Rundhalle versammelt sit-

zen, war (noch) nicht zu Ende. Und mit dieser Rede, Erhabener, saßen (wir) jetzt versammelt nieder.«

12 »Einerseits, o Mönche, ist der wahre Tatbestand von mir (geistig) ganz durchdrungen worden; andererseits verkündeten mir die Gottheiten (etwas).« Dies ist in diesem Fall die Regel.

1 c Zusammenfassung von 1 a–b in fünf Versen

1 Deshalb wird dies gesagt:
Früher wurde ein religiöses, bedeutungsvolles[9] *Gespräch(sthema) von den Mönchen aus der Rundhalle besprochen. Mit dem himmlischen Sinnesorgan, dem Gehör, hörte (es) der große Weise, der sich zur Tagesruhe zurückgezogen hatte.*

2 *Als der Lehrer (es) mit dem himmlischen Gehör vernommen hatte, ging er zu den Mönchen aus der Rundhalle. Er setzte sich inmitten der Mönchsschar nieder wie Śakra, der König (der Götter), inmitten der dreißig*[10] *(Götter).*

3 *(Geistig) durchdrungen wurde der wahre Tatbestand durch den Buddha, den Verwandten der Sonne. Weil er die vergangenen völlig Erleuchteten kennt, (deshalb) ist er der Höchste unter den Menschen*[11].

4 *Von solchem Namen, von solcher Kaste* (jāti) *und von solchem Geschlecht* (gotra) *waren sie. Und wie sie jeweils waren, (sie) alle, (das) hat der Weise erklärt.*

5 *Götter von verschieden langer Lebensdauer, voll Schönheit (und) Ruhm, berichteten ebenso über den Sachverhalt der völlig Erleuchteten voll Ruhm.*

2 Zeit und Herkunft der sieben Buddhas

2a Offenbarung über das Zeitalter des Erscheinens der sieben Buddhas

1 In welcher Weise ist der wahre Tatbestand (vom Erhabenen) (geistig) ganz durchdrungen worden[12]?
2 Von jetzt aus (gerechnet) war es das einundneunzigste Weltzeitalter *(kalpa)* .... Der vollkommen Erleuchtete Vipaśyin erschien in der Welt.
3 Von jetzt aus (gerechnet) war es das einunddreißigste Weltzeitalter .... Der vollkommen Erleuchtete Śikhin erschien in der Welt.
4 In eben jenem einunddreißigsten Weltzeitalter erschien der vollkommen Erleuchtete Viśvabhuj in der Welt.
5 In eben diesem (d.h. dem jetzigen) segensreichen Zeitalter *(bhadra-kalpa)* erschienen vier vollkommen Erleuchtete in der Welt: Krakasunda, Kanakamuni, Kāśyapa [und ich][13]. Dies ist in diesem Fall die Regel.
6 Deshalb wird dies gesagt: ...[14].

2b Offenbarung über die Lebensdauer der sieben Buddhas

1 Die Zeitspannne des Lebens des vollkommen Erleuchteten Vipaśyin war achtzigtausend Jahre.
2 Beim vollkommen Erleuchteten Śikhin (waren es) siebzig(tausend Jahre).
3 Beim vollkommen Erleuchteten Viśvabhuj (waren es) sechzig(tausend Jahre).
4 Beim vollkommen Erleuchteten Krakasunda (waren es) vierzig(tausend Jahre).
5 Beim vollkommen Erleuchteten Kanakamuni (waren es) dreißig(tausend Jahre).

6 Beim vollkommen Erleuchteten Kāśyapa (waren es) zwanzig(tausend Jahre).
7 [Jetzt wird] unter glücklichen Umständen eine Lebensspanne (?) [von hundert Jahren] voll ausgefüllt (?)[15]. Dies ist in diesem Fall die Regel.
8 Deshalb wird dies gesagt:
... des Siegers Viśvabhuj.
9 *Vierzig(tausend Jahre) des Lehrers Krakasunda .... Śākyamuni*[16] ...

2c Offenbarung über die Kaste der sieben Buddhas

1 Der vollkommen Erleuchtete Vipaśyin war ein Kṣatriya[17] der Kaste nach .... (Ebenso Śikhin und Viśvabhuj) .... (Krakasunda), Kanakamuni und Kāśyapa ... (Brahmanen). Ich meinerseits bin jetzt ein Kṣatriya der Kaste nach ...[18]. Dies ist in diesem Fall die Regel.
2 Deshalb wird dies gesagt:[19]
(Vers 1: ... *war Kṣatriya (der Kaste nach). Krakasunda, Kanakamuni und Kāśyapa waren Brahmanen aus ein und demselben Geschlecht* (jāti).
Vers 2: .... *er ist aus der Kṣatriya-Familie der Śākyas hervorgegangen.*)

2d Offenbarung über die Familienzugehörigkeit der sieben Buddhas

(Vom Sanskrittext ist nichts erhalten. Die Familien *(gotras)* der einzelnen Buddhas sind in den übrigen Quellen folgende: Vipaśyin, Śikhin und Viśvabhuj waren Kauṇḍinya; Krakasunda, Kanakamuni und Kāśyapa waren Kāśyapa; Śākyamuni war ein Gautama[20].)

3 Die Lebensumstände der sieben Buddhas

3a Offenbarung über die jeweiligen Bodhibäume der sieben Buddhas

(Vom Sanskrittext ist nichts erhalten. Nach bestimmten Quellen können folgende Zuordnungen der einzelnen Buddhas und Bäume gegeben werden: (1) Vipaśyin: Pāṭali, (2) Śikhin: Puṇḍarīka, (3) Viśvabhuj: Śāla, (4) Krakasunda: Śirīṣa, (5) Kanakamuni: Udumbara, (6) Kāśyapa: Nyagrodha, (7) Śākyamuni: Aśvattha[21].)

3b Offenbarung über die Hörerversammlungen der sieben Buddhas

1 Es gab drei Großversammlungen der Hörer des vollkommen Erleuchteten Vipaśyin. Eine Großversammlung (umfaßte) einhundertachtundsechzigtausend Mönche. Die zweite Großversammlung (umfaßte) hunderttausend Mönche. Die dritte Großversammlung (umfaßte) achtzigtausend Mönche.
2 Es gab drei Großversammlungen der Hörer des vollkommen Erleuchteten Śikhin. Eine Großversammlung (umfaßte) hunderttausend Mönche. Die zweite Großversammlung (umfaßte) achtzigtausend Mönche. Die dritte Großversammlung (umfaßte) siebzigtausend Mönche.
3 Es gab zwei Großversammlungen der Hörer des vollkommen Erleuchteten Viśvabhuj. Eine Großversammlung (umfaßte) siebzigtausend Mönche. Die zweite Großversammlung (umfaßte) sechzigtausend Mönche.
4 Es gab eine Großversammlung der Hörer des vollkommen Erleuchteten Krakasunda (mit) vierzigtausend Mönchen.
5 Es gab eine Großversammlung der Hörer des vollkom-

men Erleuchteten Kanakamuni (mit) dreißigtausend Mönchen.

6 Es gab eine Großversammlung der Hörer des vollkommen Erleuchteten Kāśyapa (mit) zwanzigtausend Mönchen.

7 Und jetzt gibt es eine Großversammlung unserer Hörer (mit) zwölfhundertfünfzig Mönchen. Dies ist in diesem Fall die Regel.

8 Deshalb wird dies gesagt:
Drei (Versammlungen) des Vipaśyin, drei des Śikhin, zwei Versammlungen des Siegers Viśvabhuj (und) für die vier (folgenden) Buddhas jeweils einmal eine Versammlung von Sehern (ṛṣi) *sind vom Weisen verkündet worden.* //1//

9 *Diese (sind) die Versammlungen derer, die das höchste Ziel schauen*[22], *unter den Nāgas*[23] *..., (die Versammlungen derer), die frei von Bindungen sind, die nicht hartherzig sind*[24], *eben dieser*[25], *die die Flagge (des Stolzes) niedergelegt haben*[26], *die leidenschaftslos und aufrichtig sind.* //2//

3c Offenbarung über das jeweilige Hauptschülerpaar der sieben Buddhas

1 Khaṇḍa und Tiṣya waren ein Hörerpaar des vollkommen Erleuchteten Vipaśyin, das Haupt(schüler)paar, ein segensreiches Paar. Der eine war der Beste unter denen, die mit (übernatürlichen) Kräften *(ṛddhi)*[27] begabt sind, der zweite war der Beste unter denen, die Weisheit *(prajñā)* besitzen.

2 Abhibhū und Saṃbhava waren ein Hörerpaar des vollkommen Erleuchteten Śikhin, das Haupt(schüler)paar, ein segensreiches Paar. Der eine war der Beste unter denen, die mit (übernatürlichen) Kräften begabt sind, der zweite war der Beste unter denen, die Weisheit besitzen.

3 Śroṇa und Uttara waren ein Hörerpaar des vollkom-

men Erleuchteten Viśvabhuj, das Haupt(schüler)paar, ein segensreiches Paar. Der eine war der Beste unter denen, die mit (übernatürlichen) Kräften begabt sind, der zweite war der Beste unter denen, die Weisheit besitzen.

4 Saṃjīva und Vidura waren ein Hörerpaar des vollkommen Erleuchteten Krakasunda, das Haupt(schüler)paar, ein segensreiches Paar. Der eine war der Beste unter denen, die mit (übernatürlichen) Kräften begabt sind, der zweite war der Beste unter denen, die Weisheit besitzen.

5 Der Mönch Bhujiṣya und Uttara waren ein Hörerpaar des vollkommen Erleuchteten Kanakamuni, das Haupt(schüler)paar, ein segensreiches Paar. Der eine war der Beste unter denen, die mit (übernatürlichen) Kräften begabt sind, der zweite war der Beste unter denen, die Weisheit besitzen.

6 Tiṣya und Bharadvāja waren ein Hörerpaar des vollkommen Erleuchteten Kāśyapa, das Haupt(schüler)paar, ein segensreiches Paar. Der eine war der Beste unter denen, die mit (übernatürlichen) Kräften begabt sind, der zweite war der Beste unter denen, die Weisheit besitzen.

7 Jetzt sind die beiden Mönche Śāriputra und Maudgalyāyana unser Hörerpaar, das Haupt(schüler)paar, ein segensreiches Paar. Der eine ist der Beste unter denen, die mit (übernatürlichen) Kräften begabt sind, der zweite ist der Beste unter denen, die Weisheit besitzen[28]. Dies ist in diesem Fall die Regel.

8 Deshalb wird dies gesagt:

Khaṇḍa und Tiṣya waren die besten (Schüler) des Vipaśyin, Abhibhū und Saṃbhava die des Buddha Śikhin. Śroṇa und Uttara (waren die Schüler) des Siegers Viśvabhuj. (Sie sind) Überwinder der Flut (übler Einflüsse[29]*) und nicht gebunden an Daseinszustände, die von sinnlichen Freuden beherrscht werden* (kāma-bhava)[30]. //1//

9 *Der Mönch Saṃjīva und der Gelehrte Vidura, diese beiden (waren) die besten (Schüler) des Lehrers Kraka-*

sunda. Und die besten (Schüler) des Buddha Kanakamuni waren hier der Mönch Bhujiṣya und auch Uttara. //2//
10 *Das Paar Tiṣya und Bharadvāja, sie waren die beiden besten (Schüler) des großen Sehers, des Erhabenen Kāśyapa. Die Mönche Śāriputra und Maudgalyāyana, diese beiden sind die Hauptschüler des Aṅgiras (= Śākyamuni).* //3//

3d Offenbarung über die jeweiligen dienenden Jünger der sieben Buddhas

1 Der Diener des vollkommen Erleuchteten Vipaśyin war ein Mönch namens Aśoka.
2 Der Diener des vollkommen Erleuchteten Śikhin war ein Mönch namens Kṣemakāra.
3 Der Diener des vollkommen Erleuchteten Viśvabhuj war ein Mönch namens Upaśānta.
4 Der Diener des vollkommen Erleuchteten Krakasunda war ein Mönch namens Bhadrika.
5 Der Diener des vollkommen Erleuchteten Kanakamuni war ein Mönch namens Svastika.
6 Der Diener des vollkommen Erleuchteten Kāśyapa war ein Mönch namens Sarvamitra.
7 In meiner Gegenwart[31] ist jetzt der Mönch Ānanda der Diener. Dies ist in diesem Fall die Regel.
8 Deshalb wird dies gesagt:
Aśoka, Kṣemakāra, Upaśānta, Bhadrika, Svastika und Sarvamitra: Ānanda ist der siebte. //1//
9 *Diese Mönche von edlem Wesen* (mahātman), *[die zum letzten Mal einen Körper trugen,]*[32] *waren Diener, versiert in Kennzeichen des Geistes*[33]. //2//
10 *Sie alle waren kundig der (rechten) Zeit, durchdrangen (geistig) die Zeichen (der Zeit)*[34]. *Die üblen Einflüsse*[35] *aller (dieser Mönche) sind vernichtet. Nicht gibt es für sie eine erneute Existenz.* //3//

3e Offenbarung über den jeweiligen Sohn der sieben Buddhas

1 Der Sohn des vollkommen Erleuchteten Vipaśyin wurde Susaṃvṛttaskandha genannt. Der Sohn des vollkommen Erleuchteten Śikhin wurde Atula genannt. Der Sohn des vollkommen Erleuchteten Viśvabhuj wurde Suprabuddha genannt. Der Sohn des vollkommen Erleuchteten Krakasunda wurde Pratāpana genannt. Der Sohn des vollkommen Erleuchteten Kanakamuni wurde Sārthavāha genannt. Der Sohn des vollkommen Erleuchteten Kāśyapa wurde Vijitasena genannt. Unser Sohn ist jetzt Rāhula. Dies ist in diesem Fall die Regel.
2 Deshalb wird dies gesagt:
Susaṃvṛttaskandha, Atula, Suprabuddha, Pratāpana, Sārthavāha, Vijitasena: Rāhula ist der siebte. //1//
3 *Diese Söhne von edlem Wesen trugen das letzte Mal einen Körper. Die üblen Einflüsse*[36] *aller sind vernichtet. Nicht gibt es für sie eine erneute Existenz.* //2//

3f Offenbarung über die Eltern der sieben Buddhas und deren Wohnort

1 Der Vater des vollkommen Erleuchteten Vipaśyin wurde Bandhumat genannt, ein König (und) Kṣatriya, dessen Haupt geweiht war. Die Mutter wurde Bandhuvatī genannt. Eine Stadt namens Bandhumāvatī[37] war die Königsresidenz. Sie war blühend, wohlhabend, friedvoll, üppig an Nahrung sowie angefüllt von viel Volk und Menschen.
2 Der Vater des vollkommen Erleuchteten Śikhin wurde Aruṇa genannt, ein König (und) Kṣatriya, dessen Haupt geweiht war. Die Mutter wurde Prabhāvatī genannt. Eine Stadt namens Aruṇāvatī war die Königsresidenz. Sie war blühend, (weiter) wie zuvor.
3 Der Vater des vollkommen Erleuchteten Viśvabhuj

wurde Supradīpa genannt, ein König (und) Kṣatriya, dessen Haupt geweiht war. Die Mutter wurde Uttarā[38] genannt. Eine Stadt namens Anopamā war die Königsresidenz. (Weiter) wie zuvor.

4 Der Vater des vollkommen Erleuchteten Krakasunda wurde Agnidatta genannt, ein Brahmane (und) Hofpriester. Die Mutter wurde Dhanavatī genannt. Zu eben jener Zeit gab es einen König namens Kṣema. Die Königsresidenz des Königs Kṣema nun war eine Stadt namens Kṣemāvatī. (Weiter) wie zuvor.

5 Der Vater des vollkommen Erleuchteten Kanakamuni wurde Yajñadatta genannt, ein Brahmane (und) Hofpriester. Die Mutter wurde Yaśovatī genannt. Zu eben jener Zeit gab es einen König namens Śobha. Die Königsresidenz des Königs Śobha nun war eine Stadt namens Śobhavatī. (Weiter) wie zuvor.

6 Der Vater des vollkommen Erleuchteten Kāśyapa wurde Brahmadatta genannt, ein Brahmane (und) Hofpriester. Die Mutter wurde Viśākhā genannt. Zu eben jener Zeit gab es einen König namens Kṛkin. Die Königsresidenz des Königs Kṛkin nun war eine Stadt namens Benares. (Weiter) wie zuvor.

7 Unser Vater wird jetzt Śuddhodana genannt, ein König (und) Kṣatriya, dessen Haupt geweiht ist. (Unsere) Mutter wird Mahā-Māyā genannt. Eine Stadt namens Kapilavastu[39] ist die Königsresidenz. (Sie ist) blühend, wohlhabend, friedvoll, üppig an Nahrung, angefüllt von viel Volk und Menschen (sowie) ein Föderationsstaat[40] der Śākyas. Dies ist in diesem Fall die Regel.

8 Deshalb wird dies gesagt:

Der Vater des vorzüglichen Buddha Vipaśyin war Bandhumat, und (seine) Mutter war Bandhuvatī. Ebenso war Bandhumatī die sehr anmutige Stadt, in der der Sieger die heilsame Lehre verkündete. //1//

9 *Der Vater des Buddha Śikhin war Aruṇa, Prabhāvatī war die Mutter des Lichtbringers. Ebenso war Aruṇavatī*

die sehr anmutige Stadt des Königs Aruṇa, des Vernichters der ärgsten Feinde. //2//

10 *Als Supradīpa als Kṣatriya (auf Erden) erschien, war er der Vater des Siegers Viśvabhuj. Ebenso führte die Mutter Uttarā (die Höchste) ihren Namen zu Recht*[41]*. Die Stadt Anopamā war die Königsresidenz.* //3//

11 *Als Agnidatta als Brahmane (auf Erden) erschien, war er der Vater des Lehrers Krakasunda. Und die Mutter Dhanavatī (die Reiche) ihrerseits führte ihren Namen zu Recht. Kṣema war der König. Kṣemāvatī war die Königsresidenz.* //4//

12 *Als Yajñadatta als Brahmane (auf Erden) erschien, war er der Vater des Siegers Kanakamuni. Und die Mutter Yaśovatī (die Ruhmreiche) ihrerseits führte ihren Namen zu Recht. Śobha war der König. Śobhāvatī war die Königsresidenz.* //5//

13 *Als Brahmadatta als Brahmane (auf Erden) erschien, war er der Vater des Erhabenen Kāśyapa. Und die Mutter Viśākhā (Name eines Mondhauses) ihrerseits führte ihren Namen zu Recht*[42]*. Kṛkin war der König. Benares war die Königsresidenz.* //6//

14 *Der Vater des großen Sehers wurde Śuddhodana genannt, die Mutter des Lichtbringers war Mahā-Māyā. Ebenso wurde die blühende, wohlhabende, sehr anmutige Stadt Kapila*[43] *genannt, (die Stadt), in der der Sieger erstrahlte.* //7//

15 Zusammenfassung (von Vorgang 2–3):
Nun (wurden genannt:) Weltzeitalter, Lebensspanne, Kaste (jāti), *Geschlecht* (gotra), *Bäume (der Erleuchtung) als fünftes, die Versammlung(en), das (Hauptschüler)paar, die Diener, die Söhne sowie Mutter (und) Vater.*

4 Vipaśyin im Mutterleib

4a Empfängnis des Bodhisattva Vipaśyin

1[44] Zu der Zeit aber, als der Bodhisattva Vipaśyin der Regel entsprechend aus der Tuṣita-Götterversammlung herabstieg (und) in den Schoß der Mutter einging, zu jener Zeit gab es in heftiger Weise einerseits ein großes Erdbeben[45], andererseits war diese ganze Welt von einem erhabenen Glanz durchdrungen.
2 Auch die Weltzwischenräume der Welt, die sehr dunkel (und voller) Dunkelheit (und) Finsternis sind, wo Sonne und Mond – von so großer (übernatürlicher) Kraft (und) von (so) großer Macht (sie auch sind) – durch ihr Licht nicht Licht hervorbringen, auch diese (Weltzwischenräume) waren zu jener Zeit von diesem erhabenen Glanz durchdrungen.
3 Die Wesen, die dort wiedergeboren waren, erkannten durch dieses Licht die jeweils anderen Wesen: »Auch andere Wesen, ihr Herren, sind hier wiedergeboren! Auch andere Wesen, ihr Herren, sind hier wiedergeboren!« Dies ist in diesem Fall die Regel.
4 Deshalb wird dies gesagt:
Ähnlich wie eine Wolke, groß[46]*, gut gefüllt, mit viel Wasser, durch die Kraft des Windes aufgetürmt, so ging der Weise ein in den (Mutter)schoß, wie sich Sūrya*[47] *dem Blitz (?)*[48] *genähert hat*[49]*. //1//*
5 *Denn während er die Menschheit rings umher erleuchtete und die weiten, von Finsternis verhüllten Weltzwischenräume, konnte (nur) ein beinahe Unerträglicher in den (Mutter)schoß eingehen. Ebenso war es (tatsächlich). Dies ist in diesem Fall die Regel. //2//*

4b Vier Götter sollen die schwangere Mutter beschützen

1 Zu der Zeit aber, als der Bodhisattva Vipaśyin der Regel entsprechend aus der Tuṣita-Götterversammlung herabstieg (und) sich im Schoß der Mutter aufhielt, da wurden von Śakra, dem Götterkönig, vier Göttersöhne[50] als Wächter der Mutter aufgestellt: »Weder ein Mensch noch ein nichtmenschliches Wesen wird sie belästigen.« Dies ist in diesem Fall die Regel.

2 Deshalb wird dies gesagt:

Diesen Göttersöhnen, die den vier Himmelsrichtungen angehörten[51] *und denen der Gott von edlem Wesen*[52] *folgte, wurde durch den ruhmreichen Śakra befohlen: »Gewährt der Mutter des Wohlgegangenen, der das höchste Ziel sieht*[53]*, Schutz.« //1//*

3 *Mit gezückten Messern, Waffen (und) Schwertern in den Händen stützten sie sich auf einen Speer mit sehr scharfer Schneide*[54] *auf, (damit) sie, die Mutter des Wohlgegangenen, weder Menschen noch Rākṣasas (= Dämonen) belästigen mögen. //2//*

4 *Sie, die von Göttern Behütete, die von vorzüglichen Wesen Beschützte, die Ruhmreiche, wurde von Götterscharen gut bewacht. Jene spielte wie die Apsarasen*[55] *im Nandana-Hain*[56]*. Ebenso war es (tatsächlich). Dies ist in diesem Fall die Regel. //3//*

4c Das Kind wird im Mutterleib von keinerlei Unreinheit befleckt

1 Zu der Zeit aber, als der Bodhisattva Vipaśyin der Regel entsprechend aus der Tuṣita-Götterversammlung herabstieg (und) sich im Schoß der Mutter aufhielt, (da) hielt er sich im »Schatzraum«[57] auf, (wobei er) nicht beschmiert war vom Schmutz des Schoßes, des Fruchtwassers (?)[58], des Blutes oder von einer anderen unreinen Substanz.

2 (Es ist ebenso), wie (wenn) ein kostbares Juwel auf einen kostbaren Stoff aus Benares[59] gelegt wird (und) weder das kostbare Juwel durch den kostbaren Stoff aus Benares noch der kostbare Stoff aus Benares durch das kostbare Juwel verunreinigt wird. Dies ist in diesem Fall die Regel.
3 Deshalb wird dies gesagt:
Genau wie dieses kostbare Juwel, das leuchtet, nicht verunreinigt wird auf Stoff aus Benares von höchster Reinheit, so ähnlich wird der im (Mutter)schoß befindliche Höchste unter den Menschen nicht verunreinigt durch Schmutz, (er), der Gelehrte. //1//

4d Der Bodhisattva im Mutterleib ist wie ein Edelstein auf einer Schnur

1 Zu der Zeit aber, als der Bodhisattva Vipaśyin der Regel entsprechend aus der Tuṣita-Götterversammlung herabstieg (und) sich im Schoß der Mutter aufhielt, sah die Mutter ihn ganz (und) vollständig in ihrem Schoß.
2 (Es ist ebenso), wie (wenn) ein Juwel aus Katzenauge[60], das achtflächig (?)[61], von edler Herkunft, rein, klar (und) nicht trübe ist, an einem fünffarbigen Faden befestigt ist, (der) blau, gelb, blutrot, weiß (und) krapprot[62] (ist). Diesen kann ein Mensch mit Sehvermögen sehen (und) erkennen: »Dies ist der Faden. Dies ist das Juwel. An dem Faden ist das Juwel befestigt.« Dies ist in diesem Fall die Regel.
3 Deshalb wird dies gesagt:
Genau wie jenes große Juwel aus Katzenauge, das leuchtet (und) einem Sonnenstrahl gleicht, so ähnlich sah die Vipaśyin-Mutter den Höchsten der Menschen, der sich in (ihrem) Schoß befand, vollständig.

4e Die Mutter leidet während der Schwangerschaft keine Schmerzen

1 Zu der Zeit aber, als der Bodhisattva Vipaśyin der Regel entsprechend aus der Tuṣita-Götterversammlung herabstieg (und) sich im Schoß der Mutter aufhielt, [zu jener Zeit hatte seine Mutter weder einen erschöpften Körper noch einen müden Körper, weil (?) sie einen Bodhisattva trug. Dies ist in diesem Fall die Regel.][63]
[2 Deshalb wird dies gesagt:
... und ... jener (ist) in den (Mutter)schoß gelangt ... (aus dem Himmel ?) herabgestiegen, Tat ...[64].] ... sie trug ....

4f Während sich der Bodhisattva im Mutterleib befindet, befolgt die Mutter von Natur aus die fünf Laiengebote

1 Zu der Zeit aber, als der Bodhisattva Vipaśyin der Regel entsprechend aus der Tuṣita-Götterversammlung herabstieg (und) sich im Schoß der Mutter aufhielt, da [nahm die Mutter für die Dauer ihres Lebens die fünf (Laien)gelübde auf sich. Für die Dauer ihres Lebens nahm (seine Mutter) Abstand vom Verletzen von Lebewesen. Sie nahm Abstand vom Nehmen von Nichtgegebenem[65], von Unkeuschheit, von Lüge (und) vom Zustand des Rauschs (durch alkoholische Getränke) wie *surā*, *maireya* und *madya*[66]. Dies ist in diesem Fall die Regel.][67]
[2 Deshalb wird dies gesagt:
Sie verletzte keine Lebewesen, sie nahm nicht Nichtgegebenes[68], sie dürfte (nicht Lügen) gesprochen haben, und das Trinken alkoholischer Getränke (galt für sie) nicht, von Unkeuschheit nahm sie Abstand und von Geschlechtsverkehr, sie, die Mutter Vipaśyins. Dies ist in diesem Fall die Regel[69].]

4g Die Mutter trägt kein Verlangen nach Männern

1 Zu der Zeit aber, als der Bodhisattva Vipaśyin der Regel entsprechend aus der Tuṣita-Götterversammlung herabstieg (und) sich im Schoß der Mutter aufhielt, [zu jener Zeit lenkte seine Mutter ihren Sinn nicht auf Männer, (einen Sinn) nämlich, der mit Sinnen(genüssen) verbunden (wäre). Dies ist in diesem Fall die Regel[70].]
[2 Deshalb wird dies gesagt:
(In bezug auf die Befleckungen (?)[71]) macht sie selbst sich dann von Leidenschaft frei[72], nicht wird (ihr) Geist von Begierde gequält, und nicht wird der Sinn seiner Mutter durch einen Mann gefesselt, (als ob ihr Sinn) mit Sinnesgenüssen verbunden (wäre)[73].]

5 Wunder und Umstände bei der Geburt Vipaśyins

5a Lichtschein und Erdbeben bei der Geburt

1 Zu der Zeit aber, als der Bodhisattva Vipaśyin den Schoß der Mutter verließ, zu jener Zeit gab es in heftiger Weise einerseits ein großes Erdbeben, andererseits war diese ganze Welt von einem erhabenen Glanz durchdrungen.
2 (Weiter) wie zuvor[74] bis:
3 »Auch andere Wesen, ihr Herren, sind hier wiedergeboren.« Dies ist in diesem Fall die Regel.
4 Deshalb wird dies gesagt:
[Während (er) geboren wurde, (war) die Erde erschüttert. Weit (?)] verbreitet (war) ebenso Glanz. [... es strahlte. Ebenso war es (tatsächlich). Dies ist in diesem Fall die Regel[75].]

5b Der Bodhisattva wird unbefleckt von Schmutz geboren

1 Zu der Zeit aber, als der Bodhisattva Vipaśyin der Regel entsprechend den Schoß der Mutter verließ, [als er (den Schoß) wie ein in der Scheide befindliches Schwert verließ, war er nicht beschmiert vom Schmutz des Schoßes, vom Schmutz des Fruchtwassers (?)[76], vom Schmutz des Blutes oder von einer anderen unreinen Substanz.][77] Dies ist in diesem Fall die Regel.
2 Deshalb wird dies gesagt:
[(Wie ein Juwel) ... nicht verunreinigt wird auf Stoff aus Benares von höchster Reinheit, ... eine Flamme (?)] wie gut geläutertes, [strahlendes (?) Gold[78]*.]*

5c Die Mutter gebiert Vipaśyin stehend

1 Zu der Zeit aber, als der Bodhisattva Vipaśyin der Regel entsprechend den Schoß der Mutter verließ, [zu jener Zeit setzte sich seine Mutter nicht nieder, noch legte sie sich nieder. Stehend wahrlich] gebar die Kṣatriyafrau [den Kṣatriya.][79] Dies ist in diesem Fall die Regel.
2 Deshalb wird dies gesagt:
Nicht setzte sie sich nieder, nicht legte sich die Kṣatriyafrau nieder. Stehend wahrlich ... sie .... Der Gott, der Herr der Götter[80]*, [dessen Tapferkeit die ... Wahrheit ist, ergriff ihn*[81]*] begierig*[82].

5d Der eben geborene Vipaśyin tut sieben Schritte

1 Der Regel entsprechend schritt der soeben geborene Bodhisattva Vipaśyin sieben [Schritte, (wobei) er von niemandem gehalten wurde][83]. Und er blickte in die vier Himmelsrichtungen und sprach die Worte:
2 »Dies soll meine letzte Geburt sein.« (Über seinen Kopf[84]) (hielten die Götter) einen weißen (Ehren)schirm

und einen Fliegenwedel mit juwel(geschmücktem) Griff. Dies ist in diesem Fall die Regel[85].
3 Deshalb wird dies gesagt:
Denn (soeben) geboren schritt er sieben Schritte. Und in die Himmelsrichtungen blickend sprach er die Worte: »Der Würdigste [bin ich in der Welt][86].« ... (Einen Schirm hielten (?)[87] die Götter.

5e Zwei Wassergüsse aus dem Himmel baden Vipaśyin

1 Der Regel entsprechend erschienen[88] für den soeben geborenen Bodhisattva Vipaśyin zwei Wasserströme aus dem Luftraum, [(einer kalt, einer) heiß, die den Bodhisattva (badeten).][89] Dies ist in diesem Fall die Regel.
2 Deshalb wird dies gesagt:
Als der Prinz, der sehr große [Arzt], geboren wurde, fielen zwei Wasserströme aus dem Luftraum[90], einer (?) ...[91] [und nicht trübe. Gebadet (wurde)] ... der Höchste unter den Menschen[92].

5f Ein Brunnen spendet Wasser für Vipaśyin

1 Der Regel entsprechend [erschien] vor [der Mutter, der Gebärerin,] des soeben geborenen Bodhisattva Vipaśyin ein großer Brunnen, [aus dem Wasser floß[93].] (Mit dem Wasser) daraus führte [seine Mutter][94] eine Waschung durch. Dies ist in diesem Fall die Regel.
2 Deshalb wird dies gesagt:
Und [die Nāgas vollziehen immer wahrlich seine] Verehrung. Worin... [der Bodhisattva. Sie, (die sie) vergnügt, befriedigt, froh (und) hochgestimmt (waren),] ließen hier einen Brunnen fließen[95].

5g Jubel der Götter über Vipaśyins Geburt

1 Als der Bodhisattva Vipaśyin soeben der Regel entsprechend geboren war, warfen die Gottheiten aus dem Luftraum himmlische (Lotosblumen wie) Utpala, Padma, Kumuda (und) Puṇḍarīka[96], sie warfen Aloe-, Tagara[97]- und Sandelpulver und himmlische Korallenbaumblüten[98]. Und sie ließen himmlische Musikinstrumente erklingen und bewegten Tücher hin und her[99]. Dies ist in diesem Fall die Regel.
2 Deshalb wird dies gesagt:
Als der Prinz, der sehr große [Arzt], geboren war, [(Gottheiten)][100] *....*
[3 *... nachdem er (?) die Herrlichkeit gesehen hatte, solange der wohlgeborene (Bodhisattva) ...*[101]*.]*
[4 *... »... er wird (die Erleuchtung ?) erfüllen«, (sprachen) die hier bei den Akaniṣṭha-Gottheiten*[102] *Weilenden. ... geräuschlos (?) ...*[103]*.]*
[5 Zusammenfassung:[104]
Herabstieg (aus dem Tuṣita-Himmel), Göttersohn (als Wächter der Mutter), (wie) ein Juwel, (wie ein) achtflächiges (?) (Katzenauge), (kein) erschöpfter (Körper), Gelübde, Sinn (ohne Verlangen nach Männern)[105]*. Das Erscheinen (auf Erden), (wie ein Schwert aus der) Scheide, Stehen (der Mutter bei der Geburt), die sieben Schritte, die zwei Wasserströme, der Brunnen (und die Freude) der Gottheiten (wurden erwähnt)*[106]*.]*

5h Vipaśyin bekommt eine Amme

[1 Der Regel entsprechend wurde der soeben geborene Bodhisattva (Vipaśyin) durch Mutter und Vater einer Amme übergeben[107]: »Dieser Prinz ist von dir[108], o Amme, von Zeit zu Zeit zu salben, von Zeit zu Zeit zu baden, von Zeit zu Zeit zu füttern, von Zeit zu Zeit in rechter Weise (und) auf angenehme Art herumzutragen.«

2 Eben ihn ergriff die Amme sehr zufrieden mit beiden Händen, salbte ihn von Zeit zu Zeit, badete ihn von Zeit zu Zeit, fütterte ihn von Zeit zu Zeit (und) trug ihn von Zeit zu Zeit in rechter Weise (und) auf angenehme Art herum.
3 Und da rieb sie (ihn) mit den besonders angenehmen Düften, die es in der Welt gibt, ein; sie übergab (ihn), mit allen Schmuckstücken geschmückt, dem Vater Bandhumat[109].
4 König Bandhumat ergriff ihn, setzte (ihn) auf seinen Schoß, betrachtete ihn wieder und wieder (und) war froh.][110]. [Dies ist in diesem Fall die Regel.
5 Deshalb wird dies gesagt:
... er übergab ihn der Amme[111]*, deshalb ... und wahrlich ....* //1//
6 *Die besonders angenehmen Duftstoffe, die es in der Welt gibt*[112]*, ... mit (Schmuckstücken) geschmückt .... Er betrachtete den Prinzen wieder und wieder (und) war froh*[113] *....]*[114]

6 Vipaśyin als »großer Mann« (mahā-puruṣa)

6a Die zwei möglichen Lebenswege eines »großen Mannes«

1 Der Regel entsprechend [zeigten Mutter und Vater den] soeben geborenen Bodhisattva Vipaśyin [den Brahmanen, den Zeichendeutern, den Wahrsagern[115], (mit den Worten): »Ist, ihr Herren,][116] dieser Prinz versehen mit den zweiunddreißig Merkmalen eines »großen Mannes«? Es gibt zwei Lebensläufe für den mit diesen (Merkmalen) versehenen »großen Mann«, nicht (ist es) anders.
2 Wenn er ein Haus bewohnt, wird er ein weltbeherr-

schender König *(cakravartin)*, ein Eroberer der (ganzen) vierseitigen Erde, ein gerechter König des Gesetzes, mit sieben Edelsteinen versehen. Sein sind diese sieben derartigen Edelsteine, und zwar: der Edelstein »Rad«[117], der Edelstein »Elefant«, der Edelstein »Pferd«, der Edelstein »Juwel«, der Edelstein »Frau«, der Edelstein »Schatzmeister« und der Edelstein »Minister« als siebter.

3 Und ein volles Tausend an Söhnen ist sein, an Tapferen, an Helden, deren Körper schöne Glieder haben (und) die die feindlichen Heere vernichten. Er bewohnt eben diese vom Ozean begrenzte große Erde, die ohne Wüste ist[118], die dornenlos[119] und frei von schlimmen Vorzeichen ist, nachdem er sie ohne Anwendung strafender Gewalt[120] (und) ohne Anwendung von Waffengewalt[121] mit gleichbleibender Gerechtigkeit völlig unterworfen hat.

4 Wenn er Haar und Bart schert, braunrote[122] Kleidung anlegt (und) in wahrlich rechter Weise mit gläubigem Vertrauen aus dem Haus in die Hauslosigkeit zieht, wird er ein Vollendeter, ein Heiliger, ein vollkommen Erleuchteter, dessen Stimme in der Welt laut erklingt.« (Die Zeichendeuter antworteten:) »Es ist korrekt, Majestät, [der Prinz][123] ist versehen (mit den zweiunddreißig Merkmalen)[124] ... er, dessen Stimme in der Welt laut erklingt.« Dies ist in diesem Fall die Regel.

5 Deshalb wird dies gesagt:

Den (soeben) geborenen Prinzen, [den sehr großen Arzt,][125] (zeigten ?) sie .... (Wenn) er nicht (in die Hauslosigkeit) zieht, wird er ein weltbeherrschender König werden[126]. //1//

6 *... er erobert die Erde ... [auf gerechte (und) friedvolle Weise (erobert er) die gesegnete, Reichtum tragende (Erde)]*[127] *... er ... wahrlich.* //2//

7 *(Das Rad), das (wie ?) ein vollkommen goldener Vogel (ist)*[128]*, ... [(mit) Felge. (Das Rad), das zuerst seine Erde erobern wird,]*[129] *... wird er besitzen (?)*[130]. //3//

8 *Den wohlgeborenen, auf sieben Gliedern fest dastehen-*

den, aufrechten, weißen (Elefanten) ..., [denn den Elefanten] als den zweiten Edelstein [(wird er) ganz (für sich)[131] *besitzen (?)]*[132]. (//4//)

9 *(Das Pferd)*[133], *das zum Frühstück zur »fruchtbaren« (Erde) gehen kann, kehrt, nachdem es überall angekommen ist*[134], *wieder zurück. ... [das Pferd als den dritten Edelstein wird er besitzen (?).* //5//][135]

10 *[Und das Juwel, aus Katzenauge*[136] *gemacht, völlig] makellos, strahlt rings umher ein Yojana*[137] *weit. ... [das makellose (Juwel) wird er besitzen (?).* //6//][138]

11 *[Die Frau, die die Wichtigste, (die Führende ?)] und die Höchste ist [in bezug auf Gestalt, (Stimme), (Duft (?) und Berührung)], ... [(die eine) nach allen Seiten]*[139] *lieblich lächelnde (Frau ist), ... (wird er besitzen ?).* (//7//)

12 *(Den Schatzmeister), [der (dem König) Katzenauge*[140], *kostbare Juwelen, Kristall und Koralle gibt, der] als vorzüglicher Bankier ... groß ..., [den wird er als den sechsten (Edelstein) besitzen (?)*[141].*]* (//8//)

13 *(Den Minister)*[142], *(der) ... [den Rückzug (der Truppen ? befiehlt ?), der]*[143] *zu ... fähig (ist), (der) der Höchste unter den Ministern (ist), den wird er als den siebten vorzüglichen Edelstein besitzen (?)*[144]. //9//

14 *... [deren Körper (schöne) Glieder haben*[145]. *Wenn er aber in die] Hauslosigkeit [gezogen ist]*[146], *wird er zweifellos ein vorzüglicher Buddha werden.* //10//

15 *Und ein solcher wahrlich ist dein Sohn. .... [(Die eine oder andere) Laufbahn ist (ihm) sicher*[147]. *Denn ebenso]*[148] *wird es in den heiligen Sprüchen gesehen.* //11//

6b Die zweiunddreißig Merkmale des »großen Mannes«

1 »Welche sind die zweiunddreißig Merkmale eines »großen Mannes« am Prinzen, (von denen gilt:) es gibt zwei Lebensläufe für den mit diesen (Merkmalen) versehenen »großen Mann«, nicht (ist es) anders? Wenn er

ein Haus bewohnt, (weiter) wie zuvor[149] bis: dessen Stimme in der Welt laut erklingt.«

2 »Fest (auf dem Boden) stehende Füße hat, Majestät, der Prinz. Dies ist ein Merkmal eines »großen Mannes« (1).

3 Unten an seinen Füßen sind zwei Räder mit tausend Speichen, mit Nabe (und) mit Felge, an allen Seiten vollkommen. Dies ist ein Merkmal eines »großen Mannes« (2).

4 Lange Finger und Zehen hat, Majestät, der Prinz. Dies ist ein Merkmal eines »großen Mannes« (3).

5 Langgezogene Fersen hat, Majestät, der Prinz. Dies ist ein Merkmal eines »großen Mannes« (4).

6 Weiche (und) jugendfrische Hände (und) Füße hat, Majestät, der Prinz. [Seine Hände (und) Füße sind] weich [wie] beliebte[150] [Tūla-Baumwolle oder] Karpāsa-Baumwolle[151]. Dies ist ein Merkmal eines »großen Mannes« (5).

7 Mit einem Netz[152] bedeckte Hände (und) Füße hat, Majestät, der Prinz. Die Netze an seinen Händen (und) Füßen sind genauso wie bei einem Wildgänsekönig *(haṃsa)* von edler Abkunft. Dies ist ein Merkmal eines »großen Mannes« (6).

8 Füße, die eine Wölbung aufweisen[153], hat, Majestät, der Prinz. Dies ist ein Merkmal eines »großen Mannes« (7).

9 Antilopengleiche Unterschenkel hat, Majestät, der Prinz. Dies ist ein Merkmal eines »großen Mannes« (8).

10 Ohne den Körper herabzubeugen, faßt, Majestät, der Prinz seine Kniescheibe an (und) berührt sie. Dies ist ein Merkmal eines »großen Mannes« (9).

11 Die Schamteile sind, Majestät, beim Prinzen in einer Hülle. In einer Hülle befindlich sind seine Schamteile genauso wie die eines reinrassigen Elefanten von edler Abkunft oder die eines reinrassigen Pferdes. Dies ist ein Merkmal eines »großen Mannes« (10).

12 Eine Rundung wie ein Banyan-Baum[154] hat, Majestät, der Prinz: so hoch wie der Körper, so weit (ist) die Spanne

der ausgestreckten Arme; so weit wie die Spanne der ausgestreckten Arme, so hoch (ist) der Körper. Dies ist ein Merkmal eines »großen Mannes« (11).

13 Aufrecht stehende Körperhaare hat, Majestät, der Prinz. Dies ist ein Merkmal eines »großen Mannes« (12).

14 Einzeln (gewachsene) Körperhaare hat, Majestät, der Prinz. Einzeln sind seine Haare am Körper gewachsen, blauschwarz (und) gelockt. Dies ist ein Merkmal eines »großen Mannes« (13).

15 Von goldener Farbe ist, Majestät, der Prinz. Seine Haut gleicht dem Gold. Dies ist ein Merkmal eines »großen Mannes« (14).

16 Von zarter Haut ist, Majestät, der Prinz. Wegen der Zartheit der Haut haften Staub (und) Wasser nicht am Körper. Dies ist ein Merkmal eines »großen Mannes« (15).

17 Sieben Erhebungen hat, Majestät, der Prinz. Seine sieben Erhebungen am Körper sind: zwei an den Händen, zwei an den Füßen, zwei an den Schultern und eine am Hals. Dies ist ein Merkmal eines »großen Mannes« (16).

18 Einen ausgefüllten Zwischenraum (auf dem Rücken) zwischen den Schultern hat, Majestät, der Prinz[155]. Dies ist ein Merkmal eines »großen Mannes« (17).

19 Einen Oberkörper wie ein Löwe hat, Majestät, der Prinz. Dies ist ein Merkmal eines »großen Mannes« (18).

20 Große (und) gerade Glieder hat, Majestät, der Prinz. Dies ist ein Merkmal eines »großen Mannes« (19).

21 Wohlgerundete Schultern hat, Majestät, der Prinz. Dies ist ein Merkmal eines »großen Mannes« (20).

22 Vierzig Zähne hat, Majestät, der Prinz. Dies ist ein Merkmal eines »großen Mannes« (21).

23 Gleichmäßige Zähne hat, Majestät, der Prinz. Dies ist ein Merkmal eines »großen Mannes« (22).

24 Lückenlose Zähne hat, Majestät, der Prinz. Dies ist ein Merkmal eines »großen Mannes« (23).

25 Sehr weiße Zähne hat, Majestät, der Prinz. Dies ist ein Merkmal eines »großen Mannes« (24).

26 Kiefer wie ein Löwe hat, Majestät, der Prinz. Dies ist ein Merkmal eines »großen Mannes« (25).

27 Den besten Geschmackssinn (aller) Geschmackssinne[156] hat, Majestät, der Prinz. Dies ist ein Merkmal eines »großen Mannes« (26).

28 Eine lange, dünne Zunge hat, Majestät, der Prinz. Aufgrund der Länge bedeckt er mit der Zunge die [ganze Gesichts]fläche [von ... bis zum Haaransatz, nachdem er] die Zunge aus dem Mund [gestreckt hat.][157] Dies ist ein Merkmal eines »großen Mannes« (27).

29 Eine himmlische Stimme[158] hat, Majestät, der Prinz. Er hat eine angenehme Sprache wie der Kalaviṅka-Vogel[159], einen Ton wie der Klang der Dundubhi-Trommel. Dies ist ein Merkmal eines »großen Mannes« (28).

30 Tiefdunkle Augen hat, Majestät, der Prinz. Dies ist ein Merkmal eines »großen Mannes« (29).

31 Wimpern wie eine Kuh hat, Majestät, der Prinz. Dies ist ein Merkmal eines »großen Mannes« (30).

32 Einen ›Turban‹[160] hat, Majestät, der Prinz auf dem Kopf. Dies ist ein Merkmal eines »großen Mannes« (31).

33 Und mitten zwischen seinen Augenbrauen ist ein weißer, muschelgleicher, nach rechts gedrehter Haarwirbel *(ūrṇā)*. Dies ist ein Merkmal eines »großen Mannes« (32).

34 Diese sind die zweiunddreißig Merkmale eines »großen Mannes«. Es gibt zwei Lebensläufe für den mit diesen (Merkmalen) versehenen »großen Mann«, nicht (ist es) anders. Dies ist in diesem Fall die Regel.

35 Deshalb wird dies gesagt:

Hört! Ich werde die Merkmale des großen Weisen preisen, (die) an seinem Körper (sich befinden, am Körper dessen), [dessen Sinn (in der Meditation) geübt ist][161] (und) der zum letzten Mal einen Körper trägt. //1//

36 .... *Und unten an seinen Füßen sind zwei wohlgeformte Räder. //2//*

37 *Er hat lange Finger und Zehen. Und die Fußfersen sind langgezogen. Mit Netz ....* //3//
38 *.... Und sogar ohne den Körper zu beugen, berührt er die Kniescheibe.* //4//
39 *In einer Hülle befindlich sind die Schamteile. ... nach rechts*[162]. //5//
40 *... rundherum. Von zarter Haut ist jener. Sieben sind die Erhebungen des Körpers.* //6//
41 *(Er hat) einen ausgefüllten Zwischenraum (auf dem Rücken) zwischen den Schultern .... Er hat einen Oberkörper wie ein Löwe. Die Glieder sind groß (und) gerade. Seine Schultern sind wohlgefügt.* //7//
42 *Die vierzig Zähne sind vollkommen, ohne daß etwas fehlt. (Sie sind) gleichmäßig und auch lückenlos und auch weiß, wohlgeformt.* //8//
43 *(Er hat) sehr weiße Zähne*[163] *.... (Er hat erreicht,) daß er den besten Geschmackssinn (aller) Geschmackssinne hat*[164]. *Und er hat eine lange, dünne Zunge, ebenso eine himmlische (Stimme) ....* //9//
44 *(Er hat) tiefdunkle Augen (und) Wimpern wie eine Kuh. Und [auf seinem Kopf] (ist) ein ›Turban‹*[165]. *[Und der Haarwirbel mitten zwischen den Augenbrauen ist weiß] (und) nach rechts (gedreht)*[166]. //10//
45 *Und [ebenso (sind) diese] zweiunddreißig [Merkmale des großen Weisen an seinem Körper, (am Körper dessen), dessen Sinn (in der Meditation) geübt ist] (und) der zum letzten Mal einen Körper trägt*[167]. //11//
46 *[An wessen Körper die zweiunddreißig (Merkmale) angefügt sind], (am Körper) eines solchen*[168], *(der) [zerstört] als König die Erde, nachdem er sie erobert hat*[169], *[oder ist auch als Buddha freundlich (und) mitfühlend*[170] *.]* //12//
47 *Achtsam und an Söhnen reich und selten krank, [ein Gelehrter, erlangt er] Speise, Trank, Kleidung, Betten (und) Sitze*[171]. //13//
48 *Jener, dessen Gefolge nicht zu entzweien ist, [(ist) an-*

genehm allen, die einen Körper haben.] Einem solchen [wenden sich] Götter und Menschen [zu[172]*.]* //14//
49 *Der Beste unter den großen Gebietern soll ein solcher Sterblicher sein, und (er ist) unvergleichlich, ohnegleichen und ein (mit irdischen Maßstäben) nicht zu messender Anführer.* //15//

6c Vipaśyins Mutter stirbt nach sieben Tagen

1 Der Regel entsprechend starb die Mutter, die Gebärerin des vor sieben Tagen geborenen Bodhisattva Vipaśyin. Die [soeben][173] Gestorbene wurde in der Götterversammlung der dreißig[174] (Götter) wiedergeboren. Dies ist in diesem Fall die Regel.
2 Deshalb wird dies gesagt:
Denn nachdem sie (ihn) genau zehn Monate (lang) im Schoß getragen hatte, gebar die Mutter Vipaśyins den Unvergleichlichen. Nach der Trennung vom Körper wurde sie unter den dreißig (Göttern) wiedergeboren, die Gebärerin des Erhabenen, (die zur) Götterversammlung (gehörte).

7 Auszeichnende Eigenschaften des Kindes

7a Die übermenschliche Schönheit des Bodhisattva

1 Der Regel entsprechend war der soeben geborene Bodhisattva Vipaśyin schön, ansehnlich, anziehend, menschliche Schönheit übertreffend, (aber) himmlische Schönheit nicht erreichend. Die seine Schönheit ohne Makel betrachtenden Männer und Frauen wurden (der Betrachtung) nicht satt.

2 Wie die goldene Niṣkā-Münze, die aus Gold vom Jambū-Fluß[175] gemacht, von einem kundigen Schmied (blank) gerieben (und) auf eine frisch gewaschene[176], weiße Wolldecke gelegt wird, in übermäßiger Weise scheint, strahlt (und) glänzt, genau so war der soeben geborene Bodhisattva Vipaśyin schön, ansehnlich, (weiter wie zuvor) bis: Schönheit ohne Makel[177]. Dies ist in diesem Fall die Regel.

3 Deshalb wird dies gesagt:

Das Kind, der Prinz, war wie eine goldene Niṣkā-Münze[178]*, die ein kundiger Geist gefertigt (und) niedergelegt (?) hat. Denn die Männer und Frauen, die seine Schönheit ohne Makel betrachteten, wurden (dessen) nicht satt.*

7b Der Bodhisattva ist bei jedermann beliebt

1 Der Regel entsprechend war der soeben geborene Bodhisattva Vipaśyin der großen Menschenmenge lieb und angenehm. Und da reichte die große Menschenmenge (ihn) von Schulter zu Schulter herum.

2 Wie der herbstliche Lotos der großen Menschenmenge lieb und angenehm ist und (wie) die große Menschenmenge ihn dann von Hand zu Hand weitergibt, genau so war der soeben geborene Bodhisattva Vipaśyin der großen Menschenmenge lieb und angenehm. Und (ebenso) reichte da die große Menschenmenge (ihn) von Schulter zu Schulter herum. Dies ist in diesem Fall die Regel.

3 Deshalb wird dies gesagt:

Lieb (und) angenehm für viel Volk (war) damals Vipaśyin, als er jung war. Sie reichten (ihn) von Schulter zu Schulter herum wie einen herbstlichen Lotos von edler Geburt.

7c Die Augen des Bodhisattva blinzeln nicht

1 Der Regel entsprechend sah der Bodhisattva Vipaśyin (alle) Formen ohne Blinzeln. Er blinzelte nicht wie die Götter, die unter den dreißig[179] (Göttern) wiedergeboren sind. Dies ist in diesem Fall die Regel.
2 Deshalb wird dies gesagt:
Denn nicht blinzelnd sah jener Prinz wie auch die Götter, die unter den dreißig (Göttern) wiedergeboren sind, ob er hier herzerfreuende Formen sah, ob er nun das Herz nicht erfreuende (Formen) sah.

7d Der Bodhisattva besitzt das himmlische Auge

1 Der Regel entsprechend war der Bodhisattva Vipaśyin mit dem aus der Reifung (früherer) Taten entstandenen himmlischen Auge versehen, mit dem er bei Tag und Nacht ein Yojana im Umkreis sah. Dies ist in diesem Fall die Regel.
2 Deshalb wird dies gesagt:
Sein war ein Auge, das aus der Reifung (früherer Taten) entstanden war, himmlisch, rein, makellos, leuchtend. Damit sah jener Bodhisattva bei Tag und Nacht ein Yojana im Umkreis.

7e Der Bodhisattva hat eine wohlklingende Stimme

1 Der Regel entsprechend hatte der Bodhisattva Vipaśyin eine liebliche Stimme, eine angenehme Stimme, {eine angenehme Sprache wie der Kalaviṅka-Vogel[180] und einen Ton wie der Klang der Dundubhi-Trommel}[181].

[Wie der Vogel aus dem Himālaya eine liebliche Stimme hat, eine süße Stimme und eine angenehme Stimme, genau so hatte der soeben geborene Bodhisattva (Vipaśyin) eine liebliche Stimme, eine süße Stimme und

eine angenehme Stimme[182].] Dies ist in diesem Fall die Regel.
2 Deshalb wird dies gesagt:
[(Wie) jener (?) Vogel vom Himālaya], trunken vom Nektar [der Blumen (?), (sein Lied) schmettert[183]], genau so hatte er seinerseits die liebliche Sprache eines Kalaviṅka-Vogels, eine Sprache, die (überhaupt) nicht unangenehm war.

7f Der Bodhisattva ist ein Gelehrter

1 Der Regel entsprechend [war] der Bodhisattva Vipaśyin gelehrt, [weise, klug (und) mit einem Erkennen versehen, das einem Webfaden (?) glich[184] (und) forschend war.][185] Und als er sich da im Gerichtssaal des Vaters Bandhumat niedergesetzt hatte, löste er schwerwiegende Rechtsfälle. Dies ist in diesem Fall die Regel.
2 Deshalb wird dies gesagt:
... wie der Naß und Wasser enthaltende Ozean. Er hat in dem Haus in Bandhumatī viele Leute, Völker und Kṣatriyas unterwiesen.
3 *Heil (und) Mitleid .... Damals kam ein segensreicher Name auf, noch mehr: »Vipaśyin (der Weitsichtige)« (wurde er genannt, weil) sein Auge rundherum (schaut).*

8 Vipaśyins Erlebnisse und Weltflucht

8a Die erste Ausfahrt: Begegnung mit einem alten Mann

1 Der Regel folgend sprach der Bodhisattva Vipaśyin, der den Wunsch hatte, zu einem Parkareal hinauszufahren, (seinen) Wagenlenker an:

2 »Schirre, Wagenlenker, einen schönen Wagen an. Ich werde zu einem Parkareal hinausfahren.«
3 »So (sei es), Majestät«, stimmte der Wagenlenker dem Bodhisattva Vipaśyin zu, schirrte rasch einen schönen Wagen an (und) ging zum Bodhisattva Vipaśyin. (Dorthin) gelangt, sagte er dem Bodhisattva Vipaśyin dieses:
4 »Angeschirrt ist der schöne Wagen Eurer Majestät. Wofür jetzt Eure Majestät die Zeit (für gekommen) hält, (das möge er tun).«
5 Nun bestieg der Bodhisattva Vipaśyin den schönen Wagen (und) fuhr hinaus zum Parkareal.
6 Der Bodhisattva Vipaśyin, der zum Parkareal hinausgefahren war, sah einen Mann, der bucklig war, gebogen wie eine Dachstange aus Bambusrohr[186], (und) sich auf einen Stock stützte, wie er mit zitterndem Körper vor (ihm) einherging.
7 Und als er ihn aber sah, sprach er den Wagenlenker an:
8 »Warum geht dieser Mann, Wagenlenker, der bucklig ist, gebogen wie eine Dachstange aus Bambusrohr, (und) sich auf einen Stock stützt, mit zitterndem Körper vor (uns) einher? (Und warum) sind seine Haare ohne Farbe, nicht so (wie die) der anderen?«
9 »Dieser Mann, Majestät, wird alt genannt.«
10 »Warum, Wagenlenker, wird dieser alt genannt?«
11 »Dieser Mann, Majestät, wird bald sterben müssen. Eben dieser, Majestät, wird alt genannt.«
12 »Habe auch ich, Wagenlenker, die Eigenschaft des Alters und das Gesetz des Alters nicht überwunden?«
13 »Auch Majestät haben die Eigenschaft des Alters und haben das Gesetz des Alters nicht überwunden.«
14 »Darum nun, Wagenlenker, wende den Wagen! Zur Königsburg fürwahr fahre! Wenn ich inmitten der Königsburg bin[187], werde ich eben diese Sache überdenken: Dem Alter fürwahr bin ich nicht entronnen.«
15 Der Wagenlenker wendete den Wagen. Zur Königsburg fürwahr fuhr er.

16 Da befand sich nun der Bodhisattva Vipaśyin inmitten der Königsburg. Nun überdachte er unzufrieden beklagenswerte Dinge: »Dem Alter fürwahr bin ich nicht entronnen.« Dies ist in diesem Fall die Regel.
17 Deshalb wird dies gesagt:
Als er den Mann hier gesehen hatte, dessen Jugend vergangen war, alt, krank, ergraut, mit einem Stock in der Hand, da überdachte er unzufrieden beklagenswerte Dinge: »Dem Alter fürwahr bin ich nicht entronnen.«
//1//

8b Der Wagenlenker berichtet König Bandhumat über die erste Ausfahrt

1 Nun sprach der König Bandhumat den Wagenlenker an:
2 »Ist denn, Wagenlenker, der Prinz zufriedenen Sinnes zum Parkareal gefahren, und fand er Gefallen am Park?«
3 »Nein, Majestät. Der Prinz, der zum Parkareal hinausgefahren war, sah, Majestät, einen Mann, der bucklig war, gebogen wie eine Dachstange aus Bambusrohr, (und) sich auf einen Stock stützte, wie er mit zitterndem Körper vor (ihm) einherging. Und als er ihn aber sah, sprach er mich an:
4 ›Warum geht dieser Mann, Wagenlenker, der bucklig ist, gebogen wie eine Dachstange aus Bambusrohr, (und) sich auf einen Stock stützt, mit zitterndem Körper vor (uns) einher? (Und warum) sind seine Haare ohne Farbe, nicht so (wie die) der anderen?‹
5 Zu eben diesem sprach ich so: ›Dieser Mann, Majestät, wird alt genannt.‹
6 Er sagte so: ›Warum, Wagenlenker, wird dieser alt genannt?‹
7 Zu eben diesem sprach ich so: ›Dieser Mann, Majestät, wird bald sterben müssen. Eben dieser, Majestät, wird alt genannt.‹

8 Er sagte so: ›Habe auch ich, Wagenlenker, die Eigenschaft des Alters und habe das Gesetz des Alters nicht überwunden?‹
9 Zu eben diesem sprach ich so: ›Auch Majestät haben die Eigenschaft des Alters und haben das Gesetz des Alters nicht überwunden.‹
10 Er sagte so: ›Darum nun, o Wagenlenker, wende den Wagen! Zur Königsburg fürwahr fahre! Wenn ich inmitten der Königsburg bin, werde ich eben diese Sache überdenken: Dem Alter fürwahr bin ich nicht entronnen.‹
11 Eben dieser Prinz ist, Majestät, inmitten der Königsburg. Nun überdenkt er unzufrieden beklagenswerte Dinge: ›Dem Alter fürwahr bin ich nicht entronnen.‹«
12 Nun kam dem König Bandhumat dieser (Gedanke): »Die Rede der Brahmanen, der Zeichendeuter, der Wahrsager, soll auf keinen Fall Wirklichkeit[188] werden. Der Prinz soll auf keinen Fall Haar und Bart scheren, braunrote Kleidung anlegen (und) in rechter Weise (und) mit gläubigem Vertrauen aus dem Haus in die Hauslosigkeit ziehen.
13 Wie wäre es nun, wenn ich ihm in stärkerem Maße die fünf Sinnesgenüsse[189] gewähre? Hoffentlich wird er, (der dann) sich vergnügt, nicht hinausziehen.«
14 Nun gewährte der König Bandhumat dem Bodhisattva Vipaśyin in stärkerem Maße die fünf Sinnesgenüsse (in dem Wunsch): ›Hoffentlich wird er, (der dann) sich vergnügt, nicht hinausziehen.‹ Dies ist in diesem Fall die Regel.
15 Deshalb wird dies gesagt:
Als er, Bandhumat, der Vater des geliebten Vipaśyin, eine solche Rede vom Wagenlenker gehört hatte, da gab er (dem Bodhisattva) die fünf Sinnesgenüsse, damit jener, in diesen sich vergnügend, nicht hinausziehen sollte.

8c Die zweite Ausfahrt: Begegnung mit einem kranken Mann

1 Der Regel entsprechend sprach der Bodhisattva Vipaśyin, der den Wunsch hatte, zu einem Parkareal hinauszufahren, (seinen) Wagenlenker an: (Weiter) wie zuvor[190] bis:
2 Der Bodhisattva Vipaśyin, der zum Parkareal hinausgefahren war, sah einen Mann, der totenblaß, dürr, ausgemergelt (und) von schlechter (Gesichts)farbe war, der abgestumpfte Sinne hatte und abstoßend war für den Anblick vieler Menschen.
3 Und als er ihn aber sah, sprach er den Wagenlenker an:
4 »Warum ist dieser Mann, Wagenlenker, totenblaß, dürr, ausgemergelt (und) von schlechter (Gesichts)farbe, hat abgestumpfte Sinne und ist abstoßend für den Anblick vieler Menschen?«
5 »Dieser Mann, Majestät, wird krank genannt.«
6 »Warum, Wagenlenker, wird er krank genannt?«
7 »Für diesen Mann, Majestät, besteht die Möglichkeit, daß er durch eben diese Krankheit wird sterben müssen. Eben dieser, Majestät, wird krank genannt.«
8 »Habe auch ich, Wagenlenker, die Eigenschaft der Krankheit und habe das Gesetz der Krankheit nicht überwunden?«
9 »Auch Majestät haben die Eigenschaft der Krankheit und haben das Gesetz der Krankheit nicht überwunden.«
10 »Darum nun, Wagenlenker, wende den Wagen! Zur Königsburg fürwahr fahre! Wenn ich inmitten der Königsburg bin, werde ich eben diese Sache überdenken: Der Krankheit fürwahr bin ich nicht entronnen.«
11 Der Wagenlenker wendete den Wagen. Zur Königsburg fürwahr fuhr er.
12 Da befand sich nun der Bodhisattva Vipaśyin inmitten der Königsburg. Nun überdachte er unzufrieden bekla-

genswerte Dinge: »Der Krankheit fürwahr bin ich nicht entronnen.« Dies ist in diesem Fall die Regel.

13 Deshalb wird dies gesagt:

Als er hier den Menschen gesehen hatte, dessen Körper mit Krankheit behaftet war, bleich, dürr, (von fremder Hilfe) abhängig, da überdachte er unzufrieden beklagenswerte Dinge: »Der Krankheit fürwahr bin ich nicht entronnen.«

8d Der Wagenlenker berichtet König Bandhumat über die zweite Ausfahrt

1 Nun sprach der König Bandhumat den Wagenlenker an:

2 »Ist denn, Wagenlenker, der Prinz zufriedenen Sinnes zum Parkareal gefahren, und fand er Gefallen am Park?«

3 »Nein, Majestät. Der Prinz, der zum Park hinausgefahren war, sah, Majestät, einen Mann, der totenblaß, dürr, ausgemergelt (und) von schlechter (Gesichts)farbe war, der abgestumpfte Sinne hatte und der abstoßend war für den Anblick vieler Menschen. Und als er ihn aber sah, sprach er mich an:

4 ›Warum ist dieser Mann, Wagenlenker, totenblaß, dürr, ausgemergelt (und) von schlechter (Gesichts)farbe, hat abgestumpfte Sinne und ist abstoßend für den Anblick vieler Menschen?‹

5 Zu eben diesem sprach ich so: ›Dieser Mann, Majestät, wird krank genannt.‹

6 Er sagte so: ›Warum, Wagenlenker, wird dieser krank genannt?‹

7 Zu eben diesem sprach ich so: ›Für diesen Mann, Majestät, tritt der Fall ein, daß er durch eben diese Krankheit wird sterben müssen. Eben dieser, Majestät, wird krank genannt.‹

8 Er sagte so: ›Habe auch ich, Wagenlenker, die Eigen-

schaft der Krankheit und habe das Gesetz der Krankheit nicht überwunden?‹

9 Zu eben diesem sprach ich so: ›Auch Majestät haben die Eigenschaft der Krankheit und haben das Gesetz der Krankheit nicht überwunden.‹

10 Er sagte so: ›Darum nun, Wagenlenker, wende den Wagen! Zur Königsburg fürwahr fahre! Wenn ich inmitten der Königsburg bin, werde ich eben diese Sache überdenken: Der Krankheit fürwahr bin ich nicht entronnen.‹

11 Eben dieser Prinz ist, Majestät, inmitten der Königsburg. Nun überdenkt er unzufrieden beklagenswerte Dinge: ›Der Krankheit fürwahr bin ich nicht entronnen.‹«

12 Nun kam dem König Bandhumat dieser (Gedanke: »Die Rede) der Brahmanen, der Zeichendeuter, (der Wahrsager, soll) nicht«, (weiter) wie zuvor[191] (bis:) Dies ist in diesem Fall die Regel.

13 Deshalb wird dies gesagt:

(Sichtbare) Formen und Töne, ebenso wahrlich Gerüche, Geschmacksstoffe und zur Berührung geeignete (Dinge), (diese) fünf Sinnesgenüsse gab er (dem Bodhisattva) da, damit jener, in diesen sich vergnügend, nicht hinausziehen sollte.

8e Die dritte Ausfahrt: Begegnung mit einem Toten

1 Der Regel entsprechend sprach der Bodhisattva Vipaśyin, der den Wunsch hatte, zu einem Parkareal hinauszufahren, (seinen) Wagenlenker an: (Weiter) wie zuvor[192] (bis):

2 Der Bodhisattva Vipaśyin, der zum Parkareal hinausgefahren war, sah einen Baldachin, aus verschiedenfarbigen Stoffen ausgebreitet, und eine Sänfte wurde gehalten. Und eine Fackel wurde vorangeführt, und eine große

Menschenmenge ging voran. Und Frauen mit aufgelöstem Haar, die weinten[193], folgten unmittelbar hinterdrein.
3 Und als er (dies) aber sah, sprach er den Wagenlenker an:
4 »Warum, Wagenlenker, ist dieser Baldachin aus verschiedenfarbigen Stoffen ausgebreitet, und (warum wird) eine Sänfte (gehalten), (weiter) wie zuvor (bis:) folgten unmittelbar hinterdrein?«
5 »Dieser Mann, Majestät, wird tot genannt.«
6 »Warum, Wagenlenker, wird dieser tot genannt?«
7 »Dieser Mann, Majestät, wird nicht mehr (seine) geliebten Eltern sehen. Auch werden (seine) Eltern diesen (von ihnen) geliebten Mann nicht (mehr) sehen. Eben dieser, Majestät, wird tot genannt.«
8 »Habe auch ich, Wagenlenker, die Eigenschaft des Todes und habe das Gesetz des Todes nicht überwunden?«
9 »Auch Majestät haben die Eigenschaft des Todes und haben das Gesetz des Todes nicht überwunden.«
10 »Darum nun, Wagenlenker, wende den Wagen! Zur Königsburg fürwahr fahre! Wenn ich inmitten der Königsburg bin, werde ich eben diese Sache überdenken: Dem Tod fürwahr bin ich nicht entronnen.«
11 Der Wagenlenker wendete den Wagen. Zur Königsburg fürwahr fuhr er.
12 Da befand sich nun der Bodhisattva Vipaśyin inmitten der Königsburg. Nun überdachte er unzufrieden beklagenswerte Dinge: »Dem Tod fürwahr bin ich nicht entronnen.« Dies ist in diesem Fall die Regel.
13 Deshalb wird dies gesagt:
Als er hier den Mann gesehen hatte, dessen Bewußtsein geschwunden war, tot, bewußtlos, das Ende seine Lebenszeit erreicht habend, da überdachte er unzufrieden beklagenswerte Dinge: »Dem Tod fürwahr bin ich nicht entronnen.«

8f Der Wagenlenker berichtet König Bandhumat über die dritte Ausfahrt

1 Nun sprach der König Bandhumat den Wagenlenker an:
2 »Ist denn, Wagenlenker, der Prinz zufriedenen Sinnes zum Parkareal gefahren, und fand er Gefallen am Park?«
3 »Nein, Majestät. Der Prinz, der zum Parkareal hinausgefahren war, sah, Majestät, einen Baldachin, aus verschiedenfarbigen Stoffen ausgebreitet, und eine Sänfte, (weiter) wie zuvor[194] bis: folgten unmittelbar hinterdrein. Und als er (dies) aber sah, sprach er mich an:
4 ›Warum, Wagenlenker, ist dieser Baldachin aus verschiedenfarbigen Stoffen ausgebreitet ist, und (warum wird) eine Sänfte (gehalten), (weiter) wie zuvor (bis:) folgten unmittelbar hinterdrein?‹
5 Zu eben diesem sprach ich so: ›Dieser Mann, Majestät, wird tot genannt.‹
6 Er sagte so: ›Warum, Wagenlenker, wird dieser tot genannt?‹
7 Zu eben diesem sprach ich so: ›Dieser Mann, Majestät, wird nicht mehr (seine) geliebten Eltern sehen. Auch werden (seine) Eltern diesen (von ihnen) geliebten Mann nicht (mehr) sehen. Eben dieser, Majestät, wird tot genannt.‹
8 Er sagte so: ›Habe auch ich, Wagenlenker, die Eigenschaft des Todes und habe das Gesetz des Todes nicht überwunden?‹
9 Zu eben diesem sprach ich so: ›Auch Majestät haben die Eigenschaft des Todes und haben das Gesetz des Todes nicht überwunden.‹
10 Er sagte so: ›Darum nun, Wagenlenker, wende den Wagen! Zur Königsburg fürwahr fahre! Wenn ich inmitten der Königsburg bin, werde ich eben diese Sache überdenken: Dem Tod fürwahr bin ich nicht entronnen.‹
11 Eben dieser Prinz ist, Majestät, inmitten der Königs-

burg. Nun überdenkt er unzufrieden beklagenswerte Dinge: ›Dem Tod fürwahr bin ich nicht entronnen.‹«

12 Nun kam dem König Bandhumat dieser (Gedanke: »Die Rede) der Brahmanen, der Zeichendeuter, (der Wahrsager, soll) nicht«, (weiter) wie zuvor[195] bis: Dies ist in diesem Fall die Regel.

13 Deshalb wird dies gesagt:

In der besten der Städte, in der vorzüglichen Siedlung, in der lieblichen, erfreute sich damals Vipaśyin, der jung war[196]*, der fünf Sinnesgenüsse wie der tausendäugige (Śakra*[197]*) im Nandana-Hain*[198].

8g Die vierte Ausfahrt: Begegnung mit einem Mönch und Weltflucht

1 Der Regel entsprechend sprach der Bodhisattva Vipaśyin, der den Wunsch hatte, zu einem Parkareal hinauszufahren, (seinen) Wagenlenker an: (Weiter) wie zuvor[199] (bis):

2 Der Bodhisattva Vipaśyin, der zum Parkareal hinausgefahren war, sah einen Mann (mit) geschorenem (Haupthaar und) mit einer Almosenschale in der Hand, der von Haus zu Haus zu den (einzelnen) Familien ging.

3 Und als er (ihn) aber sah, sprach er den Wagenlenker an:

4 »Warum geht dieser Mann, Wagenlenker, (mit) geschorenem (Haupthaar und) mit der Almosenschale in der Hand von Haus zu Haus zu den (einzelnen) Familien? Und (warum) sind seine Kleider ohne Farbe, nicht so (wie die) der anderen?«

5 »Dieser, Majestät, wird ein Wanderasket[200] genannt.« »Warum wird dieser, Wagenlenker, Wanderasket genannt?«

6 »Dieser Mann, Majestät, schor Haupt- und Barthaar (mit den Worten:) ›Gut (ist) Kontrolle der Sinne *(dama)*! Gut (ist) Selbstkontrolle (bei Taten, Reden und Gedan-

ken) *(saṃyama)*[201]! Gut (ist) hilfreiches Verhalten *(arthacaryā)*[202]! Gut (ist) gerechtes Verhalten *(dharma-caryā)*! Gut (ist) zum Heil führendes Verhalten *(kuśalacaryā)*! Gut (sei mein) segensreiches Verhalten *(kalyāṇacaryā)*[203]!‹ Er legte braunrote Kleidung an (und) zog auf wahrlich rechte Weise (und) mit gläubigem Vertrauen aus dem Haus in die Hauslosigkeit hinaus. Eben dieser, Majestät, wird Wanderasket genannt.«

7 »Darum nun, Wagenlenker, lenke den Wagen zu diesem Wanderasket!«

8 »So (sei es), Majestät«, stimmte der Wagenlenker dem Bodhisattva Vipaśyin zu (und) lenkte den Wagen zu diesem Wanderasket.

9 Nun sagte der Bodhisattva Vipaśyin dem Wanderasket dies:

10 »Wer aber bist du, o Mann, daß du (mit) geschorenem (Haupthaar und) mit der Almosenschale in der Hand von Haus zu Haus zu den (einzelnen) Familien gehst und daß deine Kleider ohne Farbe sind, nicht so (wie die) der anderen?«

11 »Ich werde, Prinz, Wanderasket genannt.«

12 »Wie (kommt es), daß du, o Mann, Wanderasket genannt wirst?«

13 »Ich schor, Prinz, Haupt- und Barthaar (mit den Worten:) ›Gut (ist) Kontrolle der Sinne! Gut (ist) Selbstkontrolle (bei Taten, Reden und Gedanken)! Gut (ist) hilfreiches Verhalten! Gut (ist) gerechtes Verhalten! Gut (ist) zum Heil führendes Verhalten! Gut (ist) segenreiches Verhalten!‹ Ich legte braunrote Kleidung an (und) zog auf wahrlich rechte Weise (und) mit gläubigem Vertrauen aus dem Haus in die Hauslosigkeit. Ich selbst werde Wanderasket genannt.«

14 »Du, o Mann, schorest Haupt- und Barthaar (mit den Worten:) ›(Gut[204] ist) hilfreiches Verhalten! Gut (ist) gerechtes Verhalten! (Gut sind) zum Heil führendes Verhalten (und) segensreiches Verhalten!‹ Du legtest braun-

rote Kleidung an (und) zogest auf wahrlich rechte Weise (und) mit gläubigem Vertrauen aus dem Haus in die Hauslosigkeit.

15 Darum nun, Wagenlenker, gib diesen Wagen und diese Schmuckstücke unseren Verwandten. Und ich meinerseits werde die Sinnesgenüsse aufgeben (und) genau hier in den Stand des Wanderasketen[205] eintreten.« Dies ist in diesem Fall die Regel.

16 Deshalb wird dies gesagt:

»Diesen Wagen und die Schmuckstücke dazu gib meinen Verwandten. Sofort werde ich die Sinnesgenüsse aufgeben (und) genau hier in den Stand des Wanderasketen eintreten.«

17 Da nun der Bodhisattva Vipaśyin den Alten gesehen hatte, den Kranken gesehen hatte, den Toten gesehen hatte und den braunrote (Kleider) tragenden Wanderasketen gesehen hatte, da trat er in den Stand des Wanderasketen ein. Dies ist in diesem Fall die Regel.

18 Deshalb wird dies gesagt:

Als er den Alten gesehen hatte und den leidenden Kranken, als er den Toten gesehen hatte, dessen Bewußtsein völlig geschwunden war, und als er den braunrot (gekleideten) Wanderasketen erblickt hatte, da trat er in den Stand des Wanderasketen ein.

19 Zusammenfassung (von Vorgang 5h–8g):

(Nun wurden genannt:) die Amme, der (wahrsagende) Brahmane und (der Tod der) Mutter, der schöne (Bodhisattva), die Beliebtheit, das Nichtblinzeln und (das himmlische Auge, das nach dem) Gesetz des Reifens (der Taten entstanden ist), die liebliche Stimme, der gelehrte (Bodhisattva) und (die Erlebnisse im) Park.

8h Achtzigtausend Leute folgen Vipaśyin in die Hauslosigkeit

1 Achtzigtausend Lebewesen in der Königsresidenz Bandhumatī hörten: »Der Bodhisattva Vipaśyin schor Haupt- und Barthaar, legte braunrote Kleidung an (und) zog auf wahrlich rechte Weise (und) mit gläubigem Vertrauen aus dem Haus in die Hauslosigkeit.«
2 Und als sie (dies) aber gehört hatten, kam ihnen dieser (Gedanke):
3 »Oh, es wird keine niedrige Lehre sein, keine niedrige Verkündung einer Lehre, daß nun der Bodhisattva Vipaśyin, der so jugendzart (ist), der so glücksuchend (ist), jetzt Haupt- und Barthaar geschoren hat, braunrote Kleidung angelegt hat (und) auf wahrlich rechte Weise (und) mit gläubigem Vertrauen aus dem Haus in die Hauslosigkeit gezogen ist.«
4 Nun aber schoren auch sie Haupt- und Barthaar, legten braunrote Kleidung an, (und) zogen auf wahrlich rechte Weise (und) mit gläubigem Vertrauen aus dem Haus in die Hauslosigkeit. Dies ist in diesem Fall die Regel.
5 Deshalb wird dies gesagt:[206]
Ganz erstaunlich erscheint mir das: sobald die reinen Wesen, die sehr erschrocken waren, hörten, daß Vipaśyin hinausgezogen war, folgten sie ihm dorthin in den Stand des Wanderasketen.

8i Vipaśyin belehrt die achtzigtausend Mönche

1 Nun gingen die achtzigtausend Mönche zum Bodhisattva Vipaśyin. (Dorthin) gelangt, verehrten sie die Füße des Bodhisattva Vipaśyin mit dem Kopf (und) setzten sich zu einer Seite nieder.
2 Die an einer Seite sitzenden achtzigtausend Mönche belehrte der Bodhisattva Vipaśyin durch eine Predigt[207], begeisterte, entflammte sie (und) entzückte sie.

3 Nun kam dem Bodhisattva Vipaśyin dieser (Gedanke):
4 »Es kann mir nicht angemessen sein, daß ich, der ich noch nicht mein Ziel erreicht habe, umgeben von Hörern verweile. Wie wäre es nun, wenn ich die Hörer (zum Gehen) ermuntere: ›Geht, ihr Mönche, auf Wanderschaft zum Heil für viele Menschen, zum Glück für viele Menschen, zum Erbarmen mit der Welt, zum Wohl, Heil (und) Glück der Götter und Menschen.
5 Wenn ihr hört: ›Der Bodhisattva Vipaśyin, der zu allerhöchster vollkommener Erleuchtung erwacht ist, lehrt in der Königsresidenz Bandhumatī die Lehre‹, dann kommt zur Königsresidenz Bandhumatī, um die Lehre zu hören.‹«
6 Nun ermunterte der Bodhisattva Vipaśyin die Hörer (zum Gehen): »Geht, ihr Mönche, auf Wanderschaft, (weiter) wie zuvor bis: um die Lehre zu hören.«
7 Nun gingen die Hörer des Bodhisattva Vipaśyin, die vom Bodhisattva Vipaśyin (zum Gehen) ermuntert wurden, fort auf Wanderschaft zu den Völkern. Dies ist in diesem Fall die Regel.
8 Deshalb wird dies gesagt:
Auf dem einen, dem Bettelweg bestritten die Wanderasketen durch Einsammeln (von Almosen)[208] *ihren Lebensunterhalt, auf einem anderen (Weg) suchte damals der Held, der Höchste der Menschen*[209], *das Verlöschen (= das Nirvāṇa), wie einer, dessen Kopf in Flammen geraten ist*[210].

9 Vipaśyins Erleuchtung und Entschluß zur Lehrverkündigung

9a Vipaśyin setzt sich zur Meditation nieder

1 Nun nahm der Bodhisattva Vipaśyin von einem Mann, der Grasschneider[211] war, Stroh an (und) ging zur Wurzel (des Baumes) der Erleuchtung.
2 (Dorthin) gelangt, breitete er sich selbst eine Schicht aus Stroh aus (und) setzte sich nieder. Er verschränkte (die Beine) im Meditationssitz, brachte den Körper in gerade (Haltung), vergegenwärtigte sich Achtsamkeit vor dem (geistigen) Auge[212], erzeugte einen Gedanken und sprach die Worte:
3 »So lange werde ich nicht den Meditationssitz lösen, solange (ich) nicht den Schwund der (üblen) Einflüsse *(āsrava)*[213] erreicht habe.«
4 Er löste so lange nicht den Meditationssitz, solange er nicht den Schwund der (üblen) Einflüsse erreicht hatte. Dies ist in diesem Fall die Regel.
5 Deshalb wird dies gesagt:
Als er (die Beine) zum Meditationssitz verschränkt hatte, da saß der große Seher an der Wurzel des Baumes auf dem Sitz der Erleuchtung. »Leid, Alter, Tod: wenn ich dieses erkannt habe, gehe ich in die Ruhe des Nirvāṇa ein.
6 *Nicht löse ich den Meditationssitz, wenn ich [nicht] die allerhöchste Erleuchtung [erlangt habe] ....« ... Vipaśyin gab die Willenskraft nicht auf, (solange) er das Verlöschen (= das Nirvāṇa) [nicht erlangt hatte*[214]*.]*

9b Vipaśyin erkennt die Reihe des Entstehens in Abhängigkeit (pratītya-samutpāda)

1 Nun[215] kam im Geist des Bodhisattva Vipaśyin, der allein war, der an einen abgelegenen Ort gegangen war, der sich (zur Meditation) zurückgezogen hatte, auf diese Weise eine Überlegung auf:
2 »Wehe, ins Unglück ist diese Welt geraten. Man wird nämlich geboren, wird alt, stirbt, steigt (in schlechte Existenzen) herab (und) wird (in einer anderen Existenz) wiedergeboren. Und nun aber weiß man nicht der Wahrheit gemäß die Erlösung aus dieser einzigen großen Leidensmasse.«
3 Ihm kam dieser (Gedanke): »Was ist denn (vorausgesetzt), damit Alter und Tod *(jarā-maraṇa)* entstehen? Und wovon sind Alter und Tod abhängig?« Ihm, der es von Grund auf überdachte, kam so die klare Erkenntnis der Wahrheit: »Wenn Geburt *(jāti)* ist, entstehen Alter und Tod. Alter und Tod sind von Geburt abhängig.«
4 Ihm kam dieser (Gedanke): »Was ist denn (vorausgesetzt), damit Geburt entsteht? Und wovon ist Geburt abhängig?« Ihm, der es von Grund auf überdachte, kam so die klare Erkenntnis der Wahrheit: »Wenn Werden *(bhava)*[216] ist, entsteht Geburt. Geburt ist von Werden abhängig.«
5 Ihm kam dieser (Gedanke): »Was ist denn (vorausgesetzt), damit Werden entsteht? Und wovon ist Werden abhängig?« Ihm, der es von Grund auf überdachte, kam so die klare Erkenntnis der Wahrheit: »Wenn Ergreifen *(upādāna)*[217] ist, entsteht Werden. Werden ist von Ergreifen abhängig.«
6 Ihm kam dieser (Gedanke): »Was ist denn (vorausgesetzt), damit Ergreifen entsteht? Und wovon ist Ergreifen abhängig?« Ihm, der es von Grund auf überdachte, kam so die klare Erkenntnis der Wahrheit: »Wenn Gier (oder:

Durst, *tṛṣṇā)*[218] ist, entsteht Ergreifen. Ergreifen ist von Gier abhängig.«

7 Ihm kam dieser (Gedanke): »Was ist denn (vorausgesetzt), damit Gier entsteht? Und wovon ist Gier abhängig?« Ihm, der es von Grund auf überdachte, kam so die klare Erkenntnis der Wahrheit: »Wenn Empfindung *(vedanā)*[219] ist, entsteht Gier. Gier ist von Empfindung abhängig.«

8 Ihm kam dieser (Gedanke): »Was ist denn (vorausgesetzt), damit Empfindung entsteht? Und wovon ist Empfindung abhängig?« Ihm, der es von Grund auf überdachte, kam so die klare Erkenntnis der Wahrheit: »Wenn Berührung *(sparśa)*[220] ist, entsteht Empfindung. Empfindung ist von Berührung abhängig.«

9 Ihm kam dieser (Gedanke): »Was ist denn (vorausgesetzt), damit Berührung entsteht? Und wovon ist Berührung abhängig?« Ihm, der es von Grund auf überdachte, kam so die klare Erkenntnis der Wahrheit: »Wenn der Bereich der sechs Sinne *(ṣaḍ-āyatana)*[221] ist, entsteht Berührung. Berührung ist vom Bereich der sechs Sinne abhängig.«

10 Ihm kam dieser (Gedanke): »Was ist denn (vorausgesetzt), damit der Bereich der sechs Sinne entsteht? Und wovon ist der Bereich der sechs Sinne abhängig?« Ihm, der es von Grund auf überdachte, kam so die klare Erkenntnis der Wahrheit: »Wenn »Name« (geistige Potenzen) und Körper *(nāma-rūpa)*[222] sind, entsteht der Bereich der sechs Sinne. Der Bereich der sechs Sinne ist von »Name« und Körper abhängig.«

11 Ihm kam dieser (Gedanke): »Was ist denn (vorausgesetzt), damit »Name« und Körper entstehen? Und wovon sind »Name« und Körper abhängig?« Ihm, der es von Grund auf überdachte, kam so die klare Erkenntnis der Wahrheit: »Wenn Bewußtsein *(vijñāna)*[223] ist, entstehen »Name« und Körper. »Name« und Körper sind von Bewußtsein abhängig.«

12 Ihm kam dieser (Gedanke): »Was ist denn (vorausgesetzt), damit Bewußtsein entsteht? Und wovon ist Bewußtsein abhängig?« Ihm, der es von Grund auf überdachte, kam so die klare Erkenntnis der Wahrheit: »Wenn »Name« und Körper sind, entsteht Bewußtsein. Bewußtsein ist von »Name« und Körper abhängig.«
13 »Vom Bewußtsein dessen her kehrt (diese Reihe ?) um ... weiter darüber hinaus geht es nicht[224].
14 Nämlich: Von »Name« und Körper abhängig ist Bewußtsein. Von Bewußtsein abhängig sind »Name« und Körper. Von »Name« und Körper abhängig ist der Bereich der sechs Sinne. Vom Bereich der sechs Sinne abhängig ist Berührung. Von Berührung abhängig ist Empfindung. Von Empfindung abhängig ist Gier. Von Gier abhängig ist Ergreifen. Von Ergreifen abhängig ist Werden. Von Werden abhängig ist Geburt. Von Geburt abhängig sind Alter und Tod. Sorge, Klage, Leid, Niedergeschlagenheit (und) Beunruhigung entstehen damit zusammen.
15 So ist das Entstehen dieser einzigen großen Leidensmasse.«

9c Vipaśyin erkennt die Möglichkeit der Aufhebung der Glieder des pratītya-samutpāda

1 Ihm kam dieser (Gedanke): »Was (darf) denn nicht sein, damit Alter und Tod nicht entstehen? Was (muß) aufgehoben sein, damit Alter und Tod aufgehoben sind[225]?« Ihm, der es von Grund auf überdachte, kam so die klare Erkenntnis der Wahrheit: »Wenn Geburt nicht ist, entstehen Alter und Tod nicht. Auf der Aufhebung von Geburt (beruht) die Aufhebung von Alter und Tod.«
2 Ihm kam dieser (Gedanke): »Was (darf) denn nicht sein, damit Geburt nicht entsteht? Was (muß) aufgehoben sein, damit Geburt aufgehoben ist? Ihm, der es von Grund auf überdachte, kam so die klare Erkenntnis der Wahrheit: »Wenn Werden nicht ist, entsteht Geburt nicht.

Auf der Aufhebung von Werden (beruht) die Aufhebung von Geburt.«

3 Ihm kam dieser (Gedanke): »Was (darf) denn nicht sein, damit Werden nicht entsteht? Was (muß) aufgehoben sein, damit Werden aufgehoben ist?« Ihm, der es von Grund auf überdachte, kam so die klare Erkenntnis der Wahrheit: »Wenn Ergreifen nicht ist, entsteht Werden nicht. Auf der Aufhebung von Ergreifen (beruht) die Aufhebung von Werden.«

4 Ihm kam dieser (Gedanke): »Was (darf) denn nicht sein, damit Ergreifen nicht entsteht? Was (muß) aufgehoben sein, damit Ergreifen aufgehoben ist?« Ihm, der es von Grund auf überdachte, kam so die klare Erkenntnis der Wahrheit: »Wenn Gier nicht ist, entsteht Ergreifen nicht. Auf der Aufhebung von Gier (beruht) die Aufhebung von Ergreifen.«

5 Ihm kam dieser (Gedanke): »Was (darf) denn nicht sein, damit Gier nicht entsteht? Was (muß) aufgehoben sein, damit Gier aufgehoben ist?« Ihm, der es von Grund auf überdachte, kam so die klare Erkenntnis der Wahrheit: »Wenn Empfindung nicht ist, entsteht Gier nicht. Auf der Aufhebung von Empfindung (beruht) die Aufhebung von Gier.«

6 Ihm kam dieser (Gedanke): »Was (darf) denn nicht sein, damit Empfindung nicht entsteht? Was (muß) aufgehoben sein, damit Empfindung aufgehoben ist?« Ihm, der es von Grund auf überdachte, kam so die klare Erkenntnis der Wahrheit: »Wenn Berührung nicht ist, entsteht Empfindung nicht. Auf der Aufhebung von Berührung (beruht) die Aufhebung von Empfindung.«

7 Ihm kam dieser (Gedanke): »Was (darf) denn nicht sein, damit Berührung nicht entsteht? Was (muß) aufgehoben sein, damit Berührung aufgehoben ist?« Ihm, der es von Grund auf überdachte, kam so die klare Erkenntnis der Wahrheit: »Wenn der Bereich der sechs Sinne nicht ist, entsteht Berührung nicht. Auf der Aufhebung des Be-

reiches der sechs Sinne (beruht) die Aufhebung von Berührung.«

8 Ihm kam dieser (Gedanke): »Was (darf) denn nicht sein, damit der Bereich der sechs Sinne nicht entsteht? Was (muß) aufgehoben sein, damit der Bereich der sechs Sinne aufgehoben ist?« Ihm, der es von Grund auf überdachte, kam so die klare Erkenntnis der Wahrheit: »Wenn »Name« und Körper nicht sind, entsteht der Bereich der sechs Sinne nicht. Auf der Aufhebung von »Name« und Körper (beruht) die Aufhebung des Bereichs der sechs Sinne.«

9 Ihm kam dieser (Gedanke): »Was (darf) denn nicht sein, damit »Name« und Körper nicht entstehen? Was (muß) aufgehoben sein, damit »Name« und Körper aufgehoben sind?« Ihm, der es von Grund auf überdachte, kam so die klare Erkenntnis der Wahrheit: »Wenn Bewußtsein nicht ist, entstehen »Name« und Körper nicht. Auf Aufhebung von Bewußtsein (beruht) die Aufhebung von »Name« und Körper.«

10 Ihm kam dieser (Gedanke): »Was (darf) denn nicht sein, damit Bewußtsein nicht entsteht? Was (muß) aufgehoben sein, damit Bewußtsein aufgehoben ist?« Ihm, der es von Grund auf überdachte, kam so die klare Erkenntnis der Wahrheit: »Wenn »Name« und Körper nicht sind, entsteht Bewußtsein nicht. Auf der Aufhebung von »Name« und Körper (beruht) die Aufhebung von Bewußtsein.«

11 [Ihm kam dieser (Gedanke): »Was (darf) denn nicht sein, damit die karmischen Formationen *(saṃskāra)*[226] nicht entstehen? Was (muß) aufgehoben sein, damit die karmischen Formationen aufgehoben sind?« Ihm, der es von Grund auf überdachte, kam so die klare Erkenntnis der Wahrheit: »Wenn Unwissenheit *(avidyā)*[227] nicht ist, entstehen die karmischen Formationen nicht. Auf der Aufhebung von Unwissenheit (beruht) die Aufhebung der karmischen Formationen.«[228]]

12 »Auf der Aufhebung von »Name« und Körper (beruht) nämlich die Aufhebung von Bewußtsein. Auf der Aufhebung von Bewußtsein (beruht) die Aufhebung von »Name« und Körper. Auf der Aufhebung von »Name« und Körper (beruht) die Aufhebung des Bereichs der sechs Sinne. Auf der Aufhebung des Bereichs der sechs Sinne (beruht) die Aufhebung von Berührung. Auf der Aufhebung von Berührung (beruht) die Aufhebung von Empfindung. Auf der Aufhebung von Empfindung (beruht) die Aufhebung von Gier. Auf der Aufhebung von Gier (beruht) die Aufhebung von Ergreifen. Auf der Aufhebung von Ergreifen (beruht) die Aufhebung von Werden. Auf der Aufhebung von Werden (beruht) die Aufhebung von Geburt. Auf der Aufhebung von Geburt (beruht) die Aufhebung von Alter und Tod. Sorge, Klage, Leid, Niedergeschlagenheit (und) Beunruhigung werden aufgehoben.

13 So ist die Aufhebung dieser einzigen großen Leidensmasse.« Dies ist in diesem Fall die Regel.

14 Deshalb wird dies gesagt:[229]

Von dieser in der Versammlung (der Gläubigen) bestehenden Rede, die von großem Vorteil ist, berichtet (und) hört (sie)! Sie war früher der Einblick des Bodhisattva in (vorher) nicht gehörte Lehren. //1//

15 *Dem in die Einsamkeit gegangenen, … dem meditierenden Vipaśyin kam im Geiste eine Überlegung: »Aufgrund welcher Ursache* (nidāna) *entstehen Tod und Alter und das vielfältige Leid?« //2//*

16 *Ihm, der mit auf ein Ziel ausgerichtetem Geist meditierte, kam ein Wissen: »Aufgrund der Ursache »Geburt« entstehen Tod, Alter und das vielfältige Leid.« //3//*

17 *Nun, die Geburt ihrerseits (entsteht) aufgrund welcher Ursache? Wovon ist sie abhängig? Welcher Grund aber (besteht) für sie*[230] *Werden als Ursache und Werden als Wurzel hat Geburt, die abhängig davon ist, daß ihre Bedingung Werden ist. //4//*

18 *Hier und dort aber ein erneutes Werden ergreifend ....*
... (Werden ist) abhängig von diesem Ergreifen. //5//
19 *Denn wie eine Flamme eines brennstoffreichen Feuers von der Kraft des Windes geschürt wird, so entsteht dieses Ergreifen. Durch Gier verursacht, brennt es wie eine Flamme.* //6//
20 *Das Entstehen von Gier ist von Empfundenem abhängig. Es entsteht (daraus) die umgarnende (Gier), die Wurzel des Leids. (Die Gier), die (mit dem Körper) verbindet (und) (wie) eine bewegte Nadel*[231] *ist, ist mit Glück und Leid verknüpft.* //7//
21 *{Ebenso fürwahr ist Empfindung von Berührung abhängig*[232]*.} Es entsteht (daraus) das von den Menschen Empfundene. Angenehm, unangenehm oder auch indifferent: drei (an der Zahl) sind diese Empfindungen, die mit der Berührung gemeinsam entstehen.* //8//
22 *Ebenso fürwahr ist Berührung vom Bereich (der sechs Sinne) abhängig. Er entsteht als Grund für (körperliches) Wohlbefinden: Sehvermögen und Gehör sowie Geruchssinn fürwahr, Zunge und Körper*[233] *und Denkorgan als sechstes.* //9//
23 *Denn dieser von einem Grund abhängige Bereich der sechs Sinne entsteht abhängig von »Name« und Körper. (Sie sind) leer und nichtig und substanzlos, unverläßlich, dem Gesetz der Veränderung (zum Schlechteren unterlegen).* //10//
24 *»»Name« und Körper: aus welcher Ursache (entstehen sie)? Wovon sind sie abhängig? Welcher Grund aber (besteht) für sie?« Als er so über diesen Gegenstand nachdachte, schaute*[234] *er sie als führwahr von Bewußtsein verursacht.* //11//
25 *»Und dieses Bewußtsein: aus welcher Ursache (entsteht es)? Wovon ist es abhängig? Welcher Grund aber (besteht) für es?« Nachdem er gern diesen Gegenstand so bedacht hatte, schaute er es als fürwahr von karmischen Formationen* (saṃskāra) *verursacht.* //12//

26 *»Und das, was ganz aus karmischen Formationen besteht: wovon ist es abhängig? Welcher Grund aber (besteht) für es?« So (denkend) schaute der Erhabene Vipaśyin diesen Gegenstand als fürwahr von Unwissenheit* (ajñāna) *verursacht.* //13//

27 *So ist dieses*[235] *überaus von einem Grund (abhängig). Abhängig ist (auch) seine Ursache*[236]. *Deshalb: Nachdem sie das Leid als dem Gesetz der Veränderung (zum Schlechteren unterworfen) erkannt haben, geben die Gelehrten den Durst (= Gier) auf.* //14//

28 *Denn eben dieses (Leid) ist nicht von Göttern, nicht von Menschen gemacht, und es ist nicht von höchsten Gottheiten*[237] *geschaffen, nicht von Verehrungswürdigen. Und auf Heilsames achtend, geht der Wissende voran, nachdem er Ursprung und Auslöschung des Leids erkannt hat.* //15//

29 *Und wenn diese Unwissenheit aufgehoben wird, dann existieren auch diese karmischen Formationen nicht. Wenn auch diese karmischen Formationen nicht existieren, dann wird auch dieses Bewußtsein aufgehoben.* //16//

30 *Und wenn dieses Bewußtsein aufgehoben wird, dann werden »Name« und Körper aufgehoben. Wenn »Name« und Körper restlos aufgehoben werden, (dann) existieren die Bereiche (der sechs Sinne) nicht.* //17//

31 *Wenn diese Bereiche (der sechs Sinne) restlos aufgehoben werden, (dann) existieren die Berührungen nicht. Wenn die Berührungen nicht sind, (dann) entstehen die Empfindungen nicht. Für den nicht Empfindenden existieren die Begierden nicht.* //18//

32 *Aufgrund der Aufhebung von Gier ergreift man nicht(s). Für den, der nicht(s) ergreift, existiert Werden*[238] *nicht. Und aufgrund des Untergangs von Werden, aufgrund der Aufhebung (von Werden), gibt es niemals auf irgendeine Weise eine Geburt.* //19//

33 *Aufgrund der Aufhebung von Geburt: Tod und Alter*

und Sorge, Leid und Klage – (es gibt) den Untergang, die Aufhebung all (dieser Dinge). Durch den Einsichtsvollen wird dies so erkannt. //20//

34 *Diese tiefe, scharfsinnige, sehr schwer zu schauende (Reihe der) Entstehung in Abhängigkeit begriff der Lehrer: »Denn wenn dieses ist, entsteht immer dies. Und wenn jenes nicht ist, entsteht (jenes) nie.«* //21//

35 *Als er die Ursache wußte, aufgrund welcher (etwas entsteht, und) welche Bedingungen (etwas hat), existierten die Voraussetzungen*[239] *(für die Erlösung). (Da) gab es für ihn außerhalb hiervon keine Untersuchung mehr, nachdem er selbst (dies) erkannt hatte*[240]. //22//

36 *Und als er dies sogar selbst sah, war er wahrlich nicht mehr (jemand), der wiedergeboren wird. Nachdem er die Verblendung aufgegeben hatte, entstand Wissen, nachdem er Ursprung und Auslöschung des Leids erkannt hatte.* //23//

37 *Als der Geist* (citta) *und die Geistesfaktoren*[241] *aufgrund ihrer Vergänglichkeit gut bekannt waren, und ob ein Körper* (rūpa) *erbärmlich oder ausgezeichnet war, der in rechter Weise Schauende erkannte ihn als dem Gesetz der Vernichtung (unterworfen).* //24//

38 *Den Weg, den man Leid beseitigend und Glück bringend nennt, (diesen) günstigen (Weg), auf dem kein anderer führen kann, zu gehen, ...* //25//

9d Vipaśyin schaut die Vergänglichkeit der Glieder des pratītya-samutpāda und der fünf Gruppen der Persönlichkeit (skandha)

1 –

2 Er sah Alter und Tod. Er sah die Entstehung von Alter, die Aufhebung von Alter, den zur Aufhebung von Alter führenden Weg. Er sah Geburt, Werden, Ergreifen, Gier, Empfindung, Berührung, den Bereich der sechs Sinne, »Name« und Körper, Bewußtsein und karmische Forma-

tionen[242]. Er sah die Entstehung der karmischen Formationen, die Aufhebung der karmischen Formationen, den zur Aufhebung der karmischen Formationen führenden Weg.
3 Er sah den Körper *(rūpa)*. Er sah die Entstehung des Körpers, die Aufhebung des Körpers, den zur Aufhebung des Körpers führenden Weg. Er sah die Empfindungen *(vedanā)*, die Wahrnehmungen *(saṃjñā)*, die Geistesregungen *(saṃskāra)*[243] und das Bewußtsein *(vijñāna)*. Er sah die Entstehung des Bewußtseins, die Aufhebung des Bewußtseins, den zur Aufhebung des Bewußtseins führenden Weg[244].
4 Und bei ihm war die Schau auf die (37) zur Erleuchtung führenden Gegebenheiten *(dharma)*[245] entstanden: »Vernichtet ist meine (Wieder)geburt. Verbracht ist (die Zeit des) heiligen Wandels *(brahma-carya)*. Getan ist das zu Tuende. Kein weiteres Werden als dieses erkenne ich. Zu allerhöchster vollkommener Erleuchtung bin ich erwacht.« So wurde er (innerlich) gewahr. Dies ist in diesem Fall die Regel.
5 Deshalb wird dies gesagt:[246].
[Körper und Wahrnehmung sowie wahrlich Empfindung, (Geistesregungen und Bewußtsein)] ….
6 … *[die Vernichtung. Wie Baumwolle, von der Kraft des Windes angetrieben, von Himmelsrichtung zu Himmelsrichtung fliegt, während (sie) bewegt wird,] ….* [//2//]

9e Vipaśyin stellt zwei Erwägungen an

1 Dem soeben völlig erleuchteten Vipaśyin kamen zwei Erwägungen[247]: die Erwägung des Rückzugs (aus der Welt) und die Erwägung vollständiger Einsamkeit. Dies ist in diesem Fall die Regel.
2 Deshalb wird dies gesagt:
Des Vollendeten unvergleichlich (?) … war … eben dieses (Heiligen)[248]. //1//

3 ... *[der (Dha)rma-Mächtige*[249] , *der Restlose (?),]*[250] *der Allerhöchste war aufgrund der Vernichtung der Gier von Leidenschaft befreit; denn er war erlösten Sinnes, nicht hartherzig, frei von üblen Einflüssen*[251] .... //2//

10 Vipaśyins Wirksamkeit als Buddha

10a Vipaśyin beschließt, Khaṇḍa und Tiṣya zu belehren

1 Nun kam dem vollkommen Erleuchteten Vipaśyin dieser (Gedanke):
2 »Wen in der Königsresidenz Bandhumatī soll ich nun zuerst die Lehre lehren?«
3 Nun kam dem vollkommen Erleuchteten Vipaśyin dieser (Gedanke):
4 »Wie wäre es nun, wenn ich Khaṇḍa, den Prinzen, und Tiṣya, den Sohn des Hofpriesters, zuerst die Lehre lehrte?« Dies ist diesem Fall die Regel.
5 Deshalb wird dies gesagt:
[Denn (wie einer, der in felsiger Bergeshöh' steht, wie) er die Menschheit (janatā) *ringsumher sehen kann,]*[252] *ist er (jemand), dessen Auge ringsumher (sieht), nachdem er den so ähnlichen Palast der Weisen, der aus der Lehre besteht, bestiegen hat.*

10b Vipaśyin sucht den Gazellenhain in Bandhumatī auf

1 Als nun der vollkommen Erleuchtete Vipaśyin an der Wurzel des Bodhi(baums)[253] nach Belieben verweilt hatte, ging er zur Königsresidenz Bandhumatī. (Dorthin)[254] gelangt, weilte er in der Königsresidenz Bandhumatī im Gazellenhain Kṣema. Dies ist in diesem Fall die Regel.

2 Deshalb wird dies gesagt:
Wie ein Löwe, der auf einem baumbewachsenen Berg wohnt, ...

10c Vipaśyin belehrt Khaṇḍa und Tiṣya

1 Nun sprach der vollkommen Erleuchtete Vipaśyin den Parkwächter an:
2 »Wohlan, du Parkwächter, gehe zu Khaṇḍa, dem Prinzen, und zu Tiṣya, dem Sohn des Hofpriesters. (Dorthin) gelangt, sprich zu Khaṇḍa, dem Prinzen, und zu Tiṣya, dem Sohn des Hofpriesters, so:
3 ›Der Erhabene Vipaśyin[255] hat Bandhumatī erreicht. Er weilt im Gazellenhain Kṣema. Er will euch sehen.‹«
4 »So (sei es), Herr«, stimmte der Parkwächter dem vollkommen Erleuchteten Vipaśyin zu (und) ging zu Khaṇḍa, dem Prinzen, und zu Tiṣya, dem Sohn des Hofpriesters. (Dorthin) gelangt, sagte er zu Khaṇḍa, dem Prinzen, und zu Tiṣya, dem Sohn des Hofpriesters, dies:
5 »Der Erhabene Vipaśyin, [der vollkommen Erleuchtete,][256] hat Bandhumatī erreicht. Er weilt im Gazellenhain Kṣema. Er hat den Wunsch, euch zu sehen.«
6 Nachdem nun Khaṇḍa, der Prinz, und Tiṣya, der Sohn des Hofpriesters, diesem Mann zugestimmt hatten, gingen sie zum vollkommen Erleuchteten Vipaśyin. (Dorthin) gelangt, verehrten sie die Füße des vollkommen Erleuchteten Vipaśyin mit dem Kopf (und) setzten sich zu einer Seite nieder.
7 Khaṇḍa, den Prinzen, und Tiṣya, den Sohn des Hofpriesters, die an einer Seite saßen, unterwies der vollkommen Erleuchtete Vipaśyin in rechter Weise (und) belehrte (sie) in rechter Weise durch die drei Wunder *(prātihārya)*: durch das Wunder seiner (übernatürlichen) Kraft *(ṛddhi)*, durch das Wunder des Gedankenlesens *(ādeśanā)* (und) durch das Wunder der (wirksamen) Unterweisung *(anuśāsanā)*.

8 Während die beiden durch die drei Wunder in rechter Weise unterwiesen wurden, in rechter Weise belehrt wurden, erreichten sie eben dort die Vernichtung der (üblen) Einflüsse *(āsrava)*[257]. Dies ist in diesem Fall die Regel.
9 Deshalb wird dies gesagt:
Er, der die völlige Erleuchtung erlangt hatte, ging dorthin, der Sieger. ... die Todlosigkeit wurde öffentlich (?). Das Rad der Lehre wurde durch den Erhabenen gedreht. //1//
10 *Khaṇḍa und Tiṣya, die beiden Hörer des Wohlgegangenen, ... sie durchdrangen damals (diese Lehre geistig). Eben dort erreichten sie die Vernichtung der (üblen) Einflüsse. //2//*

10d Achtzigtausend Leute ziehen in die Hauslosigkeit

1 Achtzigtausend[258] Lebewesen in der Königsresidenz Bandhumatī hörten:
2 »Khaṇḍa, der Prinz, und Tiṣya, der Sohn des Hofpriesters, haben Haupt- und Barthaar geschoren, braunrote Kleidung angelegt (und) sind auf wahrlich rechte Weise (und) mit gläubigem Vertrauen aus dem Haus in die Hauslosigkeit gezogen.«
3 Und als sie (es) aber gehört hatten, kam ihnen dieser (Gedanke): »Oh, es wird keine niedrige Lehre sein, keine niedrige Verkündigung, daß nun Khaṇḍa, der Prinz, und Tiṣya, der Sohn des Hofpriesters, die so jugendzart (sind), die so glücksuchend (sind), jetzt Haupt- und Barthaar schoren, braunrote Kleidung anlegten (und) auf wahrlich rechte Weise (und) mit gläubigem Vertrauen aus dem Haus in die Hauslosigkeit zogen.«
4 Nun aber schoren auch sie Haupt- und Barthaar, legten braunrote Kleidung an (und) zogen auf wahrlich rechte Weise (und) mit gläubigem Vertrauen aus dem Haus in die Hauslosigkeit. Dies ist in diesem Fall die Regel.

5 Deshalb wird dies gesagt:
Ganz erstaunlich erscheint mir das: sobald die reinen Wesen, die sehr erschrocken waren, hörten, daß Khaṇḍa und Tiṣya hinausgezogen waren, traten sie dort in den Stand der Wanderasketen (pravrajyā) *ein.*

10 e Die achtzigtausend Mönche werden belehrt

1 Nun gingen die achtzigtausend Mönche zum vollkommen Erleuchteten Vipaśyin. (Dorthin) gelangt, verehrten sie die Füße des vollkommen Erleuchteten Vipaśyin mit dem Kopf (und) setzten sich zu einer Seite nieder.
2 Die achtzigtausend Mönche, die an einer Seite saßen, unterwies Khaṇḍa, der Prinz, durch das Wunder der (übernatürlichen) Kraft. Tiṣya, der Sohn des Hofpriesters, unterwies sie durch das Wunder des Gedankenlesens. Der vollkommen Erleuchtete Vipaśyin unterwies sie durch das Wunder der (wirksamen) Unterweisung.
3 Während sie durch die drei Wunder in rechter Weise unterwiesen wurden, in rechter Weise belehrt wurden, erreichten sie eben dort die Vernichtung der (üblen) Einflüsse *(āsrava)*. Dies ist in diesem Fall die Regel.
4 Deshalb wird dies gesagt:
[Und Khaṇḍa ...[259]*.]*

10 e*[260] Die Unterweisung der achtzigtausend Mönche, die vor der Erleuchtung des Vipaśyin in die Hauslosigkeit zogen

1 [... Die früheren achtzigtausend Mönche hörten:
2 (»Der Bodhisattva Vipaśyin, der zu allerhöchster vollkommener Erleuchtung erwacht ist, lehrt in der Königsresidenz Bandhumatī die Lehre[261].«)
3 (Und als sie es aber gehört hatten,) ... brachen sie zur Wanderschaft in die Königsresidenz (Bandhumatī) auf. Dies ist in diesem Fall die Regel.

4 (Deshalb wird dies gesagt:)
... (etwas) für unwesentlich haltend waren sie in Bandhumatī (in den Stand des Wanderasketen ?) eingetreten. ....
5 (Nun gingen die früheren achtzigtausend Mönche zum vollkommen Erleuchteten Vipaśyin. Dorthin gelangt), verehrten sie die Füße des vollkommen Erleuchteten (Vipaśyin) mit dem Kopf (und setzten sich zu einer Seite nieder.)
6 (Die achtzigtausend Mönche, die an einer Seite saßen, ...) unterwies (der vollkommen Erleuchtete Vipaśyin durch die drei Wunder:) durch das Wunder der (übernatürlichen) Kraft, (durch das) Wunder des Gedankenlesens (und durch das) Wunder (der wirksamen Unterweisung.)
7 (Während sie durch die drei Wunder in rechter Weise unterwiesen wurden, in rechter Weise belehrt wurden,) erreichten sie (eben dort) die Vernichtung der (üblen) Einflüsse. Dies ist in diesem Fall (die Regel.)
8 (Deshalb) wird (dies) gesagt:[262]]

10f Vipaśyin sendet zweimal achtzigtausend Mönche aus

1 Zu[263] jener Zeit nun weilte bei[264] der Königsresidenz Bandhumatī eine große Mönchsgemeinde, nämlich (160 000 Mönche)[265].
2 Nun kam dem vollkommen Erleuchteten Vipaśyin dieser (Gedanke):
3 »Jetzt weilt bei der Königsresidenz Bandhumatī eine große Mönchsgemeinde, nämlich (160 000 Mönche).
4 Wie wäre es nun, wenn ich die Hörer (zum Gehen) ermunterte: ›Geht, ihr Mönche, auf Wanderschaft zum Heil für viele Menschen, zum Glück für viele Menschen, aus Erbarmen mit der Welt, zum Wohl, Heil (und) Glück der Götter und Menschen. (Nicht sollen zwei von euch einen Weg gehen[266]!)

5 Nach Ablauf von sechs Jahren jedoch kommt in die Königsresidenz Bandhumatī, um die Unterweisung im Prātimokṣa[267] zu hören!‹ ....«
6 Nun sprach der vollkommen Erleuchtete Vipaśyin die Hörer an:
7 »Jetzt weilt bei der Königsresidenz Bandhumatī eine große Mönchsgemeinde, nämlich (160000 Mönche). [Ich werde ebenso handeln wie die Mönche. (Nach Ablauf von) sechs (Jahren) ...[268].]
8 [(Nun) sprach (der vollkommen Erleuchtete Vipaśyin) die Hörer an[269]:] »Geht, ihr Mönche, auf Wanderschaft zum Heil für viele Menschen, zum Glück für viele Menschen, aus Erbarmen mit der Welt, zum Wohl, Heil (und) Glück der Götter und Menschen. (Nicht sollen zwei von euch einen Weg gehen!)
9 Nach Ablauf von sechs Jahren jedoch kommt in die Königsresidenz Bandhumatī, um die Unterweisung im Prātimokṣa zu hören!«
10 »So (sei es), Herr«, stimmten die Mönche zu (und) brachen, vom vollkommen Erleuchteten Vipaśyin (zum Gehen) ermuntert, auf zur Wanderschaft zu den Völkern. Dies ist in diesem Fall die Regel.
11 Deshalb wird dies gesagt:
[Welcher Karawanenführer ... aufgrund des Anhangens an den Schülern ... von Himmelsrichtung zu Himmelsrichtung[270].]

10g Der Verlauf der sechs Jahre

1 [Als[271] ein Jahr vergangen war,] ließen [die Gottheiten einen Laut hören[272]:] »Vergangen ist, ihr Herren, (eines) der sechs Jahre. ... [(Nach Ablauf von fünf Jahren) müßt (ihr Herren) in die Königsresidenz (Bandhumatī) gehen, um die Unterweisung im Prātimokṣa-Sūtra zu hören] ....«
2 ... [(noch) zwei Jahre[273] ... (»Nach Ablauf von ... Jah-

ren) müßt ihr Herren in die Königsresidenz Bandhumatī gehen,] (um die Unterweisung im Prātimokṣa-Sūtra zu hören.«) ....

3 ... [sie standen (und) sagten zur Mönchsschar: »(Ihr Herren), sechs Jahre[274] (sind vergangen ?) ....« ... (einige gingen) mit (eigener Macht), einige (gingen) mit der Macht der Gottheiten] (zur Königsresidenz Bandhumatī[275]), um die Unterweisung im Prātimokṣa-(Sūtra) zu hören[276]«. (Dies ist in diesem Fall die Regel.)

4 (Deshalb wird dies gesagt:

... [um vom Seher (?) die verkündete Schulung (śikṣā)[277] *zu hören ... die Mönche ... wie Nāgas (?)*[278] *... von Durst (?) gequält ...*[279]*.]*

10h Vipaśyin verkündet den Prātimokṣa

1 ...[280] *[der vollkommen Erleuchtete (Vipaśyin nach Ablauf ?) des sechsten (Jahres ?) ... Mönch .... Eben so (machte) der vollkommen Erleuchtete Vipaśyin ...]*[281] *... er (oder: sie) setzte(n) sich ... auf einem Sitz in Meditationshaltung ... nieder. Als er sich gesetzt hatte, lehrte der vollkommen Erleuchtete Vipaśyin den Prātimokṣa:*

2 »›Geduld, Ertragen (ist) die höchste (Form der) Askese; das Höchste (aber ist) das Nirvāṇa‹, sagen die Buddhas. Denn nicht ist ein Hinausgezogener, wer andere quält, (nicht) ist ein Asket (śramaṇa), *wer andere schlecht behandelt*[282]*.«*

3 ... [Vipaśyin legte das Sūtra von den ethischen Grundregeln *(śikṣāpada)* dar.][283]

11 Wiederaufnahme der Gegenwartsgeschichte

1 [(Wie) verkündeten (die Gottheiten)[284]?]
2 [»Mir hier kam dieser (Gedanke): ›... oder (ein Ort), zu dem (ich) früher nicht gegangen war (?).‹ Mir hier kam dieser (Gedanke): ›Nicht ....‹ ... außer wahrlich die Śuddhāvāsa-Götter[285] ...... nicht ich] ....
3 [(Zu den Śuddhāvāsa-Göttern) möchte ich gehen[286]. Ich (verschwand so schnell), wie ein starker (Mann den gebeugten Arm streckt) oder den gestreckten Arm (beugt[287], von dort (?) (und)) erschien in der Versammlung der Abṛha-Götter.
4 Die Gottheiten der Abṛha-Versammlung sahen mich schon von fern. Und als sie (mich) aber sahen, wiesen sie mir einen Sitz an (und) sagten mir dies: ›Willkommen, Herr. Der Erhabene traf nach recht langer Zeit Vorbereitungen hierherzukommen. Der Erhabene möge sich auf den bereiteten Sitz niedersetzen.‹ Ich setzte mich auf den bereiteten Sitz nieder.
5 Nun verehrten die Gottheiten der Abṛha-Versammlung meine Füße mit dem Kopf (und) setzten sich zu einer Seite nieder.
6 Die an einer Seite sitzenden Gottheiten der Abṛha-Versammlung belehrte ich durch eine Predigt, begeisterte, entflammte (und) entzückte sie. Nun standen einige Gottheiten der Abṛha-Versammlung vom Sitz auf, warfen das Obergewand über eine Schulter, verbeugten sich mir gegenüber mit zusammengelegten Händen (und) sagten mir dies:
7 ›Wir, o Herr, sind als Hörer des vollkommen Erleuchteten Vipaśyin in Gegenwart des vollkommen Erleuchteten Vipaśyin den heiligen Wandel gegangen (und) wurden hier wiedergeboren. Wir (sind die Hörer) des Śikhin, wir die des Viśvabhuj, wir die des Krakasunda, wir die des

Kanakamuni, wir die des Kāśyapa. Wir sind als Hörer des Erhabenen in Gegenwart des Erhabenen den heiligen Wandel gegangen (und) wurden hier wiedergeboren.‹

8 Als ich meinerseits die Gottheiten der Abṛha-Versammlung durch eine Predigt belehrt, begeistert, entflammt (und) entzückt hatte, [(erreichte ich eine derartige (meditative) Versenkung, daß ich mit konzentriertem) Geist zusammen[288] mit den Gottheiten der Abṛha-Versammlung (von dort (?) verschwand (und) in der Versammlung der Atapa-Götter erschien.)][289] ....

9 [(Mir hier) kam (dieser Gedanke:) ›Wie wäre es nun, wenn ich auch die Götter der Akaniṣṭha-Versammlung ....‹ ... (wie ein Mann den Arm strecken kann) genau so (ging ?) ich (zusammen) mit den Gottheiten der Abṛha-Versammlung ... zusammen mit den Gottheiten der ..-Versammlung[290] zu (?) den Gottheiten der Sudarśana-(Versammlung)][291] ....

10 Die Gottheiten der Akaniṣṭha-Versammlung sahen mich schon von fern. Und als sie (mich) aber sahen, wiesen sie mir einen Sitz an (und) sagten mir dies: ›Willkommen, Herr. Der Erhabene traf nach recht langer Zeit Vorbereitungen hierherzukommen. Der Erhabene möge sich auf den bereiteten Sitz niedersetzen.‹ Ich setzte mich auf den bereiteten Sitz nieder.

11 Nun verehrten die Gottheiten der Akaniṣṭha-Versammlung meine Füße mit dem Kopf (und) setzten sich zu einer Seite nieder.

12 Die an einer Seite sitzenden Gottheiten der Akaniṣṭha-Versammlung belehrte ich durch eine Predigt, begeisterte, entflammte (und) entzückte sie. Nun standen einige Gottheiten der Akaniṣṭha-Versammlung vom Sitz auf, warfen das Obergewand über eine Schulter, verbeugten sich mir gegenüber mit zusammengelegten Händen (und) sagten mir dies:

13 ›Wir, o Herr, sind als Hörer des vollkommen Erleuchteten Vipaśyin in Gegenwart des vollkommen Erleuchte-

ten Vipaśyin den heiligen Wandel gegangen (und wurden) hier wiedergeboren. Wir (sind die Hörer) des Śikhin, wir die des Viśvabhuj, wir die des Krakasunda, wir die des Kanakamuni, wir die des Kāśyapa. Wir sind als Hörer des Erhabenen in Gegenwart des Erhabenen den heiligen Wandel gegangen (und wurden) hier wiedergeboren.‹

14 Als ich meinerseits die Gottheiten der Akaniṣṭha-Versammlung durch eine Predigt belehrt, begeistert, entflammt (und) entzückt hatte, erreichte ich eine derartige (meditative) Versenkung, daß ich mit konzentriertem Geist aus der Götterversammlung der Akaniṣṭhas verschwand (und) auf Jambudvīpa[292] erschien.

15 So verkündeten die Gottheiten.« Dies ist in diesem Fall die Regel.

16 Deshalb wird dies gesagt:

(So schnell) wie ein starker Mann den Arm ausstrecken kann oder den ausgestreckten (Arm) zurückziehen kann, genau so ging der Held, der Höchste unter den Menschen[293]*, der Weise, damals zu den Götterscharen der Abṛhas. //1//*

17 *... er ging damals zu den Götterscharen der Atapas. //2//*

18 *Wie Wasser ... stehend, nicht zurückkehrt (?) ... und dadurch*[294] *(?) beschmiert wird, genau so ging der Held, der Höchste unter den Menschen, der Weise, damals zu den Götterscharen der Sudṛśas. //3//*

19 *Zusammen mit den Abṛhas und zusammen mit den Atapas, umgeben von den Sudṛśa-Gottheiten, ging der unendlich Schöne vor Glanz leuchtend, zu den Götterscharen der Sudarśanas. //4//*

20 *Gefolgt von den Śuddhāvāsa-(Göttern), umgeben von Tausenden von Gottheiten, ist der Sieger, der unendlich Schöne, dessen Merkmal hundert Verdienste sind, zum Ort der Akaniṣṭhas hingegangen. //5//*

21 *Die Hörer des vorzüglichen Buddha Vipaśyin, die die Lehre schauen (= kennen) (und) mit den Bestimmungen*

der Lehre vertraut sind, sind mit (zum Gruß) zusammengelegten Händen zum Vollendeten herangekommen genau wie zur aufgegangenen Sonne an einem wolkenlosen Tag. //6//

22 *Nachdem die Hörer des Buddha Śikhin sich versammelt haben, die die Lehre verstanden und selbst die Frucht*[295] *erreicht haben, sind sie mit (zum Gruß) zusammengelegten Händen zum Vollendeten herangekommen wie zum Mond, der in der Vollmondnacht aufgegangen ist.* //7//

23 *Nachdem die Hörer des Viśvabhuj, des Höchsten*[296] *(?), die fünf Hindernisse* (āvaraṇa[297]) *des Geistes aufgegeben haben, sind sie mit (zum Gruß) zusammengelegten Händen zum Vollendeten herangekommen wie zu einem im Winde (?)*[298] *leuchtenden Feuer in der Nacht.* //8//

24 *Nachdem die leidenschaftslosen Hörer des Krakasunda dem Verlangen nach (und) der Ablehnung von Wünschen [entsagt haben]*[299]*, sind sie mit (zum Gruß) zusammengelegten Händen zum Vollendeten herangekommen wie die Gottheiten zu Śaṃkara, dem Herrn der Lebewesen.* //9//

25 *Nachdem aber die Hörer des Siegers Kanakamuni den Weg zur Gewinnung der Todlosigkeit (= Erlösung) verfolgt hatten, [sind sie mit (zum Gruß) zusammengelegten Händen zum Vollendeten herangekommen w(ie) zum ruhmreichen Vaiśravaṇa]*[300] .... //10//

26 ... *[(Die Hörer des Kāśyapa), die Unausdenkbaren, sind mit (zum Gruß) zusammengelegten Händen zum Vollendeten herangekommen]*[301] .... //11//

27 *[Der Vollendete ist, ruhig (werdend ?), ... zu den Göttern gegangen, er, der die höchste und größte übernatürliche Fähigkeit* (ṛddhi) *besitzt. Nun sind (zu ihm) die Schüler ... gekommen, (die ?) eine starke und feste Verbindung (mit ihm hatten ?)] ...*[302]*.//*[303]

28 *[Diese fünf besten] Gefilde*[304] *[aber ... mit reinen (Göttern ?)], die die Essenz schauen*[305] *... [hier die ande-*

ren selbst]. Wir [sind zum Sieger herangekommen, der von] reiner Sittlichkeit [ist][306] …. //12//[307]

29 *Denn dieser Anführer (ist) irgendeiner von sieben, [der die Flut (der Hindernisse) überwunden hat (und) nicht Daseinszuständen] anhaftet, [die von sinnlichen Freuden beherrscht werden*[308]*.] Denn ebenso die Götter der Akaniṣṭha-(Versammlung)* …. //14//

30 *Denn [so (ist)] ein Mönch, der Unlust (und) Lust [überwindet]*[309]*, Er möge … [Liege (?) und Sitz] gebrauchen. [Dort] verweile er [nicht nachlässig]*[310] …. //15//

Das Mahāparinirvāṇa-Sūtra

Der große Lehrtext vom körperlichen Verlöschen (des Buddha)

1 Varṣākāras Besuch beim Buddha

1 So wurde von mir gehört.
2 Zu einer Zeit weilte der Erhabene in Rājagṛha[1] auf dem Berge Gṛdhrakūṭa[2]. Zu dieser Zeit nun lag der König von Magadha[3], Ajātaśatru[4] Vaidehīputra[5], mit den Vṛjis[6] im Streit.
3 Er führte in der Versammlung folgende Rede: »Ich werde diese Vṛjis, die blühend, wohlhabend, friedvoll, üppig an Nahrung sowie reich an viel Volk und Menschen sind, beseitigen, vernichten und durch (ihr) Fehlverhalten ins Elend geraten lassen.«
4 Dann sprach der König von Magadha, Ajātaśatru Vaidehīputra, Varṣākāra, den brahmanischen Minister von Magadha, an:
5 »Auf, o Varṣākāra, begib dich zum Erhabenen! (Dorthin) gelangt, verehre in unserem Namen die Füße des Erhabenen mit dem Kopf und frage nach dem Stand kleiner Leiden, dem Stand kleiner Sorgen, dem Stand (der Folgen) leichter Anstrengungen, dem Lebensunterhalt, der Stärke, dem Glück, der Untadeligkeit (des Befindens) sowie dem Stand des Gefühls und Ergehens!
6 Und sprich so: ›Der König von Magadha, Ajātaśatru Vaidehīputra, [o Herr][7] liegt mit den Vṛjis im Streit. Er führte in der Versammlung folgende Rede: ›Ich werde diese Vṛjis, die blühend, wohlhabend, friedvoll, üppig an Nahrung sowie reich an viel Volk und Menschen sind, beseitigen, vernichten und durch (ihr) Fehlverhalten ins Elend geraten lassen.‹
7 Was sagt der Erhabene?‹ Genau so, Varṣakāra, wie der Erhabene es erläutert[8], so nimm es (in das Bewußtsein) auf (und präge es dir ein). Aus welchem Grund? Nichts Unwahres nämlich sagen die Vollendeten *(tathāgata)*, die Heiligen *(arhat)*, die vollkommen Erleuchteten *(samyaksaṃbuddha)*.«
8 »So (sei es), Majestät«, stimmte Varṣākāra, der brahma-

nische Minister von Magadha, dem König von Magadha, Ajātaśatru Vaidehīputra, zu, bestieg einen ganz weißen, von Stuten (gezogenen) Wagen, ..., verließ [umgeben von einer Schar junger Brahmanen (und) mit einem goldenen Stock (in der Hand)][9] Rājagṛha, um den Erhabenen zu sehen (und) um dem Erhabenen aufzuwarten. Als er mit seinem Wagen so weit gefahren war, wie Platz für den Wagen war, stieg er vom Wagen ab, erklomm zu Fuß den Berg Gṛdhrakūṭa (und) ging zum Erhabenen. (Dorthin) gelangt, äußerte[10] er gegenüber dem Erhabenen von Angesicht zu Angesicht verschiedene begrüßende höfliche Worte und setzte sich zu einer Seite nieder.

9 Der an einer Seite sitzende Varṣākāra, der brahmanische Minister von Magadha, sagte zum Erhabenen dies:

10 »Der König von Magadha, Ajātaśatru Vaidehīputra, [o Gautama[11],] verehrt mit dem Kopf die Füße des Erhabenen und erkundigt sich nach dem Stand kleiner Leiden und dem Stand kleiner Sorgen, (weiter) wie zuvor bis: nach dem Stand des Gefühls und des Ergehens.«

11 »Glücklich seien, Varṣākāra, der König von Magadha, Ajātaśatru Vaidehīputra, und du[12].«

12 »Der König von Magadha, Ajātaśatru Vaidehīputra, liegt mit den Vṛjis in Streit, o Herr. Er führte in der Versammlung diese Rede: ›Ich werde diese Vṛjis, die blühend, wohlhabend, friedvoll, üppig an Nahrung und reich an viel Volk und Menschen sind, beseitigen, vernichten (und) durch (ihr) Fehlverhalten ins Elend geraten lassen.‹

13 Was sagt Gautama, der Erhabene, (dazu)?«

14 »Zu einer Zeit, Varṣākāra, weilte ich im Lande der Vṛjis am Heiligtum Cāpāla[13] (bei Vaiśālī). Dort sind die Vṛjis durch mich in den sieben Bedingungen des Nichtniedergangs[14] unterwiesen worden. Und solange, Varṣākāra, die Vṛjis sich (den Pflichten der) sieben Bedingungen des Nichtniedergangs unterziehen werden und (solange) bei den Vṛjis die sieben Bedingungen des Nichtniedergangs beobachtet werden, so lange wahrlich ist mit

Erfolg[15] der Vṛjis zu rechnen und nicht mit Verlust der zum Heil führenden Faktoren *(kuśala dharma)*[16].«

15 »Auf diese Weise verstehen wir[17], o Herr, den Sinn dessen, was Gautama, der Erhabene, zusammengefaßt und ohne Einzelheiten gesagt hat, nicht vollständig. Gautama, der Erhabene, möge den Sinn dessen, was er zusammengefaßt gesagt hat, im einzelnen und vollständig darlegen. Auf diese Weise werde ich den vollständig im Detail erklärten Sinn dessen, was Gautama, der Erhabene, zusammengefaßt gesagt hat, gut verstehen.«

16 Zu jener Zeit nun stand der ehrwürdige Ānanda[18] hinter dem Erhabenen und fächelte dem Erhabenen (Kühlung) zu. Da sprach der Erhabene den ehrwürdigen Ānanda an:

17 »Hast du wohl, Ānanda, gehört, daß die Vṛjis häufige Versammlungen und häufig zahlreiche Versammlungen abhalten?«

18 »Ich habe, Herr, gehört, daß die Vṛjis häufige Versammlungen und häufig zahlreiche Versammlungen abhalten.«

19 »Und solange, Varṣākāra, die Vṛjis häufige Versammlungen und häufig zahlreiche Versammlungen abhalten werden, so lange ist mit Erfolg der Vṛjis zu rechnen und nicht mit Verlust der zum Heil führenden Faktoren.

20 Hast du wohl, Ānanda, gehört, daß die Vṛjis sich einträchtig versammeln, einträchtig (aus der Versammlung) zurückkehren (und) einträchtig die Aufgaben Vṛjis erfüllen?«

21 »Ich habe, Herr, gehört, daß die Vṛjis sich einträchtig versammeln, einträchtig (aus der Versammlung) zurückkehren (und) einträchtig die Aufgaben Vṛjis erfüllen.«

22 »Und solange, Varṣākāra, die Vṛjis sich einträchtig versammeln werden, einträchtig (aus der Versammlung) zurückkehren werden (und) einträchtig die Aufgaben Vṛjis erfüllen werden, so lange ist mit Erfolg der Vṛjis zu

rechnen und nicht mit Verlust der zum Heil führenden Faktoren.

23 Hast du wohl, Ānanda, gehört, daß die Vṛjis nicht nach dem verlangen, was (sie sich) nicht zum Ziel gesetzt (haben), daß sie das zum Ziel Gesetzte nicht verwerfen und daß sie das Gesetz von Vṛji so auf sich nehmen, wie es verkündet wurde?«

24 »Ich habe, Herr, gehört, daß die Vṛjis nicht nach dem verlangen, was (sie sich) nicht zum Ziel gesetzt (haben), daß sie das zum Ziel Gesetzte nicht verwerfen und daß sie das Gesetz von Vṛji so auf sich nehmen, wie es verkündet wurde.«

25 »Und solange, Varṣākāra, die Vṛjis nicht nach dem verlangen werden, was (sie sich) nicht zum Ziel gesetzt (haben), solange sie das zum Ziel Gesetzte nicht verwerfen werden und solange sie das Gesetz von Vṛji so auf sich nehmen werden, wie es verkündet wurde, so lange ist mit Erfolg der Vṛjis zu rechnen und nicht mit Verlust der zum Heil führenden Faktoren.

26 Hast du wohl, Ānanda, gehört, daß die Vṛjis mit (folgenden Frauen) nicht voreilig[19] Umgang pflegen: mit den Ehefrauen von Vṛji und mit den Mädchen von Vṛji, die vom Vater beschützt, von der Mutter beschützt, vom Bruder beschützt, von der Schwester beschützt, vom Schwiegervater beschützt, von der Schwiegermutter beschützt, von der Verwandtschaft beschützt, von der Familie beschützt werden, mit den öffentlich Anverlobten[20], mit den einem Gatten Versprochenen[21], mit denen, die ein anderer geheiratet hat, nicht einmal mit den durch Überwurf eines Blumenkranzes Anverlobten[22]?«

27 »Ich habe, Herr, gehört, daß die Vṛjis mit (folgenden Frauen) nicht voreilig Umgang pflegen: mit den Ehefrauen von Vṛji und mit den Mädchen von Vṛji, die vom Vater beschützt, von der Mutter beschützt werden, (weiter) wie zuvor bis: nicht einmal mit den durch Überwurf eines Blumenkranzes Anverlobten.«

28 »Und solange, Varṣākāra, die Vṛjis mit (folgenden Frauen) nicht voreilig Umgang pflegen werden: mit den Ehefrauen von Vṛji und mit den Mädchen von Vṛji, (weiter) wie zuvor bis: nicht einmal mit den durch Überwurf eines Blumenkranzes Anverlobten, (solange sie dies nicht tun werden), so lange ist mit Erfolg der Vṛjis zu rechnen und nicht mit Verlust der zum Heil führenden Faktoren.
29 Hast du wohl, Ānanda, gehört, daß die Vṛjis die alten (Leute) von Vṛji, [die Edlen (sowie) Vater (und) Mutter][23] ehrerbietig behandeln, würdig behandeln, schätzen, verehren und (von ihnen) denken: ›Ihr Wort sollte gehört werden.‹?«
30 »Ich habe, Herr, gehört, daß die Vṛjis die alten (Leute) von Vṛji, [die Edlen (sowie) Vater (und) Mutter][24] ehrerbietig behandeln, würdig behandeln, schätzen, verehren und (von ihnen) denken: ›Ihr Wort sollte gehört werden.‹«
31 »Und solange, Varṣākāra, die Vṛjis die alten (Leute) von Vṛji, [die Edlen (sowie) Vater (und) Mutter][25] ehrerbietig behandeln werden, würdig behandeln werden, schätzen werden, verehren werden und von ihnen denken werden: ›Ihr Wort sollte gehört werden‹, so lange ist mit Erfolg der Vṛjis zu rechnen und nicht mit Verlust der zum Heil führenden Faktoren.
32 Hast du wohl, Ānanda, gehört, daß die Vṛjis die Heiligtümer von Vṛji in den vier Himmelsrichtungen von Vṛji ehrerbietig behandeln, würdig behandeln, schätzen, verehren und ihren althergebrachten Respekt[26] vor diesen (Heiligtümern) nicht verwerfen?«
33 »Ich habe, Herr, gehört, daß die Vṛjis die Heiligtümer von Vṛji in den vier Himmelsrichtungen von Vṛji ehrerbietig behandeln, würdig behandeln, schätzen, verehren und ihren althergebrachten Respekt vor diesen (Heiligtümern) nicht verwerfen.«
34 »Und solange, Varṣākāra, die Vṛjis die Heiligtümer von Vṛji in den vier Himmelsrichtungen von Vṛji ehrer-

bietig behandeln werden, würdig behandeln werden, schätzen werden, verehren werden und ihren althergebrachten Respekt vor diesen (Heiligtümern) nicht verwerfen werden, so lange ist mit Erfolg der Vṛjis zu rechnen und nicht mit Verlust der zum Heil führenden Faktoren.

35 Hast du wohl, Ānanda, gehört, daß bei den Vṛjis gegenüber den Heiligen *(arhat)* die auf Schutz gerichtete Achtsamkeit eines lebhaft interessierten Geistes entsteht: ›Hoffentlich werden die Heiligen, die (bisher) nicht gekommen sind, (hierher)kommen und die, die gekommen sind, zufrieden sein und sich nicht um Gegenstände des persönlichen Bedarfs wie Mönchsgewänder, Almosen, Betten, Sitze und Arznei als Mittel für Kranke sorgen‹?«

36 »Ich habe, Herr, gehört, daß bei den Vṛjis gegenüber den Heiligen die auf Schutz gerichtete Achtsamkeit eines lebhaft interessierten Geistes entsteht: ›Hoffentlich werden die Heiligen, die (bisher) nicht gekommen sind, (hierher) kommen und die, die gekommen sind, zufrieden sein und sich nicht um Gegenstände des persönlichen Bedarfs wie Mönchsgewänder, Almosen, Betten, Sitze und Arznei als Mittel für Kranke sorgen.‹«

37 »Und solange, Varṣākāra, bei den Vṛjis gegenüber den Heiligen die auf Schutz gerichtete Achtsamkeit eines lebhaft interessierten Geistes entstehen wird: ›Hoffentlich werden die Heiligen, die (bisher) nicht gekommen sind, (hierher) kommen und die, die gekommen sind, zufrieden sein und sich nicht um Gegenstände des persönlichen Bedarfs wie Mönchsgewänder, Almosen, Betten, Sitze und Arznei als Mittel für Kranke sorgen‹, so lange ist mit Erfolg der Vṛjis zu rechnen und nicht mit Verlust der zum Heil führenden Faktoren.

38 Und solange, Varṣākāra, die Vṛjis sich (den Pflichten der) sieben Bedingungen des Nichtniedergangs unterziehen werden und (solange) bei den Vṛjis die sieben Bedingungen des Nichtniedergangs beobachtet werden, so

lange ist mit Erfolg der Vṛjis zu rechnen und nicht mit Verlust der zum Heil führenden Faktoren.«

39 –

40 (Varṣākāra sprach:) »Solange, Gautama, die Vṛjis mit einer einzigen (dieser) Eigenschaften ausgestattet wären, wären sie für den König von Magadha, Ajātaśatru Vaidehīputra, nicht angreifbar, geschweige denn, (wenn sie) mit allen (Eigenschaften ausgestattet sind).

41 Nun denn, Gautama, wir wollen gehen. Wir sind sehr beschäftigt, (haben) viele Aufgaben.«

42 »Wofür du, Varṣākāra, jetzt die Zeit (für gekommen) hältst, (das mögest du tun).«

43 Nun nahm Varṣākāra, der brahmanische Minister von Magadha, das vom Erhabenen Gesprochene freudig an, nahm es dankbar an und schritt vom Erhabenen fort.

2 Predigt über die Bedingungen zur Sicherung des Mönchstums

2a Die erste Reihe von Bedingungen

1 Da sprach der Erhabene den ehrwürdigen Ānanda an: »So viele Mönche in der Nähe des Berges Gṛdhrakūṭa weilen, sie alle rufe in der Versammlungshalle zusammen.«

2 »So (sei es), Herr«, stimmte der ehrwürdige Ānanda dem Erhabenen zu, rief alle Mönche, die[27] in der Nähe des Berges Gṛdhrakūṭa weilten, in der Versammlungshalle zusammen und ging zum Erhabenen. (Dorthin) gelangt, verehrte er die Füße des Erhabenen mit dem Kopf und stellte sich auf eine Seite. An einer Seite stehend, sagte der ehrwürdige Ānanda dem Erhabenen dies:

3 »So viele Mönche, Herr, in der Nähe des Berges Gṛdhrakūṭa weilen, sie alle sind in der Versammlungs-

halle zusammengekommen. Wofür der Erhabene jetzt die Zeit (für gekommen) hält, (das möge er tun).«

4 Nun ging der Erhabene zur Versammlungshalle. (Dorthin) gelangt, setzte er sich vor der Mönchsgemeinde auf einen (für ihn) bereiteten Sitz nieder. Als er sich gesetzt hatte, sprach der Erhabene die Mönche an:

5 »Ich werde euch, o Mönche, sieben Bedingungen des Nichtniedergangs[28] lehren. Hört sie und überdenkt sie wohl und gut. Ich werde sprechen. Welches sind die sieben Bedingungen des Nichtniedergangs?

6 Und solange die Mönche häufige Versammlungen und häufig zahlreiche Versammlungen abhalten werden, so lange ist mit Erfolg[29] der Mönche zu rechnen und nicht mit Verlust der zum Heil führenden Faktoren *(kuśala dharma)*.

7 Und solange die Mönche sich einträchtig versammeln werden, (solange) sie einträchtig (aus der Versammlung) zurückkehren werden (und solange) sie einträchtig die Aufgaben des Orden erfüllen werden, so lange ist mit Erfolg der Mönche zu rechnen und nicht mit Verlust der zum Heil führenden Faktoren.

8 Und solange die Mönche nicht nach dem verlangen werden, was (sie sich) nicht zum Ziel gesetzt (haben), (solange) sie das zum Ziel Gesetzte nicht verwerfen werden (und solange) sie die (dreifache) Schulung[30] so auf sich nehmen werden, wie sie verkündet wurde, so lange ist mit Erfolg der Mönche zu rechnen und nicht mit Verlust der zum Heil führenden Faktoren.

9 Und solange die Mönche sich nicht in die (Verfügungs)gewalt des Durstes (d. h.: der Lebensgier) begeben werden, der [entstanden,][31] zur Wiedergeburt führt, der mit Vergnügen und Leidenschaft einhergeht (und) der sich hier und dort erfreut, (solange die Mönche diesem Durst nicht erliegen werden), so lange ist mit Erfolg der Mönche zu rechnen und nicht mit Verlust der zum Heil führenden Faktoren.

10 Und solange die Mönche die Ordensälteren, die seit langer Zeit anerkannt sind, die vor langer Zeit (in die Hauslosigkeit[32] gezogen sind, [die den heiligen Wandel geübt haben (und) vom Lehrer (= Buddha) (gepriesen wurden)][33] ..., ehrerbietig behandeln werden, würdig behandeln werden, schätzen werden, verehren werden (und von ihnen) denken werden: ›Ihr Wort sollte gehört werden‹, so lange ist mit Erfolg der Mönche zu rechnen und nicht mit Verlust der zum Heil führenden Faktoren.

11 Und solange die Mönche sich an Betten und Sitzen aufhalten werden, die in Wildnissen und Wäldern gelegen (und) einsam sind, so lange ist mit Erfolg der Mönche zu rechnen und nicht mit Verlust der zum Heil führenden Faktoren.

12 Und solange, o Mönche, gegenüber den Gefährten im heiligen Wandel *(brahmacarya)* die auf Schutz gerichtete Achtsamkeit eines lebhaft interessierten Geistes entstehen wird: ›Hoffentlich werden die Gefährten im heiligen Wandel, die (bisher) nicht gekommen sind, (hierher-) kommen und die, die gekommen sind, zufrieden sein und sich nicht um Gegenstände des persönlichen Bedarfs wie Mönchsgewänder, Almosen, Betten, Sitze (und) Arznei als Mittel für Kranke sorgen‹, so lange ist mit Erfolg der Mönche zu rechnen und nicht mit Verlust der zum Heil führenden Faktoren.

13 Und solange die Mönche sich (den Pflichten) der sieben Bedingungen des Nichtniedergangs unterziehen werden und (solange) bei den Mönchen die sieben Bedingungen des Nichtniedergangs beobachtet werden, so lange ist mit Erfolg der Mönche zu rechnen und nicht mit Verlust der zum Heil führenden Faktoren.

2b Die zweite Reihe von Bedingungen

14 Noch weitere sieben Bedingungen des Nichtniedergangs werde ich lehren. Hört sie und überdenkt sie wohl und gut. Ich werde sprechen. Welches sind die sieben Bedingungen des Nichtniedergangs?
15 Und solange die Mönche den Lehrer *(śāstṛ)* ehrerbietig behandeln werden, würdig behandeln werden, schätzen und verehren werden, (solange sie,) den Lehrer als Halt benutzend, verweilen werden, nachdem sie ihn ehrerbietig behandelt haben, ihn würdig behandelt haben, ihn geschätzt und verehrt haben, (solange die Mönche) die Lehre *(dharma)*, die (dreifache) Schulung *(śikṣā)*[34], die Unterweisung *(anuśāsana)*, die Nichtnachlässigkeit *(apramāda)*[35], die Höflichkeit *(pratisaṃstara)* und die (meditative) Versenkung *(samādhi)* ehrerbietig behandeln werden, würdig behandeln werden, schätzen und verehren werden (und solange sie,) die (meditative) Versenkung (und die übrigen Glieder) als Halt benutzend, verweilen werden, nachdem sie die (meditative) Versenkung ehrerbietig behandelt haben, würdig behandelt haben, geschätzt und verehrt haben, so lange ist mit Erfolg der Mönche zu rechnen und nicht mit Verlust der zum Heil führenden Faktoren[36].
16 –

2c Die dritte Reihe von Bedingungen

17 Noch weitere sieben Bedingungen des Nichtniedergangs werde ich lehren. Hört sie und überdenkt sie wohl und gut. Ich werde sprechen. Welches sind die sieben Bedingungen des Nichtniedergangs?
18 Und solange die Mönche nicht an (weltlicher) Tätigkeit Vergnügen empfinden werden, nicht an Geschwätz Vergnügen (finden werden), nicht an Schlaf Vergnügen (finden werden), nicht an Geselligkeit Vergnügen (finden

werden), [nicht für Besitz, Ehren (und) Ruhm (empfänglich sind)][37], ... solange sie nicht auf halbem Wege zur jeweils höheren (Erfahrung ihre Bemühungen) beenden werden, weil (sie) irgendein spezielles (Ziel) geringeren Ausmaßes erreicht haben[38], so lange ist mit Erfolg der Mönche zu rechnen und nicht mit Verlust der zum Heil führenden Faktoren.
19 –

2d Die vierte Reihe von Bedingungen

20 Noch weitere sieben Bedingungen des Nichtniedergangs werde ich lehren. Hört sie und überdenkt sie wohl und gut. Ich werde sprechen. Welches sind die sieben Bedingungen des Nichtniedergangs?
21 Und solange die Mönche gläubig sein werden, schamvoll sein werden, skrupelhaft, Willenskraft betätigend, von konzentrierter Aufmerksamkeit, (in der Meditation) versunken und voll Weisheit sein werden, so lange ist mit Erfolg der Mönche zu rechnen und nicht mit Verlust der zum Heil führenden Faktoren.
22 –

2e Die fünfte Reihe von Bedingungen

23 Noch weitere sieben Bedingungen des Nichtniedergangs werde ich lehren. Hört sie und überdenkt sie wohl und gut. Ich werde sprechen. Welches sind die sieben Bedingungen des Nichtniedergangs?
24 Und solange die Mönche die Lehre kennen werden, die (richtige) Bedeutung (der Lehre) kennen (werden), den (rechten) Zeitpunkt kennen (werden), das (rechte) Maß kennen (werden), sich selbst kennen (werden), die Versammlungen[39] kennen (werden), die guten und die schlechten (Eigenschaften der einzelnen) Personen kennen (werden), so lange ist mit Erfolg der Mönche zu rech-

nen und nicht mit Verlust der zum Heil führenden Faktoren.

25 –

2f Die sechste Reihe von Bedingungen

26 Noch weitere sieben Bedingungen des Nichtniedergangs werde ich lehren. Hört sie und überdenkt sie wohl und gut. Ich werde sprechen. Welches sind die sieben Bedingungen des Nichtniedergangs?

27 Und solange die Mönche (in der Meditation) das Erleuchtungsglied *(saṃbodhyaṅga)* »Achtsamkeit« *(smṛti)* entwickeln werden, das auf (Leben in) Abgeschiedenheit beruht, das auf Leidenschaftslosigkeit beruht, das auf Aufhebung (der Gier) beruht (und) das der Selbstaufgabe völlig zugewandt ist, (solange sie) das Erleuchtungsglied »Erwägen der Lehre« *(dharma-vicaya)* (bzw.) das Erleuchtungsglied »Willenskraft« *(vīrya)*, das Erleuchtungsglied »Freude« *(prīti)*, das Erleuchtungsglied »Ruhe« *(prasrabdhi)*, das Erleuchtungsglied »(meditative) Versenkung« *(samādhi)* oder das Erleuchtungsglied »Gleichmut« *(upekṣā)* entwickeln werden, das (jeweils) auf (Leben in) Abgeschiedenheit beruht, das auf Leidenschaftslosigkeit beruht, das auf Aufhebung (der Gier) beruht (und) das der Selbstaufgabe völlig zugewandt ist, (solange die Mönche diese Erleuchtungsglieder entwikkeln werden), so lange ist mit Erfolg der Mönche zu rechnen und nicht mit Verlust der zum Heil führenden Faktoren.

28 Und solange die Mönche sich (den Pflichten) der sieben Bedingungen des Nichtniedergangs unterziehen werden und solange bei den Mönchen die sieben Bedingungen des Nichtniedergangs beobachtet werden, so lange ist mit Erfolg der Mönche zu rechnen und nicht mit Verlust der zum Heil führenden Faktoren.

2g Die siebte Reihe von Bedingungen

29 Sechs Bedingungen des Erfreuens *(saṃrañjanīya dharma)* (anderer) werde ich euch, o Mönche, lehren. Hört sie und überdenkt sie wohl und gut. Ich werde sprechen. Welches sind die sechs Bedingungen des Erfreuens?
30 Meine liebevollen Taten[40] mit dem Körper werden gegenüber dem Lehrer und gegenüber den weisen Gefährten im heiligen Wandel gegenwärtig sein. Diese Bedingung des Erfreuens, die ihre Ursache in Geliebtem hat, die ihre Ursache in Würdigem hat, die ihre Ursache in Angenehmem hat, führt zu Freundschaft, zu Würde, zu Respekt, zum (meditativen) Entwickeln (einer Vorstellung), zur freundlichen Behandlung (untereinander), zur (meditativen) Versenkung, zur Abwesenheit von Streit, zur Abwesenheit von Zank, zum Einswerden.
31 (Meine) liebevollen Taten der Rede[41].
32 (Meine) liebevollen Taten des Geistes.
33 (Was die Dinge angeht), die (wir) rechtmäßig erlangen, die durch (religiöses) Gesetz erlangten (Dinge), einschließlich der in der Almosenschale befindlichen (Dinge), der in die Almosenschale gelangten (Dinge), (was diese angeht), werden wir die erlangten (Dinge) in Gemeinschaft mit den weisen Gefährten im heiligen Wandel genießen, (und wir werden sie) nicht heimlich genießen. Diese Bedingung des Erfreuens (weiter) wie zuvor.
34 (Durch) genau die moralischen Regeln, die unangetastet (sind, die) lückenlos, unbefleckt, makellos, frei(willig befolgt), unverdorben, richtig (vom Lehrer) empfangen, richtig angenommen, durch die Weisen gepriesen, durch die Weisen nicht verachtet (sind), durch so beschaffene (moralische) Regeln werden wir mit den weisen Gefährten im heiligen Wandel zur Übereinstimmung in der Sittlichkeit gelangen. Diese Bedingung des Erfreuens (weiter) wie zuvor.

35 (Durch) genau die Anschauung *(dṛṣṭi)*, die edel, (aus dem Geburtenkreislauf) führend (und die Wirklichkeit) durchdringend ist (und) die (aus dem Geburtenkreislauf) hinausführt zur rechten Vernichtung des Leides dessen, der sie hegt, (und) zur Beendigung des Leides, durch die so beschaffene Anschauung werden wir mit den weisen Gefährten im heiligen Wandel zur Übereinstimmung in der Anschauung gelangen. Diese Bedingung des Erfreuens (weiter) wie zuvor bis: führt zum Einswerden.

36 Und solange die Mönche sich (den Pflichten) der sechs Bedingungen des Erfreuens unterziehen werden und solange bei den Mönchen die sechs Bedingungen des Erfreuens beobachtet werden, so lange ist mit Erfolg der Mönche zu rechnen und nicht mit Verlust der zum Heil führenden Faktoren.

37 –

3 Predigt in Veṇuyaṣṭikā

1 Da sprach der Erhabene den ehrwürdigen Ānanda an: »Komm (mit), Ānanda, nach Pāṭaligrāmaka[42].«

2 »So (sei es), Herr«, stimmte der ehrwürdige Ānanda dem Erhabenen zu. Nun ging der Erhabene mit der Gemeinde der Mönche im Lande Magadha auf Wanderschaft (und) weilte die Nacht über zwischen Pāṭaligrāmaka und Rājagṛha am königlichen Lusthaus bei Veṇuyaṣṭikā[43].

3 Nun sprach der Erhabene die Mönche an: »Aufgrund von Unkenntnis der vier edlen Wahrheiten, o Mönche, aufgrund von Nichtwahrnehmen, aufgrund von Unverständnis, aufgrund von (intellektuellem) Nichtdurchdringen ist dieser lange Weg (= Lebenszeit in den verschiedenen Existenzen) durch mich und auch durch euch durchlaufen (und) durchwandert[44] worden. (Aufgrund von Unkenntnis) welcher vier (Wahrheiten)?

4 Aufgrund von Unkenntnis, von Nichtwahrnehmen,

von Unverständnis, von (intellektuellem) Nichtdurchdringen (der Wahrheit) vom Leid, (der Wahrheit) von der Entstehung des Leids, (der Wahrheit) von der Aufhebung des Leids (und der Wahrheit) vom Weg, der zur Aufhebung des Leids führt, ist dieser lange Weg durch mich und auch durch euch durchlaufen und durchwandert worden.

5 Eben diese edle Wahrheit vom Leid ist erkannt, ist (intellektuell) durchdrungen. Abgeschnitten ist (die Gier), die zu (neuem) Werden führt, vernichtet ist der Kreislauf der Geburten, es gibt jetzt keine Wiedergeburt (mehr).

6 Die edle Wahrheit von der Entstehung des Leids, von der Aufhebung des Leids, vom Weg, der zur Aufhebung des Leides führt, ist erkannt, ist (intellektuell) durchdrungen. Abgeschnitten ist (die Gier), die zu (neuem) Werden führt, vernichtet ist der Kreislauf der Geburten, es gibt jetzt keine Wiedergeburt (mehr).

7 –

8 *Weil die vier edlen Wahrheiten nicht der Wahrheit gemäß wahrgenommen (wurden), ist dieser lange Weg (durch die Existenzen) durch mich und auch durch euch durchwandert worden. //1//*

9 *(Jetzt) sind diese Wahrheiten wahrgenommen (worden), (die Gier), die zu (neuem) Werden führt, ist (wie eine Pflanze) ausgerissen, vernichtet ist der Kreislauf der Geburten, es gibt jetzt keine Wiedergeburt (mehr). //2//*

4 Predigt über Nachlässigkeit und Nichtnachlässigkeit

1 Da sprach der Erhabene den ehrwürdigen Ānanda an: »Komm (mit), Ānanda, nach Pāṭaligrāmaka.«

2 »So (sei es), Herr«, stimmte der ehrwürdige Ānanda dem Erhabenen zu. Nun ging der Erhabene im Lande

Magadha auf Wanderschaft, erreichte Pāṭaligrāmaka und weilte in Pāṭaligrāmaka am Heiligtum Pāṭalaka.
3 Die Brahmanen und die Haushälter[45] von Pāṭaligrāmaka hörten: »Gautama, der Erhabene, ging im Lande Magadha auf Wanderschaft, hat Pāṭaligrāmaka erreicht und weilt (nun) in Pāṭaligrāmaka am Heiligtum Pāṭalaka.«
4 Als sie (das) gehört hatten, gingen sie von (religiöser) Gemeinde *(saṃgha)* zu Gemeinde, von Zunft *(pūga)* zu Zunft (und) versammelten sich. Sie verließen (das Zentrum von) Pāṭaligrāmaka und gingen zum Erhabenen. (Dorthin) gelangt, verehrten sie die Füße des Erhabenen mit dem Kopf und setzten sich zu einer Seite nieder.
5 Zu den an einer Seite sitzenden Brahmanen und Haushältern von Pāṭaligrāmaka sagte der Erhabene dies:
6 »Fünf Gefahren, o Brahmanen und Haushälter, (gibt es) in bezug auf die Nachlässigkeit. Welche fünf?
7 Da erleidet, o Brahmanen und Haushälter, ein Nachlässiger durch Veranlassung und Ursache der Nachlässigkeit einen großen Verlust an Besitz. Daß, o Brahmanen und Haushälter, ein Nachlässiger durch Veranlassung und Ursache der Nachlässigkeit einen großen Verlust an Besitz erleidet, das ist die erste Gefahr in bezug auf die Nachlässigkeit.
8 Weiterhin wiederum, o Brahmanen und Haushälter, in welche Versammlung auch immer ein Nachlässiger durch Veranlassung und Ursache der Nachlässigkeit geht, sei es die Versammlung der Kṣatriyas oder die Versammlung der Brahmanen oder die Versammlung der Haushälter oder die Versammlung der Asketen, er geht dorthin verwirrt, niedergeschlagen (und) ohne Selbstvertrauen. Daß, o Brahmanen und Haushälter, ein Nachlässiger, in welche Versammlung auch immer er durch Veranlassung und Ursache der Nachlässigkeit geht, (weiter) wie zuvor bis: (dorthin) ohne Selbstvertrauen (geht), das ist die zweite Gefahr in bezug auf die Nachlässigkeit.

9 Weiterhin wiederum, o Brahmanen und Haushälter, verbreitet sich durch Veranlassung und Ursache der Nachlässigkeit in den Himmelsrichtungen und den Nebenhimmelsrichtungen ein übler, ein schlechter Leumund des Nachlässigen, ein aus unrühmlichen Bezeichnungen bestehender Ruf. Daß, o Brahmanen und Haushälter, durch Veranlassung und Ursache der Nachlässigkeit sich in den Himmelsrichtungen und den Nebenhimmelsrichtungen ein übler, ein schlechter Leumund des Nachlässigen, ein aus unrühmlichen Bezeichnungen bestehender Ruf, verbreitet, das ist die dritte Gefahr in bezug auf die Nachlässigkeit.

10 Weiterhin wiederum, o Brahmanen und Haushälter, stirbt ein Nachlässiger durch Veranlassung und Ursache der Nachlässigkeit mit Reue. Daß, o Brahmanen und Haushälter, ein Nachlässiger durch Veranlassung und Ursache der Nachlässigkeit mit Reue stirbt, das ist die vierte Gefahr in bezug auf die Nachlässigkeit.

11 Weiterhin wiederum, o Brahmanen und Haushälter, wird ein Nachlässiger durch Veranlassung und Ursache der Nachlässigkeit nach der Trennung vom Körper in den Höllen wiedergeboren. Daß, o Brahmanen und Haushälter, ein Nachlässiger durch Veranlassung und Ursache der Nachlässigkeit nach der Trennung vom Körper in den Höllen wiedergeboren wird, das ist die fünfte Gefahr in bezug auf die Nachlässigkeit.

12 Fünf, o Brahmanen und Haushälter, sind aber (auch) die Vorteile in bezug auf die Nichtnachlässigkeit. Welche fünf?

13 Da erleidet, o Brahmanen und Haushälter, ein Nichtnachlässiger durch Veranlassung und Ursache der Nichtnachlässigkeit keinen großen Verlust an Besitz. Daß, o Brahmanen und Haushälter, ein Nichtnachlässiger durch Veranlassung und Ursache der Nichtnachlässigkeit keinen großen Verlust an Besitz erleidet, das ist der erste Vorteil in bezug auf die Nichtnachlässigkeit.

14 Weiterhin wiederum, o Brahmanen und Haushälter, in welche Versammlung auch immer ein Nichtnachlässiger durch Veranlassung und Ursache der Nichtnachlässigkeit geht, sei es die Versammlung der Kṣatriyas oder die Versammlung der Brahmanen oder die Versammlung der Haushälter oder die Versammlung der Asketen, er geht dorthin nicht verwirrt, hochgestimmt und selbstsicher. Daß, o Brahmanen und Haushälter, ein Nichtnachlässiger, in welche Versammlung auch immer er durch Veranlassung und Ursache der Nichtnachlässigkeit geht, (weiter) wie zuvor bis: (dorthin) selbstsicher (geht), das ist der zweite Vorteil in bezug auf die Nichtnachlässigkeit.

15 Weiterhin wiederum, o Brahmanen und Haushälter, verbreitet sich durch Veranlassung und Ursache der Nichtnachlässigkeit in den Himmelsrichtungen und den Nebenhimmelsrichtungen ein bedeutsamer, guter, aus rühmlichen Bezeichnungen bestehender Ruf[46] des Nichtnachlässigen. Daß, o Brahmanen und Haushälter, sich durch Veranlassung und Ursache der Nichtnachlässigkeit in den Himmelsrichtungen und den Nebenhimmelsrichtungen ein bedeutsamer, guter, aus rühmlichen Bezeichnungen bestehender Ruf des Nichtnachlässigen verbreitet, das ist der dritte Vorteil in bezug auf die Nichtnachlässigkeit.

16 Weiterhin wiederum, o Brahmanen und Haushälter, stirbt ein Nichtnachlässiger durch Veranlassung und Ursache der Nichtnachlässigkeit ohne Reue[47]. Daß, o Brahmanen und Haushälter, ein Nichtnachlässiger durch Veranlassung und Ursache der Nichtnachlässigkeit ohne Reue stirbt, das ist der vierte Vorteil in bezug auf die Nichtnachlässigkeit.

17 Weiterhin wiederum, o Brahmanen und Haushälter, wird ein Nichtnachlässiger durch Veranlassung und Ursache der Nichtnachlässigkeit nach der Trennung vom Körper in einer guten Existenzform *(su-gati)* unter den

Göttern in einer Himmelswelt wiedergeboren. Daß, o Brahmanen und Haushälter, ein Nichtnachlässiger durch Veranlassung und Ursache der Nichtnachlässigkeit nach der Trennung vom Körper in einer guten Existenzform unter den Göttern in einer Himmelswelt wiedergeboren wird, das ist der fünfte Vorteil in bezug auf die Nichtnachlässigkeit.«

18 Nun belehrte der Erhabene die Brahmanen und Haushälter von Pāṭaligrāmaka durch eine Predigt[48], begeisterte, entflammte und entzückte sie. Als er sie auf vielerlei Weise durch eine Predigt belehrt hatte, als er sie begeistert, entflammt und entzückt hatte, schwieg er.

19 Nun standen die Brahmanen und die Haushälter von Pāṭaligrāmaka vom Sitz auf, warfen das Obergewand über eine Schulter, verneigten sich vor dem Erhabenen mit zusammengelegten Händen (und) sagten zum Erhabenen dies: »Der Erhabene nehme (bitte) unsere (Einladung) zum Aufenthalt im Haus während der Nacht an.« Der Erhabene nahm (die Einladung) der Brahmanen und Haushälter von Pāṭaligrāmaka durch Schweigen an.

20 Als nun die Brahmanen und Haushälter von Pāṭaligrāmaka erkannten, daß der Erhabene durch Schweigen (die Einladung) angenommen hatte, verehrten sie mit dem Kopf die Füße des Erhabenen und schritten vom Erhabenen fort.

5 Der Buddha zu Pāṭaliputras Ausbau und Zukunftsaussichten

1 Als nun der Erhabene erkannte, daß die Brahmanen und Haushälter von Pāṭaligrāmaka soeben fortgegangen waren, wusch er sich außerhalb des Hauses die Füße, betrat das Haus (und) setzte sich nieder.

2 Zu dieser Zeit war Varṣākāra, der brahmanische Mini-

ster von Magadha, bestrebt, die Stadt Pāṭaligrāmaka wegen des Streites mit den Vṛjis auszubauen. Damals nahmen sich in Pāṭaligrāmaka sehr mächtige Gottheiten Wohnplätze.

3 Der[49] Erhabene verschränkte (die Beine) im Meditationssitz, brachte den Körper in gerade (Haltung), vergegenwärtigte sich Achtsamkeit vor dem (geistigen) Auge[50] (und) sah, (obgleich) er zur Tagesruhe ins Haus gegangen war, mit dem himmlischen, reinen Auge, das das menschliche (Maß) überschreitet, daß in Pāṭaligrāmaka sehr mächtige Gottheiten (ihre) Wohnplätze nahmen. Und als er (dies) gesehen hatte, kehrte er am Abend aus der (meditativen) Abgeschiedenheit zurück, begab sich aus dem Haus herab (und) setzte sich im Schatten des Hauses vor der Mönchsgemeinde auf einem (für ihn) bereiteten Sitz nieder.

4 Als er sich niedergesetzt hatte, sprach der Erhabene den ehrwürdigen Ānanda an: »Wer ist, Ānanda, bestrebt, die Stadt Pāṭaligrāmaka auszubauen?«

5 »Varṣākāra, Herr, der brahmanische Minister von Magadha, ist bestrebt, die Stadt Pāṭaligrāmaka wegen des Streites mit den Vṛjis auszubauen.«

6 »Gut, gut, Ānanda. [Weise ist][51] Varṣākāra, der brahmanische Minister von Magadha, als ob [er sich] mit den dreiunddreißig Gottheiten [beraten hätte][52] ....

7 Hier sah ich, Ānanda, als ich zur Tagesruhe ins Haus gegangen war, sehr mächtige Gottheiten, die sich in Pāṭaligrāmaka Wohnplätze nahmen.

8 In welchem Gebiet, Ānanda, sehr mächtige Gottheiten (ihre) Wohnplätze nehmen, in dem Gebiet kommt ein Wunsch mächtiger Menschen auf, nämlich (dort) zu wohnen.

9 In welchem Gebiet mittlere Gottheiten (ihre) Wohnplätze nehmen, in dem Gebiet kommt ein Wunsch mittlerer Menschen auf, nämlich (dort) zu wohnen.

10 In welchem Gebiet niedrige Gottheiten (ihre) Wohn-

plätze nehmen, in dem Gebiet kommt ein Wunsch niedriger Menschen auf, nämlich (dort) zu wohnen.
11 In diesem (Ort) Pāṭaligrāmaka, Ānanda, nehmen sehr mächtige Gottheiten (ihre) Wohnplätze. In diesem Gebiet wird ein Wunsch mächtiger Menschen aufkommen, nämlich (hier) zu wohnen.
12 Solange wahrlich, Ānanda, arische Wohnsitze, arische Redeweisen, arische Sprache[53] (dort zu finden sind), so lange[54] wird sie die Erste unter den Städten[55] sein, nämlich die Stadt Pāṭaliputra.
13 Für diese (Stadt) sind drei Gefahren erkennbar: aufgrund von Feuer, aufgrund von Wasser, aufgrund von Zwistigkeiten von innen her.«

6 Bewirtung des Buddha in Pāṭaliputra

1 Varṣākāra, der brahmanische Minister von Magadha, hörte: »Gautama, der Erhabene, ging im Lande Magadha auf Wanderschaft, erreichte Pāṭaligrāmaka und weilt in Pāṭaligrāmaka am Heiligtum Pāṭalaka. Es verehrten ihn die Brahmanen und Haushälter von Pāṭaligrāmaka.«
2 Als er (dies) gehört hatte, verließ er (die Innenstadt von) Pāṭaligrāmaka und ging zum Erhabenen. (Dorthin) gelangt, äußerte[56] er dem Erhabenen gegenüber von Angesicht zu Angesicht verschiedene begrüßende und höfliche Worte und setzte sich zu einer Seite nieder.
3 Als Varṣākāra, der brahmanische Minister von Magadha, an einer Seite saß, belehrte ihn der Erhabene durch eine Predigt, begeisterte, entflammte und entzückte ihn. Als er ihn auf vielerlei Weise durch eine Predigt belehrt, begeistert, entflammt und entzückt hatte, schwieg er.
4 Nun stand Varṣākāra, der brahmanische Minister von Magadha, vom Sitz auf, warf das Obergewand über eine Schulter, verneigte sich gegenüber dem Erhabenen mit

zusammengelegten Händen (und) sagte zum Erhabenen dies:
5 »Gautama, der Erhabene, nehme (bitte) meine (Einladung für) morgen zum Essen mit der Mönchsgemeinde an.« Der Erhabene nahm (die Einladung) des Varṣākāra, des brahmanischen Ministers von Magadha, durch Schweigen an.
6 Als nun Varṣākāra, der brahmanische Minister von Magadha erkannte, daß der Erhabene durch Schweigen (die Einladung) angenommen hatte, nahm er das vom Erhabenen Gesprochene[57] freudig an, nahm es dankbar an (und) schritt vom Erhabenen fort.
7 Nun stellte Varṣākāra, der brahmanische Minister von Magadha, noch während dieser Nacht reine, vorzügliche feste und weiche Speisen zusammen, stand zeitig (am Morgen) auf, bereitete Sitzgelegenheiten, stellte ein Wassergefäß auf und ließ dem Erhabenen durch einen Boten melden, (daß es) Zeit (zum Essen sei): »(Es ist) Zeit, o Gautama, gleich (beginnt) das Essen. Wofür Gautama, der Erhabene, jetzt die Zeit (für gekommen) hält, (das möge er tun).«
8 Nun kleidete sich der Erhabene am Morgen an, nahm Almosenschale und Mönchsgewand (und) ging, umgeben von der Mönchsgemeinde, an der Spitze der Mönchsgemeinde zu dem Ort, an dem das Essen von Varṣākāra, dem brahmanischen Minister von Magadha, dargereicht wurde. (Dorthin) gelangt, ließ er sich vor der Mönchsgemeinde auf einen (für ihn) bereiteten Sitz nieder.
9 Als nun Varṣākāra, der brahmanische Minister von Magadha, erkannte, daß die Mönchsgemeinde mit dem Buddha an der Spitze sich bequem hingesetzt hatte, erquickte (und) bewirtete er sie mit eigener Hand durch die reinen, vorzüglichen festen und weichen Speisen. Als er sie mit eigener Hand durch die reinen, vorzüglichen festen und weichen Speisen erquickt (und) bewirtet hatte, erkannte er, daß der Erhabene das Essen beendet hatte,

daß er die Hände gewaschen und die Schale beiseite gelegt hatte, ergriff eine goldene Kanne[58] und stellte sie vor den Erhabenen. Und er sprach demütig bittend so:

10 »Der Ertrag an Verdienst *(puṇya)*, der Ertrag an Heilsamem *(kuśala)*, der aufgrund dieser Gabe (entsteht), sei den in Pāṭaliputra wohnenden Gottheiten für eine lange Zeit zum Nutzen, zum Heil und zum Wohl. Den Lohn der guten Tat *(dakṣiṇā)*[59] übertrage auf deren Namen.«

11 Nun stimmte der Erhabene der Gabe des Varṣākāra, des brahmanischen Ministers von Magadha, mit diesen segnenden Worten (in Versform) freudig zu:

12 *»Wer die Götter verehrt als ein gläubiger Mensch, (der) erfüllt das Wort des Lehrers (= Buddha). Durch die Buddhas wird solches gepriesen. //1//*

13 *In welchem Land ein Weiser, ein Gelehrter, (auch) Aufenthalt nimmt, dort möge er, wenn er einen Tugendsamen gespeist hat, den Lohn der guten Tat* (dakṣiṇā) *übertragen. //2//*

14 *Die (von ihm) geschätzten (Götter) schätzen (ihn), und die Verehrten verehren (ihn). Nun erbarmen sie sich seiner wie die Mutter ihres leiblichen Sohnes. Der Mensch, dessen sich die Götter erbarmt haben, (der) Glückliche sieht (d. h. erfährt) Gutes*[60]*.« //3//*

7 Die wunderbare Überquerung des Ganges

1 Als nun der Erhabene Varṣākāra, den brahmanischen Minister von Magadha, durch eine Predigt belehrt hatte, als er ihn begeistert, entflammt und entzückt hatte, stand er vom Sitz auf und schritt fort.

2 Nun sagte[61] Varṣākāra, der brahmanische Minister von Magadha: »Was (ich) an Überflüssigem[62] (habe), das ist

alles dahinzugeben (?).« (und) folgte dem Erhabenen gleich hinterdrein.

3 Nun kam Varṣākāra, dem brahmanischen Minister von Magadha, dieser (Gedanke): »Durch welches (Stadt)tor der Asket Gautama zuerst (die Stadt) verlassen wird, das werde ich als Tor des Gautama ausbauen. An welchem Flußübergang der Asket Gautama den Fluß Ganges zuerst überqueren wird, den werde ich als Flußübergang des Gautama ausbauen.«

4 Als nun der Erhabene im Geist den Gedanken des Varṣākāra, des brahmanischen Ministers von Magadha, erkannt hatte, verließ er (die Stadt) durch das westliche Tor und wandte sich nach Norden zum Fluß Ganges.

5 Zu jener Zeit aber überquerten Menschen aus Magadha den Fluß Ganges hinüber und herüber, einige in (Booten aus) den Früchten des Seidenbaumwollbaumes, einige mit Pontons aus (aneinandergereihten hohlen) Flaschenkürbissen, einige mit Kissen aus Grasbüscheln[63] einige mit (zusammengenähten) Ziegenhäuten.

6 Nun kam dem Erhabenen dieser (Gedanke): »Gehe ich nun zum[64] Fluß Ganges, ohne vom (Wasser des) Stroms berührt zu werden[65], oder verschwinde ich vom diesseitigen Ufer (und) erscheine am jenseitigen Ufer?« Nun erreichte der Erhabene eine solche (meditative) Versenkung, daß er mit konzentriertem Geist vom diesseitigen Ufer verschwand (und) am jenseitigen Ufer erschien.

7 Nun baute Varṣākāra, der brahmanische Minister von Magadha, das Tor, durch das der Erhabene hinausgeschritten war, als Tor des Gautama aus. Den Flußübergang, an dem der Erhabene den Fluß Ganges überquert hatte, baute er als Flußübergang des Gautama aus.

8 Nun sprach irgendein Mönch bei dieser Gelegenheit die Gāthā-Strophe(n):

9 *»Denn die, die den Ozean, die Flut, überqueren, (diese) Leute binden, nachdem sie eine Brücke gebaut (und) die kleinen Gewässer hinter sich gelassen haben*[66]*, ein Floß*[67]*.*

(Die den Ozean der Wiedergeburten) überquert (haben), sind weise Leute. //1//
10 *(Den Ganges) überquert hat der Erhabene, der Buddha. Der Brahmane (Varṣākāra)*[68] *steht auf dem Boden. Die Mönche schwimmen hinüber. Ein Floß binden die Hörer (der buddhistischen Lehre).* //2//
11 *Was soll man mit einem Brunnen machen, wenn überall Wasser ist? Wenn die Wurzel des Durstes (d.h. der Gier) hier*[69] *abgeschnitten ist, was soll man (dann noch) erstreben?«* //3//

8 Predigt über Zucht, Versenkung und Weisheit

1 Da sprach der Erhabene den ehrwürdigen Ānanda an:
2 »Komm (mit), Ānanda, nach Kuṭigrāmaka.«
3 »So (sei es), Herr«, stimmte der ehrwürdige Ānanda dem Erhabenen zu.
4 Nun ging der Erhabene nach Kuṭigrāmaka auf Wanderschaft. Allmählich auf Wanderschaft gehend, erreichte er Kuṭigrāmaka (und) weilte in Kuṭigrāmaka im Norden im Śiṃśapā[70]-Hain des Dorfes.
5 Da sprach der Erhabene die Mönche an:
6 »So sind, o Mönche, diese Regeln der Sittlichkeit *(śīla)*, (so) ist diese (meditative) Versenkung *(samādhi)*, (so) ist diese Weisheit *(prajñā)*[71]. Die (meditative) Versenkung, die ganz von Sittlichkeit durchdrungen ist, währt lange. Der Geist *(citta)*, der ganz von Weisheit durchdrungen ist, wird wahrlich auf rechte Weise von Leidenschaft *(rāga)*, Haß *(dveṣa)* und Verblendung *(moha)*[72] befreit.
7 So erkennt der edle Hörer, dessen Geist auf rechte Weise befreit wurde, (folgendes) wahrlich auf rechte Weise: ›Vernichtet ist meine (Wieder)geburt. Verbracht ist

(die Zeit des) heiligen Wandels *(brahmacarya)*. Getan ist das zu Tuende. Kein weiteres Werden als dieses erkenne ich.‹«

9 Über das Schicksal Verstorbener

1 Da sprach der Erhabene den ehrwürdigen Ānanda an:
2 »Komm (mit), Ānanda, nach Nādikā.«
3 »So (sei es), Herr«, stimmte der ehrwürdige Ānanda dem Erhabenen zu.
4 Nun ging der Erhabene im Lande der Vṛjis auf Wanderschaft, erreichte Nādikā (und) weilte am Kuñjika[73]-Haus.
5 Zu jener Zeit war unter einer großen Menschenmenge von Nādikā eine (tödliche) Seuche ausgebrochen. Und so starb der Laienanhänger Karkaṭaka.
6 Auch die Laienanhänger Nikaṭa, Kaḍaṅgara, Kātyarṣabha, Cāru, Upacāru, Ariṣṭa, Upāriṣṭa, Bhadra, Subhadra, Yaśas, Yaśodatta und Yaśottara[74] starben.
7 Nun kleideten sich zahlreiche Mönche am Morgen an, nahmen Almosenschale (und) Mönchsgewand (und) betraten Nādikā der Speise wegen.
8 Die zahlreichen Mönche, die nach Nādikā der Speise wegen gingen, hörten: »In diesem (Ort) Nādikā ist eine große Menschenmenge gestorben. Und so sind die Laienanhänger Karkaṭaka, Nikaṭa, Kaḍaṅgara, Kātyarṣabha, Cāru, Upacāru, Ariṣṭa, Upāriṣṭa, Bhadra, Subhadra, Yaśas, Yaśodatta und Yaśottara gestorben.«
9 Und als sie (es) gehört hatten, nachdem sie nach Nādikā der Speise wegen gegangen waren, erfüllten sie die Tätigkeiten, die mit dem Essen (verbunden sind), (und) kehrten danach zurück, da sie die Almosenspeise gegessen hatten. Sie legten Almosenschale (und) Mönchsgewand beiseite, wuschen sich die Füße (und) gingen zum Erhabenen. (Dorthin) gelangt, verehrten sie die Füße des

Erhabenen mit dem Kopf (und) setzten sich zu einer Seite nieder.

10 An einer Seite sitzend, sagten die zahlreichen Mönche dem Erhabenen dies:

11 »Wir hier, Herr, zahlreiche Mönche, kleideten uns am Morgen an, nahmen Almosenschale (und) Mönchsgewand (und) betraten Nādikā der Speise wegen. Wir hörten: ›In diesem (Ort) Nādikā starb der Laienanhänger Karkaṭaka. (Weiter) wie zuvor bis: Yaśodatta (und) Yaśottara starben. Welche Existenzform *(gati)*[75], Herr, (werden) sie (haben), welche Wiedergeburt, welchen zukünftigen Zustand?«

12 »Der Laienanhänger Karkaṭaka (wird) aufgrund des Entsagens von den fünf an den niederen (Daseins)bereich bindenden Fesseln *(saṃyojana)*[76] als spontan Entstandener[77] in der anderen Welt[78] völlig verlöschen, als Nichtwiederkehrer *(anāgāmin)*[79]nicht (mehr) dem Gesetz der Rückkehr in diese Welt unterliegen.

13 Die Laienanhänger Nikaṭa, Kaḍaṅgara (weiter) wie zuvor bis: Yaśottara (werden aufgrund des Entsagens von den) fünf an den niederen (Daseins)bereich bindenden (Fesseln) (weiter) wie zuvor bis: (nicht dem Gesetz der Rückkehr) in diese Welt (unterliegen).

14 Es sind, o Mönche, in Nādikā 250 Laienanhänger gestorben, die aufgrund des Entsagens von den fünf an den niederen (Daseins)bereich bindenden Fesseln als spontan Entstandene in der anderen Welt völlig verlöschen, als Nichtwiederkehrer nicht (mehr) dem Gesetz der Rückkehr in diese Welt unterliegen.

15 Zusätzliche 300 Laienanhänger[80], o Mönche, sind in Nādikā dahingegangen (und) gestorben, die aufgrund des Entsagens von drei Fesseln[81] und weil Leidenschaft *(rāga)*, Haß *(dveṣa)* und Verblendung *(moha)* klein sind, nach dem Tode als Einmalwiederkehrer *(sakṛdāgāmin)* einmal in diese Welt (zurück)kommen und dem Leid ein Ende bereiten werden.

16 Zusätzliche 500 Laienanhänger sind in diesem (Ort) Nādikā dahingegangen (und) gestorben, die aufgrund des Entsagens von drei Fesseln als »In-den-Strom-Getretene« *(śrota-āpanna)*[82] nicht (mehr) dem Absinken in schlimme Existenzformen unterworfen (sind, die) sicherlich als letztes Ziel die vollkommene Erleuchtung (haben, die) siebenmal als höchste (Wesen erscheinen werden, die) siebenmal unter Göttern und Menschen (ihr Dasein) durchlaufen (und) durchwandern werden (und schließlich) dem Leid ein Ende bereiten werden.

17 ›Gestorben (sind sie), gestorben (sind sie)‹, so werdet ihr, o Mönche, den Vollendeten fragen (und) den Vollendeten quälen. Dadurch [werdet ihr dem] Vollendeten keine [Freude bereiten. Auch][83] ist (allem) Entstandenen der Tod sicher.

18 Was ist hier(bei denn) erstaunlich? Ob die Vollendeten erscheinen oder nicht erscheinen, diese Regel bleibt bestehen. Nachdem der Vollendete selbst die Elemente für das Bestehen der Lehre durchschaut (und) gründlich erkannt hat, verkündet er sie, erklärt sie, gibt sie aus, erläutert sie im Detail, legt sie offen, macht sie klar, lehrt sie (und) tut sie kund:

19 Nämlich: wenn nun dieses (gegeben) ist, entsteht jenes. Weil dieses erscheint, erscheint jenes. Nämlich: von Unwissenheit *(avidyā)* abhängig sind die Tatabsichten *(saṃskāra)*. (Weiter)[84] bis: (das) ist Entstehen bzw. Aufhebung (dieser Leidensmasse).

20 –

21 Auch das (kurze) Lehrstück namens ›Gesetzesspiegel‹ *(dharmâdarśa)* werde ich lehren. Hört es und überdenkt es wohl und gut. Ich werde sprechen. Welches ist das (kurze) Lehrstück ›Gesetzesspiegel‹? Es[85] ist ausgestattet mit dem auf Verstehen beruhenden Glauben an den Buddha, die Lehre (und) den Orden. Es ist ausgestattet mit den von den Edlen geliebten Regeln der Sittlichkeit. Dies wird das (kurze) Lehrstück ›Gesetzesspiegel‹ ge-

nannt. ›Das (kurze) Lehrstück Gesetzesspiegel‹, was von mir so genannt (wird), das (wird) von euch, o Mönche, (so) genannt.«

10 Āmrapālis Besuch beim Buddha

10a Ermahnung der Mönche

1 Da sprach der Erhabene den ehrwürdigen Ānanda an: »Komm (mit), Ānanda, nach Vaiśālī[86].«
2 »So (sei es), Herr«, stimmte der ehrwürdige Ānanda dem Erhabenen zu.
3 Nun ging der Erhabene im Lande der Vṛjis auf Wanderschaft, erreichte Vaiśālī (und) weilte in Vaiśālī im Wald der Āmrapāli[87].
4 Die Hetäre Āmrapāli hörte: »Gautama, der Erhabene, erreichte Vaiśālī und weilt in Vaiśālī in unserem Mangohain.«
5 Als sie (es) gehört hatte, schmückte sie sich mit all (ihren) Schmuckstücken, ließ sich von einer Schar Frauen begleiten, bestieg einen schönen Wagen, (und) verließ (das Zentrum von) Vaiśālī, um in Gegenwart des Erhabenen den Erhabenen zu sehen (und) um dem Erhabenen aufzuwarten.
6 Als sie mit ihrem Wagen so weit gefahren war, wie es Platz für den Wagen gab, stieg sie vom Wagen ab (und) ging zu Fuß zum Erhabenen.
7 Es sah der Erhabene, der inmitten eines Gefolges von mehreren hundert Mönchen saß, die von ferne kommende Āmrapāli. Und als er sie sah, sprach er die Mönche an:
8 »Verweilt, o Mönche, eifrig, achtsam und voll Bedacht. Die Hetäre Āmrapāli ist hierhergekommen.
9 Und wie ist ein Mönch eifrig *(ātāpin)*?
10 Da[88] erzeugt[89] ein Mönch (in sich) den Wunsch nach

Aufgabe der (bereits) entstandenen sündigen, unheilsamen Faktoren *(dharma)*, er strebt danach, er setzt (seine) Willenskraft in Bewegung, er aktiviert den Geist, er wendet (ihn) an. Er erzeugt (in sich) den Wunsch nach Nichtentstehung der (noch) nicht entstandenen sündigen, unheilsamen Faktoren. (Weiter) wie zuvor. Er erzeugt (in sich) den Wunsch nach Entstehung der (noch) nicht entstandenen heilsamen Faktoren. (Weiter) wie zuvor. Er erzeugt (in sich) den Wunsch nach Bestand, nach Vermehrung, nach Nichtverlust, nach Vollendung, nach Fülle der (bereits) entstandenen heilsamen Faktoren. (Weiter) wie zuvor. Dieser Mönch ist eifrig.

11 Und wie ist ein Mönch achtsam *(saṃprajāna)*?

12 Da ist ein Mönch beim Herbeikommen (und) beim Weggehen achtsam, beim Hinsehen (und) beim Umhersehen, beim Beugen (und) Ausstrecken (des Armes), beim Tragen von Untergewand, Mönchsrobe (und) Almosenschale, beim Gehen, Stehen, Sitzen (und) Liegen, beim Wachsein, beim Sprechen (und) beim Schweigen, beim Schlafen, bei Anstrengung (und) Erholung ist er achtsam. Dieser Mönch ist achtsam.

13 Und wie ist ein Mönch voll Bedacht *(pratismṛta)*?

14 Da verweilt ein Mönch, (während er) am inneren Körper den Körper[90] (mit dem geistigen Auge) betrachtet, eifrig, achtsam (und) aufmerksam, nachdem er Begierden und Kummer die Welt betreffend abgelegt hat. (Während er) am äußeren Körper, am inneren-äußeren Körper, an den inneren Empfindungen, an den äußeren Empfindungen, an den inneren-äußeren Empfindungen, am inneren Geist, am äußeren Geist, am inneren-äußeren Geist, an den inneren Faktoren *(dharma)*, an den äußeren Faktoren, an den inneren-äußeren Faktoren die Faktoren (mit dem geistigen Auge) betrachtet, verweilt er eifrig, achtsam (und) aufmerksam, nachdem er Begierden (und) Kummer die Welt betreffend abgelegt hat[91]. Dieser Mönch ist voll Bedacht.

15 ›Verweilt eifrig, o Mönche, achtsam und voll Bedacht. Die Hetäre Āmrapāli ist hierhergekommen‹, genau so ist von mir erklärt worden.«

10b Belehrung der Hetäre und Einladung an den Buddha

16 Nun ging Āmrapāli zum Erhabenen. (Dorthin) gelangt, verehrte sie die Füße des Erhabenen mit dem Kopf und setzte sich zu einer Seite nieder.
17 Als der Erhabene die an einer Seite sitzende Āmrapāli durch eine Predigt (belehrt), (weiter) wie zuvor bis: entzückt hatte, schwieg er.
18 Nun stand Āmrapāli vom Sitz auf, verbeugte sich gegenüber dem Erhabenen mit zusammengelegten Händen (und) sagte dem Erhabenen dies:
19 »Der Erhabene nehme (bitte) meine (Einladung für) morgen zum Essen mit der Mönchsgemeinde an.«
20 Der Erhabene nahm (die Einladung) durch Schweigen an. Als nun Āmrapāli erkannte, daß der Erhabene durch Schweigen (die Einladung) angenommen hatte, verehrte sie die Füße des Erhabenen mit dem Kopf (und) schritt vom Erhabenen fort.

11 Besuch der Licchavis beim Buddha

11a Die prächtige Anfahrt der Licchavis

1 Die Licchavis von Vaiśālī hörten: »Der Erhabene ging im Land der Vṛjis auf Wanderschaft, erreichte Vaiśālī (und) weilt in Vaiśālī im Hain der Āmrapāli.«
2 [Und] als sie (es) [aber] gehört hatten, bestieg jeder für sich einen schönen Wagen ...[92].
3 Einige hatten blauschwarze Pferde, blauschwarze Wagen, blauschwarze Zügel (und) Lenkstöcke[93],

blauschwarze Turbane, blauschwarze Schirme, Schwerter (und) Scheiden, blauschwarze Wedel mit edelsteinbesetzten Griffen, blauschwarze Kleidung, Schmuck (und) Schminke (und) ein blauschwarz (gekleidetes) Gefolge.

4 Einige hatten gelbe Pferde, gelbe Wagen, gelbe Zügel (und) Lenkstöcke, gelbe Turbane, gelbe Schirme, Schwerter (und) Scheiden, gelbe Wedel mit edelsteinbesetzten Griffen, gelbe Kleidung, Schmuck (und) Schminke (und) ein gelb (gekleidetes) Gefolge.

5 Einige hatten rote Pferde, rote Wagen, rote Zügel (und) Lenkstöcke, rote Turbane, rote Schirme, Schwerter (und) Scheiden, rote Wedel mit edelsteinbesetzten Griffen, rote Kleidung, Schmuck (und) Schminke (und) ein rot (gekleidetes) Gefolge.

6 Einige hatten weiße Pferde, weiße Wagen, weiße Zügel (und) Lenkstöcke, weiße Turbane, weiße Schirme, Schwerter (und) Scheiden, weiße Wedel mit edelsteinbesetzten Griffen, weiße Kleidung, Schmuck (und) Schminke (und) ein weiß (gekleidetes) Gefolge.

7 Laute Töne schreiend (und) kräftige Töne[94] schreiend, verließen sie (das Zentrum von) Vaiśālī (und) fuhren zum Erhabenen, um den Erhabenen zu sehen (und) um dem Erhabenen aufzuwarten.

8 [Da][95] sah der Erhabene die Licchavis von Vaiśālī schon von ferne kommen. Und als er sie aber sah, sprach er die Mönche an:

9 »... Seht die Licchavis von Vaiśālī. Mit dieser Pracht, (die der Pracht der dreiunddreißig Götter gleicht (?)), [mit dieser][96] ....«

10 Als sie mit dem Wagen so weit gefahren waren, wie es Platz für den Wagen gab, stiegen sie vom Wagen ab (und) gingen tatsächlich zu Fuß zum Erhabenen. (Dorthin) gelangt, verehrten sie die Füße des Erhabenen mit dem Kopf (und) setzten sich zu einer Seite nieder.

11 Die an einer Seite sitzenden Licchavis von Vaiśālī be-

lehrte der Erhabene durch eine Predigt, begeisterte, entflammte und entzückte sie.

11 b Paiṅgika-Māṇava preist den Buddha

12 Zu eben jener Zeit saß Paiṅgika-Māṇava[97] unter den Versammelten[98] in dieser Versammlung. Nun stand Paiṅgika-Māṇava vom Sitz auf, warf das Obergewand über eine Schulter, verbeugte sich gegenüber dem Erhabenen mit zusammengelegten Händen (und) sagte dem Erhabenen dies:
13 »Es scheint mir (etwas) auf[99], Erhabener. Es scheint mir (etwas) auf, Wohlgegangener.«
14 »Laß (es) dir aufscheinen, o Paiṅgika«, sagte der Erhabene.
15 Nun sprach Paiṅgika-Māṇava die Gāthā-Strophen:
16 *»[(Zwar)] trägt [der König von Aṅga*[100] *einen edelstein(besetzten) Panzer, (aber) durch den Herrscher*[101] *von] Magadha wurden leicht Gewinne erlangt; [(denn) dem in diesem Land erschienenen Buddha (gebühren) Worte des Ruhmes (gewaltig) wie ein schnee(bedeckter) Berg*[102].] //1//
17 *[Wie der duftende (rote) Lotos Kokanada früh am Morgen] erblühen [kann] mit (seinem) Duft, [(so) sieh den leuchtenden] Aṅgīrasa (= Buddha), [strahlend wie die Sonne im Luftraum*[103]*.]* //2//
18 *[Seht die Kraft der Einsicht der Vollendeten wie ein entzündetes Feuer in der Dunkelheit (der Nacht)!] Sie senden Licht, um die Augen (der Menschen) zu öffnen*[104]*, [(sie), die den Zweifel der Herbeigekommenen beseitigen*[105]*.]«* //3//
19 (Lücke. Etwa so auszufüllen: Uns, den Licchavis, gefielen diese Verse.)
20 ... durch sie (?) (wurden ?) 500 Obergewänder (dem Paiṅgika geschenkt (?)) ....

11 c Ablehnung der Einladung der Licchavis

21 Als nun der Erhabene die Licchavis von Vaiśālī durch eine Predigt belehrt hatte, begeistert, entflammt und entzückt hatte, schwieg er.
22 Nun standen die Licchavis von Vaiśālī vom Sitz auf, warfen das Obergewand über eine Schulter, verbeugten sich gegenüber dem Erhabenen mit zusammengelegten Händen (und) sagten dem Erhabenen dies:
23 »Der Erhabene nehme (bitte) unsere (Einladung für) morgen zum Essen mit der Mönchsgemeinde an.«
24 »Ich bin, meine Herren, zuerst durch Āmrapāli eingeladen worden.«
25 »Herr, durch die Frau Āmrapāli [(ist) unsere (?) Weisheit (übertroffen worden)][106]. Wir aber, Herr, werden den Erhabenen und die Mönchsgemeinde (später) verehren.«
26 »Das ist recht gesprochen, meine Herren«, [(sagte) der Erhabene[107].]
27 Nun nahmen die Licchavis von Vaiśālī das vom Erhabenen Gesprochene freudig an, nahmen es dankbar an, verehrten die Füße des Erhabenen mit dem Kopf (und) schritten vom Erhabenen fort.

12 Āmrapāli bewirtet den Buddha

1 Nun stellte Āmrapāli noch während der Nacht reine, vorzügliche feste (und) weiche Speisen zusammen, stand zeitig (am Morgen) auf, bereitete Sitzgelegenheiten, stellte ein Wassergefäß auf (und) ließ dem Erhabenen durch einen Boten melden, (daß es) Zeit (zum Essen sei):
2 »(Es ist) Zeit, Herr[108], gleich (beginnt) das Essen. Wofür Gautama, der Erhabene, jetzt die Zeit (für gekommen) hält, (das möge er tun).«
3 Nun kleidete sich der Erhabene am Morgen an, nahm

Almosenschale (und) Mönchsgewand (und) ging, umgeben von der Mönchsgemeinde, an der Spitze der Mönchsgemeinde zu dem Ort, an dem das Essen der Hetäre Āmrapāli dargereicht wurde. (Dorthin) gelangt, setzte er sich vor der Mönchgemeinde auf einen (für ihn) bereiteten Sitz nieder.

4 Als nun Āmrapāli erkannte, daß die Mönchsgemeinde mit dem Buddha an der Spitze sich bequem hingesetzt hatte, erquickte (und) bewirtete sie sie mit eigener Hand durch die reinen, vorzüglichen festen und weichen Speisen. Als sie sie mit eigener Hand durch die reinen, vorzüglichen festen und weichen Speisen erquickt (und) bewirtet hatte,

5 erkannte sie, daß der Erhabene das Essen beendet hatte, daß er die Hände gewaschen und die Eßschale beiseite gelegt hatte, ergriff einen besonders niedrigen Sitz (und) setzte sich vor dem Erhabenen nieder, um (seine) Lehre zu hören.

6 Nun stimmte der Erhabene der Gabe der Āmrapāli mit diesen segnenden Worten (in Versform) freudig zu:

7 *»Der Gebende ist beliebt, es verehren ihn die Leute. Er erreicht Lob, (sein) Ruhm wächst. Nicht verwirrt taucht er in die Versammlung (seiner Volksklasse) ein; denn selbstsicher ist (ein solcher) Mann, frei von Selbstsucht. //1//*

8 *Deshalb geben Geschenke die Weisen. Nachdem sie den Makel der Selbstsucht abgelegt haben, suchen sie Glück. Sie bleiben für lange Zeit (im Himmel) der dreißig*[109] *(Gottheiten), das Wesen von Göttern erreicht habend, vergnügen sie sich. //2//*

9 *Die Gelegenheit genutzt habend*[110] *(und) Heilsames getan habend, (sind sie) von hier geschieden. In ihrem eigenen Licht wandeln sie im Nandana-Hain*[111] *einher. Dort spielen sie (und) vergnügen sich auch*[112]*. Erfüllt (sind sie) von den fünf Sinnesgenüssen*[113]*. Nachdem sie das Wort des Ungebundenen, eben dieses (Heiligen)*[114] *hier*[115] *ge-*

hört haben, vergnügen sich im Himmel die Hörer des Wohlgegangenen. //3//
10 Als nun der Erhabene Āmrapāli durch eine Predigt belehrt hatte, sie begeistert, entflammt (und) entzückt hatte, stand er vom Sitz auf (und) schritt fort.

13 Anweisung über das Verbringen der Regenzeit

1 Da sprach der Erhabene den ehrwürdigen Ānanda an:
2 »Komm (mit), Ānanda, nach Veṇugrāmaka.«
3 »So (sei es), Herr«, stimmte der ehrwürdige Ānanda dem Erhabenen zu.
4 Nun ging der Erhabene im Lande der Vṛjis auf Wanderschaft, erreichte Veṇugrāmaka (und) weilte in Veṇugrāmaka im Norden des Dorfes in einem Śiṃśapā-Wald.
5 Zu jener Zeit nun (herrschte) eine Lebensmittelknappheit, Elend, Hungersnot, (und) Almosenspeise war für einen Bettler schwer zu bekommen[116].
6 Da sprach der Erhabene die Mönche an:
7 »Jetzt (herrscht), ihr Mönche, eine Lebensmittelknappheit, Elend, Hungersnot, (und) Almosenspeise ist für einen Bettler schwer zu bekommen[117].
8 Wohlan, ihr Mönche, tretet in die Regenzeit ein bei jemand, der (euch) gleichsam Gefährte, Gesprächspartner (und) Freund ist, in der Umgebung von Vaiśālī in den Dörfern der Vṛjis!
9 Ich selbst werde in eben diesem (Ort) Veṇugrāmaka in die Regenzeit eintreten mit dem Mönch Ānanda als Diener. Ihr sollt doch nicht alle der Speise ermangeln.«
10 »So (sei es), Herr«, stimmten die Mönche dem Erhabenen zu
11 (und) traten in die Regenzeit ein bei jemand, der (ihnen) gleichsam Gefährte, Gesprächspartner (und)

Freund war, in der Umgebung von Vaiśālī in den Dörfern der Vṛjis.

14 Erste Erkrankung des Buddha

14 a Der Buddha überwindet die Krankheit

1 Der Erhabene trat in eben jenem (Dorf) Veṇugrāmaka in die Regenzeit ein mit dem Mönch Ānanda als Diener.
2 Der in die Regenzeit Eingetretene jedoch bekam eine schmerzhafte Krankheit, eine heftige Empfindung, die (ihn) an den Rand des Todes (führte).
3 Nun kam dem Erhabenen dieser (Gedanke):
4 »Ich habe eine schmerzhafte Krankheit bekommen, eine heftige Empfindung, die (mich) an den Rand des Todes (führt). Und die Mönchsgemeinde ist fortgegangen.
5 Es kann mir nicht angemessen sein, daß ich völlig verlösche[118], wenn die Mönchsgemeinde fortgegangen ist. Wie wäre es nun, wenn ich die betreffenden Empfindungen durch Willenskraft[119] zur Ruhe bringe, (wenn ich) durch Nichtbeachtung aller Vorstellungsbilder mit dem Körper[120] eine von Vorstellungsbildern freie Konzentration des Geistes verwirkliche, (in sie) eintrete (und in ihr) verweile.«
6 Nun beruhigte der Erhabene also die betreffenden Empfindungen durch Willenskraft, verwirklichte durch Nichtbeachtung aller Vorstellungsbilder mit dem Körper eine von Vorstellungsbildern freie Konzentration des Geistes, trat (in sie) ein (und) verweilte (in ihr). Dadurch wurde der Vollendete gesünder, und (sein Zustand) war ihm erträglicher.

14b Der Buddha erklärt, die Lehre rückhaltlos verkündet zu haben

7 Nun kehrte der ehrwürdige Ānanda am Abend aus der (meditativen) Abgeschiedenheit zurück (und) ging zum Erhabenen. (Dorthin) gelangt, verehrte er die Füße des Erhabenen mit dem Kopf (und) stellte sich zu einer Seite.
8 Der an einer Seite stehende ehrwürdige Ānanda sagte dem Erhabenen dies:
9 »Mein [Körper], Herr, [war wie vergiftet], (als ich die Schwäche des Erhabenen sah (?))[121] ... [sie unterhielten sich (?)][122], [nachdem (ich)] so diese [heftige Empfindung] des Erhabenen [gesehen hatte (?)][123] ... [Doch dann wurde mir, Herr,] eine gewisse Beruhigung [zuteil][124]: Der Erhabene wird so lange nicht völlig verlöschen, solange der Erhabene (nicht etwas die) Mönchsgemeinde (Betreffendes mitgeteilt hat)[125] ....«
10 (Der Erhabene sprach:) »Wem, Ānanda, dieser (Gedanke) kommen mag: ›Mein ist die Mönchsgemeinde. Ich werde die Mönchsgemeinde schützen.‹ (Sinngemäß zu ergänzen: Wer so denkt, wird der Mönchsgemeinde noch etwas mitteilen wollen.) ....
11 Mir aber kommt, Ānanda, dieser (Gedanke) nicht: ›Mein ist die Mönchsgemeinde. Ich werde die Mönchsgemeinde schützen.‹ (Sinngemäß: Wird der Vollendete unter diesen Umständen noch Anordnungen treffen?) ....
12 (Lücke: (Der Buddha spricht:) Ich habe die Mönche alles gelehrt, was sie wissen müssen, nämlich folgende Lehren:)
13 Als da sind: die vier Erweckungen der Achtsamkeit[126], die vier rechten Anstrengungen[127], die vier Bestandteile der (übernatürlichen) Macht[128], die fünf (geistigen) Fähigkeiten[129], die fünf (geistigen) Kräfte[130], die sieben Erleuchtungsglieder[131] und der edle achtteilige Pfad[132].
14 Nicht gibt es da, Ānanda, bei den Lehren des Vollendeten eine Lehrerfaust, die der Vollendete für verschlie-

ßenswert halten mag[133], (mit dem Gedanken:) ›Mögen andere als ich (dies) nicht wissen!‹

15 Zu einer bestimmten Zeit bekam der Vollendete eine schmerzhafte Krankheit, eine heftige Empfindung, die (ihn) an den Rand des Todes (führte).

16 (Da) kam mir dieser (Gedanke): ›Ich habe eine schmerzhafte Krankheit bekommen, eine heftige Empfindung, die (mich) an den Rand des Todes (führt). Und die Mönchsgemeinde ist fortgegangen.

17 Es kann mir nicht angemessen sein, daß ich völlig verlösche, wenn die Mönchsgemeinde fortgegangen ist. Wie wäre es nun, wenn ich die betreffenden Empfindungen durch Willenskraft zur Ruhe bringe, (wenn ich) durch Nichtbeachtung aller Vorstellungsbilder mit dem Körper[134] eine von Vorstellungsbildern freie Konzentration des Geistes verwirkliche, (in sie) eintrete (und in ihr) verweile.‹

18 Ich selbst beruhigte also die betreffenden Empfindungen durch Willenskraft, verwirklichte durch Nichtbeachtung aller Vorstellungsbilder mit dem Körper eine von Vorstellungsbildern freie Konzentration des Geistes, trat (in sie) ein (und) verweilte (in ihr). Dadurch wurde der Vollendete gesünder, und (sein Zustand) war ihm erträglicher.

19 [Jetzt ist der Körper des Vollendeten alt, betagt (und) greisenhaft], hat das Greisenalter erreicht, befindet sich im Alter von achtzig (Jahren und) wird mit zweifacher Stütze zum Gehen gebracht. Wie ein [vergammelter][135] Karren mit zweifacher Stütze in Gang gesetzt wird, genau so ist [der Körper des Vollendeten alt, betagt, greisenhaft], hat das Greisenalter erreicht, befindet sich im Alter von achtzig (Jahren) (und) wird mit zweifacher Stütze zum Gehen gebracht[136].

20 Deshalb, Ānanda, sei nicht traurig, sei nicht erschöpft, [weine nicht!][137] (Warum wohl (gilt) das?)[138] Weshalb (sollte) es möglich sein, daß etwas Geborenes, Geworde-

nes, Gemachtes, Zusammengesetztes, Gefühltes, etwas In-Abhängigkeit-Entstandenes, etwas, das dem Untergang unterliegt, das dem Vergehen unterliegt, das von Natur aus widersprüchlich ist[139], das der Zerstörung unterliegt, tatsächlich nicht zerstört wird? Diese Möglichkeit kennt man nicht.

21 Schon früher ist, o Mönche, von mir verkündet worden: ›Von allen gewünschten, begehrten, geliebten, angenehmen Dingen wird Geschiedenheit sein, Getrenntheit, Trennung, Loslösung.‹

22 Deshalb, Ānanda, muß man jetzt oder nach meinem Dahinscheiden mit sich selbst als Insel, mit sich selbst als Zuflucht verweilen, mit der Lehre als Insel, mit der Lehre als Zuflucht, mit nichts anderem als Insel, mit nichts anderem als Zuflucht. Das aus welchem Grund?

23 Diejenigen, Ānanda, die jetzt oder nach meinem Dahinscheiden sich selbst eine Insel, sich selbst eine Zuflucht sind, denen die Lehre Insel, die Lehre Zuflucht ist, die nichts anderes als Insel, die nicht anderes als Zuflucht haben, die werden die Ersten sein, nämlich unter meinen Hörern, die Schulung[140] lieben.

24 Und wie ist, Ānanda, ein Mönch sich selbst Insel, sich selbst Zuflucht, (wie hat er) die Lehre als Insel, die Lehre als Zuflucht (und) nichts anderes als Insel, nichts anderes als Zuflucht?

25 Da verweilt ein Mönch, (während er) am inneren Körper den Körper (mit dem geistigen Auge) betrachtet, eifrig, achtsam (und) aufmerksam, nachdem er Begierden (und) Kummer die Welt betreffend abgelegt hat. (Während er) am äußeren Körper, am inneren-äußeren Körper, an den inneren Empfindungen, an den äußeren Empfindungen, an den inneren-äußeren Empfindungen, am inneren Geist, am äußeren Geist, am inneren-äußeren Geist, an den inneren Faktoren *(dharma)*, an den äußeren Faktoren, an den inneren-äußeren Faktoren die Faktoren (mit dem geistigen Auge) betrachtet, verweilt er eifrig,

achtsam (und) aufmerksam, nachdem er Begierden (und) Kummer, die Welt betreffend, abgelegt hat[141].
26 So nämlich ist ein Mönch sich selbst Insel, sich selbst Zuflucht, hat er die Lehre als Insel, die Lehre als Zuflucht (und) nichts anderes als Insel, nichts anderes als Zuflucht.

15 Der Buddha rühmt sich der Fähigkeit zur Lebensverlängerung

1 Da sprach der Erhabene den ehrwürdigen Ānanda an:
2 »Komm (mit), Ānanda, nach Vaiśālī.«
3 »So (sei es), Herr«, stimmte der ehrwürdige Ānanda dem Erhabenen zu.
4 Nun ging der Erhabene im Lande der Vṛjis auf Wanderschaft, erreichte Vaiśālī (und) weilte in Vaiśālī an der (Versammlungshalle) Kūṭâgaraśālā[142] Markkaṭa-hrada-tīra[143].
5 Nun kleidete sich der Erhabene am Morgen an, nahm Almosenschale (und) Mönchsgewand (und) betrat Vaiśālī der Speise wegen in Begleitung des ehrwürdigen Ānanda[144].
6 Als nun der Erhabene der Speise wegen nach Vaiśālī gegangen war, erfüllte er die Tätigkeiten, die mit dem Essen (verbunden sind), (und) kehrte danach zurück, da er die Almosenspeise gegessen hatte.
7 Er legte Almosenschale (und) Mönchsgewand beiseite (und) ging zum Heiligtum Cāpāla. (Dorthin) gelangt, saß er, an irgendeine Baumwurzel gelehnt, zur Tagesruhe.
8 Da sprach der Erhabene den ehrwürdigen Ānanda an:
9 »Lieblich, Ānanda, sind Vaiśālī im Land der Vṛjis, die Heiligtümer Cāpāla, Saptâmraka, Bahupattraka, Gautamanyagrodha, Śālavana, Dhurānikṣepana (und) das Heiligtum Makuṭabandhana der Mallas. Schön (in seiner Vielfalt) ist Jambudvīpa[145]. Süß ist das Leben der Menschen.

10 Jeder[146], durch den die vier Bestandteile der (übernatürlichen) Macht *(ṛddhi-pāda)* (fleißig) geübt, (in der Meditation) entwickelt (und) oft durchgeführt wurden, der kann, wenn er es wünscht, ein Kalpa[147] lang oder den Rest des Kalpa (am Leben) bleiben. Durch den Vollendeten, Ānanda, sind die vier Bestandteile der (übernatürlichen) Macht (fleißig) geübt, (in der Meditation) entwickelt (und) oft durchgeführt worden. Der Vollendete kann, wenn er es wünscht, ein Kalpa lang oder den Rest des Kalpa (am Leben) bleiben.«
11 Der so angesprochene ehrwürdige Ānanda schwieg. Auch zum zweiten und zum dritten Mal sprach der Erhabene den ehrwürdigen Ānanda an:
12 »Lieblich, Ānanda, sind Vaiśālī im Land der Vṛjis, die Heiligtümer Cāpāla, Saptâmraka, Bahupattraka, Gautamanyagrodha, Śālavana, Dhurānikṣepana (und) das Heiligtum Makuṭabandhana der Mallas. Schön (in seiner Vielfalt) ist Jambudvīpa. Süß ist das Leben der Menschen.
13 Jeder, durch den die vier Bestandteile der (übernatürlichen) Macht (fleißig) geübt, (in der Meditation) entwickelt (und) oft durchgeführt wurden, der kann, wenn er es wünscht, ein Kalpa lang oder den Rest des Kalpa (am Leben) bleiben. Durch den Vollendeten, Ānanda, sind die vier Bestandteile der (übernatürlichen) Macht (fleißig) geübt, (in der Meditation) entwickelt (und) oft durchgeführt worden. Der Vollendete kann, wenn er es wünscht, ein Kalpa lang oder den Rest des Kalpa (am Leben) bleiben.«
14 Auch zum zweiten und zum dritten Mal schwieg der ehrwürdige Ānanda.
15 Da kam dem Erhabenen dieser (Gedanke): »O weh, besessen ist der Mönch Ānanda von Māra, dem Bösen[148]. Daß er nun, nachdem genau dreimal ein klarer, deutlicher Wink gegeben wurde, dieses Zeichen nicht verstehen konnte, war, als ob er da besessen wäre von Māra, dem Bösen.«

16 Als er dies erkannte, sprach er den ehrwürdigen Ānanda an:
17 »Geh, Ānanda, (und) verweile an eine Baumwurzel gelehnt. Wir beide werden nicht in Gesellschaft (miteinander) verweilen.«
18 »So (sei es), Herr«, stimmte der ehrwürdige Ānanda dem Erhabenen zu (und) saß, an eine Baumwurzel gelehnt, zur Ruhe während des Tages.

16 Māras Aufforderung zum Eingang in das Parinirvāṇa

1 Der (erwähnte) Māra, der Böse, näherte sich dem Erhabenen. (Dorthin) gelangt, verehrte er die Füße des Erhabenen mit dem Kopf (und) stellte sich zu einer Seite. Der an einer Seite stehende Māra, der Böse, sagte zum Erhabenen dies:
2 »Verlösche völlig[149], Erhabener! Die Zeit des völligen Verlöschens *(parinirvāṇa)* (ist) für den Wohlgegangenen (gekommen).«
3 –
4 »Warum sprichst du, Böser, so: ›Verlösche völlig, Erhabener. Die Zeit des völligen Verlöschens (ist) für den Wohlgegangenen (gekommen)‹?«
5 »Zu einer Zeit[150], Herr, weilte der Erhabene in Uruvilvā[151] am Ufer des Flusses Nairañjanā am Fuße des Bodhi(baumes)[152], gerade zum vollkommen Erleuchteten geworden. Ich selbst näherte mich dem Erhabenen.
6 (Dorthin) gelangt, sagte ich zum Erhabenen so: ›Verlösche völlig, Erhabener. Die Zeit des völligen Verlöschens (ist) für den Wohlgegangenen (gekommen).‹
7 Der Erhabene sprach so:
8 ›Ich werde, o Böser, so lange nicht völlig verlöschen, solange meine Hörer nicht gelehrt, klug (und) weise sein

werden, (bis sie) in der Lage (sind), die wieder und wieder erscheinenden Vertreter fremder Lehren durch die (wahre) Lehre zurückzuhalten, (bis sie) in der Lage (sind), als Mönche, Nonnen, Laienanhänger und Laienanhängerinnen die eigene Lehre vollkommen rein zu erhalten. Und (ich werde so lange nicht verlöschen, bis sie) in ausgedehntem Umfang meine (Art des) heiligen Wandels begehen werden, (die) von vielen Leuten (befolgt wird), (die) allgemein (verbreitet sein wird), so daß sie von Göttern (und) Menschen in rechter Weise verkündet (werden wird).‹

9 Jetzt sind, Herr, die Hörer des Erhabenen gelehrt, klug (und) weise. Sie sind in der Lage, die wieder und wieder erscheinenden Vertreter fremder Lehren durch die (wahre) Lehre zurückzuhalten (und) als Mönche, Nonnen, Laienanhänger und Laienanhängerinnen die eigene Lehre vollkommen rein zu erhalten. Und deine (Art des) heiligen Wandels (wird) in ausgedehntem Umfang von vielen Leuten (befolgt), (ist) allgemein (bekannt geworden), so daß sie von Göttern (und) Menschen in rechter Weise verkündet wird.

10 Deshalb sage ich so: ›Verlösche völlig, Erhabener. Die Zeit des völligen Verlöschens (ist) für den Wohlgegangenen (gekommen).‹«

11 »Sei unbesorgt, Böser. Bald[153], nach Ablauf von drei Monaten, wird das völlige Verlöschen des Vollendeten im Bereich des restlosen[154] Nirvāṇa sein.«

12 Da kam Māra, dem Bösen, dieser (Gedanke): »Völlig verlöschen wird der Asket Gautama.« Als er dies erkannte, verschwand er vergnügt, befriedigt, hochgestimmt, voller Freude (und) Frohsinn von dort.

13 Da kam dem Erhabenen dieser (Gedanke): »Wie wäre es nun, wenn ich eine solche Hervorbringung (magischer) Kraft herausbilde, daß ich mit konzentriertem Geist die Triebkräfte *(saṃskāra)* des Lebens unter Kontrolle halte, die Triebkräfte des langen Lebens (aber) aufgebe.«

14 Nun bildete der Erhabene eine solche Hervorbringung (magischer) Kraft heraus, daß er mit konzentriertem Geist die Triebkräfte des Lebens unter Kontrolle hielt, die Triebkräfte des langen Lebens (aber) aufgab. Unmittelbar nachdem er die Triebkräfte des langen Lebens aufgegeben hatte, gab es zu jener Zeit in heftiger Weise ein großes Erdbeben, Flüge von Meteoren, Glühen der Himmelsrichtungen, (und) im Luftraum erschollen Göttertrommeln (Donner).
15 Nun kehrte der Erhabene aus dieser (meditativen) Versenkung zurück (und) sprach bei dieser Gelegenheit (folgende) Gāthā-Strophe:
»Eine vergleichbare oder eine unvergleichbare (Wieder)geburt, die in sich die Triebkräfte zum Werden trägt, hat der Weise (muni) *(völlig) aufgegeben. Denn in sich selbst beglückt, zerbrach der (in Meditation) Versunkene die Schale wie ein Eigeborener (Vogel).«*

17 Der Buddha über die acht Ursachen von Erdbeben

1 Nun ging der ehrwürdige Ānanda zum Erhabenen. (Dorthin) gelangt, verehrte er die Füße des Erhabenen mit dem Kopf (und) stellte sich zu einer Seite. Der an einer Seite stehende ehrwürdige Ānanda sagte zum Erhabenen dies:
2 »Was, Herr, war der Grund, was war die Ursache, durch die es jetzt ein großes Erdbeben gab (sowie) Flüge von Meteoren (und) Glühen der Himmelsrichtungen (und durch die) im Luftraum Göttertrommeln (Donner) erschollen?«
3 »Acht Gründe gibt es, acht Ursachen für ein großes Erdbeben. Welche acht?
4 Diese große Erde ruht auf dem Wasser. Das Wasser

ruht auf dem Wind, der Wind ruht auf dem Luftraum. Es gibt, Ānanda, eine Zeit, zu der im Luftraum ungleichmäßige Winde wehen und das Wasser aufwühlen. Die aufgewühlten Wasser erschüttern die Erde.
5 Dies ist der erste Grund, die erste Ursache für ein großes Erdbeben.
6 Weiterhin wiederum gibt es einen Mönch von großer (übernatürlicher) Kraft, von großer Macht. Er erzeugt das Bewußtsein von einer begrenzten Erde[155] (und) das Bewußtsein von unermeßlichem Wasser. Er erschüttert, wenn er es wünscht, die Erde.
7 Es gibt eine Nonne oder eine Gottheit von großer (übernatürlicher) Kraft, von großer Macht. Sie erzeugt das Bewußtsein von einer begrenzten Erde (und) das Bewußtsein von unermeßlichem Wasser. Sie erschüttert, wenn sie es wünscht, die Erde.
8 Dies ist der zweite Grund, die zweite Ursache für ein großes Erdbeben.
9 Weiterhin wiederum:[156] Zu der Zeit, zu der ein Bodhisattva aus der Tuṣita-Götterversammlung herabsteigt (und) in den Schoß einer Mutter eingeht, zu der Zeit gibt es einerseits in heftiger Weise ein großes Erdbeben, andererseits wird diese ganze Welt durch einen erhabenen Glanz durchdrungen.
10 Auch die Weltzwischenräume der Welt, die sehr dunkel (und voller) Dunkelheit (und) Finsternis sind, wo Sonne und Mond – von so großer (übernatürlicher) Kraft, von (so) großer Macht (sie auch sind) – durch ihr Licht kein Licht hervorbringen, auch diese (Weltzwischenräume) werden zu jener Zeit von einem erhabenen Glanz durchdrungen.
11 Die Wesen, die dort wiedergeboren sind, sehen bei diesem Licht die jeweils anderen Wesen (und) erkennen: ›Auch andere Wesen, ihr Herren, sind hier wiedergeboren. Auch andere Wesen, ihr Herren, sind hier wiedergeboren.‹

12 Dies ist der dritte Grund, die dritte Ursache für ein großes Erdbeben.
13 Weiterhin wiederum:[157] Zu der Zeit, zu der ein Bodhisattva den Schoß der Mutter verläßt, zu der Zeit gibt es in heftiger Weise einerseits ein großes Erdbeben. (Weiter) wie zuvor bis: ›Auch andere Wesen, ihr Herren, sind hier wiedergeboren.‹
14 Dies ist der vierte Grund, die vierte Ursache für ein großes Erdbeben.
15 Weiterhin wiederum: Zu der Zeit, zu der ein Bodhisattva zu allerhöchster vollkommener Erleuchtung gelangt[158], zu der Zeit gibt es in heftiger Weise einerseits ein großes Erdbeben. (Weiter) wie zuvor.
16 Dies ist der fünfte Grund, die fünfte Ursache für ein großes Erdbeben.
17 Weiterhin wiederum, Ānanda: Zu der Zeit, zu der ein Vollendeter das religiöse Rad der Lehre mit seinen drei Umdrehungen und zwölf Gestalten[159] in Gang setzt, zu der Zeit gibt es in heftiger Weise einerseits ein großes Erdbeben. (Weiter) wie zuvor.
18 Dies ist der sechste Grund, die sechste Ursache für ein großes Erdbeben.
19 Weiterhin wiederum: Zu der Zeit, zu der der Vollendete die Triebkräfte des Lebens unter Kontrolle hält, die Triebkräfte des langen Lebens (aber) aufgibt, zu der Zeit gibt es in heftiger Weise ein großes Erdbeben, Flüge von Meteoren, Glühen der Himmelsrichtungen (und) im Luftraum erschallen Göttertrommeln (Donner).
20 Dies ist der siebte Grund, die siebte Ursache für ein großes Erdbeben.
21 Weiterhin wiederum[160]: wird bald das völlige Verlöschen des Vollendeten im Bereich des restlosen Nirvāṇa sein. Zu der Zeit gibt es in heftiger Weise ein großes Erdbeben, Flüge von Meteoren, Glühen der Himmelsrichtungen (und) im Luftraum erschallen Göttertrommeln.

22 Dies ist der achte Grund, die achte Ursache für ein großes Erdbeben.

18 Gespräch mit Ānanda über das baldige Verlöschen

18a Ānanda erfährt vom bevorstehenden Verlöschen

1 Nun sagte der ehrwürdige Ānanda zum Erhabenen dies:
2 »Wie ich, Herr, den Sinn des vom Erhabenen Gesprochenen verstehe, werden durch den Erhabenen jetzt die Triebkräfte des Lebens unter Kontrolle gehalten, die Triebkräfte des langen Lebens wurden (aber) aufgegeben.«
3 »So ist es, Ānanda, so ist es, Ānanda. Jetzt werden, Ānanda, vom Vollendeten die Triebkräfte des Lebens unter Kontrolle gehalten, die Triebkräfte des langen Lebens wurden aufgegeben.«

18b Der Buddha weigert sich, sein Leben zu verlängern

4 »Von Angesicht zu Angesicht, Herr, habe ich vom Erhabenen gehört, von Angesicht zu Angesicht (habe ich in das Bewußtsein) aufgenommen (und eingeprägt): Jeder, durch den die vier Bestandteile der (übernatürlichen) Macht *(ṛddhi-pāda)* (fleißig) geübt, (in der Meditation) entfaltet (und) oft durchgeführt wurden, der kann, wenn er es wünscht, ein Kalpa lang oder den Rest des Kalpa (am Leben) bleiben.
5 Durch den Erhabenen, Herr, sind die vier Bestandteile

der (übernatürlichen) Macht (fleißig) geübt, (in der Meditation) entfaltet (und) oft durchgeführt worden. Der Vollendete kann, wenn er es wünscht, ein Kalpa lang oder den Rest des Kalpa (am Leben) bleiben.
6 Der Erhabene soll ein Kalpa lang (am Leben) bleiben. Der Wohlgegangene soll den Rest des Kalpa (am Leben) bleiben.«
7 »Du hast, Ānanda, eine Verfehlung (begangen), du hast schlecht gehandelt; (denn) du konntest, obwohl der Vollendete genau dreimal einen klaren, deutlichen Wink gezeigt hat, dieses Zeichen nicht verstehen, als ob du da besessen wärest von Māra, dem Bösen.
8 Meinst du, Ānanda, der Vollendete spreche eine Rede, die ein zweifaches Ergebnis hat?« »Nein, Herr.«
9 »Gut, gut, Ānanda. Es ist unmöglich, daß der Vollendete eine Rede spricht, die ein zweifaches Ergebnis hat.

19 Der Buddha ermahnt zur Beachtung der Leitbegriffe seiner Lehre

1 Gehe, Ānanda, und so viele Mönche in der Nähe des Heiligtums Cāpāla weilen, sie alle rufe in der Versammlungshalle zusammen.«
2 »So (sei es), Herr«, stimmte der ehrwürdige Ānanda dem Erhabenen zu, rief alle Mönche, die in der Nähe des Heiligtums Cāpāla weilten, in der Versammlungshalle zusammen (und) ging zum Erhabenen. (Dorthin) gelangt, verehrte er die Füße des Erhabenen mit dem Kopf (und) stellte sich zu einer Seite.
3 Der an einer Seite stehende ehrwürdige Ānanda sagte zum Erhabenen dies:
4 »Alle Mönche, Herr, die in der Nähe des Heiligtums Cāpāla weilen, sitzen in der Versammlungshalle versam-

melt. Wofür jetzt der Erhabene die Zeit (für gekommen) hält, (das möge er tun).«

5 Nun ging der Erhabene zur Versammlungshalle. (Dorthin) gelangt, setzte er sich vor der Mönchsgemeinde auf einen (für ihn) bereiteten Sitz nieder. Nachdem er sich niedergesetzt hatte, sprach der Erhabene die Mönche an:

6 »So vergänglich[161], Mönche, sind alle Gestaltungen, so unbeständig, so unverläßlich; so der Veränderung (zum Schlechteren) unterworfen sind alle Gestaltungen, daß es doch genug ist, um vor allen Gestaltungen Abneigung zu empfinden, genug, um (ihnen gegenüber) gleichgültig zu werden, genug, um sich (davon) zu befreien.

7 Deshalb, Mönche, müssen jetzt durch die Mönche die Lehren, die zum Heil der sichtbaren Welt[162] führen, (die) zum Glück der sichtbaren Welt, zum Heil einer zukünftigen Existenz, zum Glück einer zukünftigen Existenz (führen), (ins Bewußtsein) aufgenommen, (eingeprägt und) erkannt werden. Sie müssen jeweils so (im Bewußtsein) gehalten, begriffen (und) verkündet werden, daß diese (Art des) heiligen Wandels lange (an)dauern kann. Dies wird zum Heil für viele Menschen sein, zum Glück für viele Menschen, zum Erbarmen mit der Welt, zum Wohl, Heil (und) Glück der Götter und Menschen.

8 Welche sind die Lehren, die zum Heil der sichtbaren Welt führen, zum Glück der sichtbaren Welt, zum Heil einer zukünftigen Existenz, zum Glück einer zukünftigen Existenz, die durch die Mönche (ins Bewußtsein) aufgenommen (und eingeprägt) werden müssen, (weiter) wie zuvor bis: (zum Glück) der Götter und Menschen?

9 Diese[163] sind: die vier Erweckungen der Achtsamkeit *(smṛty-upasthāna)*, die vier rechten Anstrengungen *(samyak-prahāna)*, die vier Bestandteile der (übernatürlichen) Macht *(ṛddhi-pāda)*, die fünf (geistigen) Fähigkeiten *(indriya)*, die fünf (geistigen) Kräfte *(bala)*, die sieben Erleuchtungsglieder *(bodhy-aṅga)* und der edle achtteilige Pfad *(āryâṣṭāṅga mārga)*.

10 Diese sind die Lehren, die zum Heil der sichtbaren Welt führen. (Weiter) wie zuvor bis: (zum Glück) der Götter und Menschen.«

20 Buddhas Abschiedsblick auf Vaiśālī

1 Da[164] sprach der Erhabene den ehrwürdigen Ānanda an:
2 »Komm (mit), Ānanda, nach Kuṣṭhagrāmaka.«
3 »So (sei es), Herr«, stimmte der ehrwürdige Ānanda dem Erhabenen zu.
4 Als der Erhabene an Vaiśālī vorbeiging, blickte er, den ganzen Körper nach rechts (gewendet), mit dem Blick eines großen Elefanten *(nāga)* (auf die Stadt) herab.
5 Der ehrwürdige Ānanda sah den Erhabenen, den ganzen Körper nach rechts (gewendet), mit dem Blick eines großen Elefanten (auf die Stadt) herabblicken. Als er (es) aber sah, sagte er zum Erhabenen dies:
6 »Nicht ohne Grund, ohne Ursache, Herr, blicken Vollendete, Heilige, vollkommen Erleuchtete mit dem Blick eines großen Elefanten herab. Welches, Herr, ist der Grund, welches ist die Ursache für den Blick eines großen Elefanten?«
7 »So ist es, Ānanda, so ist es, Ānanda. Nicht ohne Grund, ohne Ursache blicken Vollendete, Heilige, vollkommen Erleuchtete, den ganzen Körper nach rechts (gewendet), mit dem Blick eines großen Elefanten herab.
8 Dies ist, Ānanda, der letzte Blick des Vollendeten auf Vaiśālī. Nicht mehr wird der vollkommen Erleuchtete hierher nach Vaiśālī kommen. Er wird zum völligen Verlöschen in das Land[165] der Mallas zum Wald der Śāla-Zwillingsbäume[166] (Yamakaśālavana) gehen.«
9 Nun sprach ein gewisser Mönch bei dieser Gelegenheit die Gāthā-Strophe:
10 »*Dies ist, o Retter* (nātha), *dein allerletzter Blick auf*

Vaiśālī. Nicht mehr wird der Wohlgegangene, der Buddha, nach Vaiśālī kommen. Zum Nirvāṇa ist dieser aufgebrochen ins Land der Mallas.«

21 Predigten an die Mönche auf dem Weg von Vaiśālī nach Bhoganagaraka

21 a Predigt im ersten Dorf

1 Nun ging der Erhabene im Lande der Vṛjis auf Wanderschaft, erreichte Kuṣṭhagrāmaka (und) weilte in Kuṣṭhagrāmaka im Norden des Dorfes in einem Śiṃśapā-Wald.
2 Da sprach der Erhabene die Mönche an:
3 »So, Mönche, sind diese Regeln der Sittlichkeit *(śīla)*, (so) ist diese (meditative) Versenkung *(samādhi)*, (so) ist diese Einsicht *(prajñā)*[167]. Die von Sittlichkeit ganz durchdrungene (meditative) Versenkung dauert lange an. Der von Einsicht ganz durchdrungene Geist *(citta)* wird in rechter Weise befreit von Leidenschaft *(rāga)*, Haß *(dveṣa)* und Verblendung *(moha)*.
4 So erkennt der edle Hörer, dessen Geist richtig (und) gut befreit ist, in rechter Weise:
5 ›Vernichtet ist meine (Wieder)geburt, verbracht ist (die Zeit des) heiligen Wandels, getan ist das zu Tuende, kein weiteres Werden als dieses erkenne ich.‹«

21 b Schema-Predigten in weiteren Dörfern

6 Wie (in) Kuṣṭhagrāmaka so (predigte er in) Gaṇḍagrāmaka, Droṇagrāmaka[168], Śūrpagrāmaka, Āmragrāmaka, Jambugrāmaka, Hastigrāmaka[169].
7 Von Vṛjigrāmaka (und) von Mallagrāmaka aus erreichte er Bhoganagaraka. In Bhoganagaraka weilte er im Norden des Ortes in einem Śiṃśapā-Wald.

8 Da sprach der Erhabene die Mönche an:
9 »So, Mönche, sind diese Regeln der Sittlichkeit. (Weiter) wie zuvor bis: ›Kein weiteres Werden als dieses erkenne ich.‹«

22 Der Buddha über die drei Ursachen von Erdbeben

1 Zu eben jener Zeit gab es ein großes Erdbeben[170], Flüge von Meteoren, Glühen der Himmelsrichtungen, (und) im Luftraum erschollen Göttertrommeln (Donner).
2 Nun kehrte der ehrwürdige Ānanda am Abend aus der (meditativen) Abgeschiedenheit zurück (und) ging zum Erhabenen. (Dorthin) gelangt, verehrte er die Füße des Erhabenen mit dem Kopf (und) stellte sich zu einer Seite.
3 Der an einer Seite stehende ehrwürdige Ānanda sagte zum Erhabenen dies:
4 »Was, Herr, war der Grund, was war die Ursache, durch die es jetzt ein großes Erdbeben gab (sowie) Flüge von Meteoren (und) Glühen der Himmelsrichtungen (und durch die) im Luftraum die Göttertrommeln (Donner) erschollen?«
5 »Drei Gründe, Ānanda, gibt es, drei Ursachen für ein großes Erdbeben.
6 Welche drei?
7 Diese große Erde ruht auf dem Wasser. (Weiter) wie zuvor[171] bis: erschüttern (die Erde).
8 Dies ist der erste Grund, die erste Ursache für ein großes Erdbeben.
9 Weiterhin wiederum gibt es einen Mönch von großer (übernatürlicher) Kraft. (Weiter) wie zuvor[172] bis: erschüttert (die Erde).
10 –

11 Dies ist der zweite Grund, die zweite Ursache für ein großes Erdbeben.
12 Weiterhin wiederum wird bald das völlige Verlöschen des Vollendeten im Bereich des restlosen Nirvāṇa sein. Zu der Zeit gibt es in heftiger Weise ein großes Erdbeben, Flüge von Meteoren, Glühen der Himmelsrichtungen (und) im Luftraum erschallen Göttertrommeln.
13 Dies ist der dritte Grund, die dritte Ursache für ein großes Erdbeben.«

23 Der Buddha rühmt seine Anpassungsfähigkeit an seine Hörer

1 Nun sagte der ehrwürdige Ānanda zum Erhabenen dies:
2 »Mit erstaunlichen (und) wunderbaren Eigenschaften begabt sind die Vollendeten, die Heiligen, die vollkommen Erleuchteten, so daß bald das völlige Verlöschen des Vollendeten im Bereich des restlosen Nirvāṇa sein wird. Zu jener Zeit gibt es auch in heftiger Weise ein großes Erdbeben, Flüge von Meteoren, Glühen der Himmelsrichtungen, (und) im Luftraum erschallen Göttertrommeln.«
3 »So ist es, Ānanda. So ist es, Ānanda. Mit erstaunlichen (und) wunderbaren Eigenschaften begabt sind die Vollendeten, die Heiligen, die vollkommen Erleuchteten.
4 Ich erinnere mich nun wieder, daß ich eine Versammlung von mehreren hundert Kṣatriyas (persönlich) aufsuchte. Und als ich (zu ihnen) gegangen war, waren wie deren Höhe (und) Umfang meine Höhe (und) Umfang. Wie deren Vortrefflichkeit der Schönheit war, so war meine Vortrefflichkeit der Schönheit. Wie deren Färbung der Stimme war, so war meine Färbung der Stimme.
5 Welche Angelegenheit sie besprachen, die Angelegenheit besprach auch ich. Welche Angelegenheit sie nicht

besprachen, die Angelegenheit besprach auch ich (nicht)[173]. Weiterhin belehrte ich sie durch eine Predigt, begeisterte, entflammte (und) entzückte sie und verschwand von dort. Als ich verschwunden war, wußten sie nicht: Wer war dieser Verschwundene, ein Gott oder ein Mensch?

6 (Ich erinnere mich, daß ich) ebenso eine Versammlung von Brahmanen (persönlich) aufsuchte, eine Versammlung von Haushältern, eine Versammlung von Asketen, die vier Himmelskönige *(cāturmahārājika)*, die dreiunddreißig Götter *(trāyatriṃśa)*, die Yāma-Götter[174], die Tuṣita-Götter[175], die Götter, die sich magischer Schöpfungen erfreuen *(nirmāṇarati)*, die Götter, die Macht über die Schöpfungen anderer haben *(paranirmitavaśavartin)*[176], die Götter aus der Gruppe Brahmās *(brahmakāyika)*, die Götter aus dem Gefolge Brahmās *(brahmapāriṣadya)*, die Götter, die Priester Brahmās sind *(brahmapurohita)*, die großen Brahmās *(mahābrahman)*, die Götter mit begrenztem Glanz *(parīttâbha)*, die Götter mit unermeßlichem Glanz *(apramāṇâbha)*, die scheinenden Götter *(ābhāsvara)*, die Götter von begrenzter Schönheit *(parīttaśubha)*, die Götter von unermeßlicher Schönheit *(apramāṇaśubha)*, die Götter, die ganz von Schönheit sind *(śubhakṛtsna)*, die wolkenlosen Götter *(anabhraka)*, die aus Verdienst geborenen Götter *(puṇyaprasava)*, die Götter mit großen (Tat)früchten *(bṛhatphala)*, die nicht-großen (?) Götter *(abṛha)*, die nicht-heißen (?) Götter *(atapa)*[177], die gutaussehenden Götter *(sudṛśa)*, die gut anzusehenden Götter *(sudarśana)* (und) die Götter, unter denen es keinen jüngsten gibt *(akaniṣṭha)*[178].

7 Und als ich (zu ihnen) gegangen war, waren wie deren Höhe (und) Umfang (meine Höhe (und) Umfang.) (Weiter) wie zuvor bis: ein Gott oder ein Mensch?

8 So sind die Vollendeten, die Heiligen, die vollkommen Erleuchteten mit erstaunlichen (und) wunderbaren Eigenschaften begabt.«

24 Der buddhistische Kanon allein ist maßgeblich

1 Da sprach der Erhabene den ehrwürdigen Ānanda an:
2 »Deshalb, Ānanda[179], müssen die Mönche dann die Lehrtexte als Stützpunkt nehmen, nicht (Einzel)personen als Stützpunkt.
3 Wie ist ein Mönch, der die Lehrtexte als Stützpunkt hat, der nicht (Einzel)personen als Stützpunkt hat?
4 Da mag, Ānanda, ein Mönch kommen. Er mag so sprechen:
5 ›Von mir ist vom Erhabenen von Angesicht zu Angesicht gehört worden, von Angesicht zu Angesicht (ins Bewußtsein) aufgenommen (und eingeprägt) worden: Dies ist die Lehre *(dharma)*, dies ist die Mönchsregel *(vinaya)*, dies ist die Unterweisung *(śāsana)* des Lehrers.‹
6 Diese seine (Rede), o Mönche, soll nicht ermutigt (und) nicht getadelt werden. Nachdem man sie weder ermutigt noch getadelt hat, soll man (genau) hinhören, sich die ganzen Sätze (und) die einzelnen Laute einprägen, (sie) mit dem Sūtra[180] vergleichen (und) im Vinaya[181] nachprüfen. Wenn das[182], was mit dem Sūtra verglichen wird, (und) das, was im Vinaya nachgeprüft wird, mit dem Sūtra nicht übereinstimmt (bzw.) mit dem Vinaya nicht zusammenpaßt und (wenn) es dem Lehrsystem widerspricht, (dann) soll man so zu ihm sprechen:
7 ›Gewiß, Ehrwürdiger, sind diese Lehren nicht vom Erhabenen gesprochen oder diese Lehren sind vom Ehrwürdigen schlecht aufgefaßt worden. So stimmen diese Lehren, die mit dem Sūtra verglichen wurden, nicht mit dem Sūtra überein, (bzw.) passen (die Lehren), die im Vinaya nachgeprüft wurden, nicht mit dem Vinaya zusammen, und sie widersprechen dem Lehrsystem.
8 Dies ist nicht die Lehre, dies ist nicht die Mönchsregel, dies ist nicht die Unterweisung des Lehrers. Nachdem

man dies erkannt hat, sind (die betreffenden Lehrsätze) aufzugeben.‹

9 Weiterhin wiederum, Ānanda, mag ein Mönch kommen. Er mag so sprechen:

10 ›In jenem Kloster wohnt eine große Mönchsgemeinde mit Ordensälteren (und) mit Anführern.

11 Von mir ist von dieser großen Mönchsgemeinde von Angesicht zu Angesicht gehört worden, (von mir) ist von Angesicht zu Angesicht (ins Bewußtsein) aufgenommen (und eingeprägt) worden: Dies ist die Lehre, dies ist die Mönchsregel, dies ist die Unterweisung des Lehrers.‹

12 Diese seine (Rede), o Mönche, soll nicht ermutigt (und) nicht getadelt werden. Nachdem man (sie) weder ermutigt noch getadelt hat, soll man (genau) hinhören, sich die ganzen Sätze (und) die einzelnen Laute einprägen, (sie) mit dem Sūtra vergleichen (und) im Vinaya nachprüfen. Wenn das, was mit dem Sūtra verglichen wird, (und) das, was im Vinaya nachgeprüft wird, mit dem Sūtra nicht übereinstimmt (bzw.) mit dem Vinaya nicht zusammenpaßt und (wenn) es dem Lehrsystem widerspricht, (dann) soll man so zu ihm sprechen:

13 ›Gewiß, Ehrwürdiger, ist von dieser großen Mönchsgemeinde, in dem Bewußtsein, (es entspreche) der Lehre (bzw.) der Mönchsregel, (etwas) gesprochen worden, das nicht der Lehre (und) nicht der Mönchsregel (entspricht), oder vom Ehrwürdigen sind die Lehren schlecht aufgefaßt worden. So stimmen diese Lehren, die mit dem Sūtra verglichen wurden, nicht mit dem Sūtra überein, (bzw.) passen (die Lehren), die im Vinaya nachgeprüft wurden, nicht mit dem Vinaya zusammen, und sie widersprechen dem Lehrsystem.

14 Dies ist nicht die Lehre, dies ist nicht die Mönchsregel, dies ist nicht die Unterweisung des Lehrers. Nachdem man dies erkannt hat, sind (die betreffenden Lehrsätze) aufzugeben.‹

15 Weiterhin wiederum, Ānanda, mag ein Mönch kommen. Er mag so sprechen:
16 ›In jenem Kloster wohnen viele Mönche, die Meister im Sūtra, im Vinaya (und) in den Mātṛkā-Versen[183] sind.
17 Von mir ist von diesen vielen Mönchen von Angesicht zu Angesicht gehört, von Angesicht zu Angesicht (ins Bewußtsein) aufgenommen (und eingeprägt) worden: Dies ist die Lehre, dies ist die Mönchsregel, dies ist die Unterweisung des Lehrers.‹
18 Diese seine (Rede), o Mönche, soll nicht ermutigt werden. (Weiter) wie zuvor bis: (dann) soll man zu ihm so sprechen:
19 ›Gewiß, Ehrwürdiger, ist von diesen Mönchen in dem Bewußtsein, (es entspreche) der Lehre (bzw.) der Mönchsregel, (etwas) gesprochen, das nicht der Lehre (und) nicht der Mönchsregel (entspricht). (Weiter) wie zuvor
20 bis: Nachdem man dies erkannt hat, sind (die betreffenden Lehrsätze) aufzugeben.‹
21 Weiterhin wiederum, Ānanda, mag ein Mönch kommen. Er mag so sprechen:
22 ›In jenem Kloster wohnt ein Mönch, ein Ordensälterer *(sthavira)*, ….
23 Von mir ist von diesem Mönch von Angesicht zu Angesicht gehört, von Angesicht zu Angesicht (ins Bewußtsein) aufgenommen (und eingeprägt) worden: Dies ist die Lehre, dies ist die Mönchsregel, dies ist die Unterweisung des Lehrers.‹
24 Diese seine (Rede), o Mönche, soll nicht ermutigt werden. (Weiter) wie zuvor bis: (dann) soll man so zu ihm sprechen:
25 ›Gewiß, Ehrwürdiger, ist von diesem Mönch in dem Bewußtsein, (es entspreche) der Lehre (bzw.) der Mönchsregel, (etwas) gesprochen worden, das nicht der Lehre (und) nicht der Mönchsregel entspricht. (Weiter) wie zuvor

26 bis: Nachdem man dies erkannt hat, sind (die betreffenden Lehrsätze) aufzugeben.‹
27 Weiterhin wiederum, Ānanda, mag ein Mönch kommen. Er mag so sprechen:
28 ›Von mir ist vom Erhabenen von Angesicht zu Angesicht gehört, von Angesicht zu Angesicht (ins Bewußtsein) aufgenommen (und eingeprägt) worden: Dies ist die Lehre, dies ist die Mönchsregel, dies ist die Unterweisung des Lehrers.‹
29 Diese seine (Rede), o Mönche, soll nicht ermutigt (und) nicht getadelt werden. Nachdem man (sie) weder ermutigt noch getadelt hat, soll man (genau) hinhören, sich die ganzen Sätze (und) die einzelnen Laute einprägen, (sie) mit dem Sūtra vergleichen (und) im Vinaya nachprüfen. Wenn das, was mit dem Sūtra verglichen wird, (und) das, was im Vinaya nachgeprüft wird, mit dem Sūtra übereinstimmt (bzw.) mit dem Vinaya zusammenpaßt und (wenn) es dem Lehrsystem nicht widerspricht, (dann) soll man so zu ihm sprechen:
30 ›Gewiß, Ehrwürdiger, sind diese Lehren vom Erhabenen gesprochen, und vom Ehrwürdigen sind diese Lehren gut aufgefaßt worden. So stimmen diese Lehren, die mit dem Sūtra verglichen wurden, mit dem Sūtra überein, (bzw.) passen (die Lehren), die im Vinaya nachgeprüft wurden, mit dem Vinaya zusammen, und sie widersprechen nicht der Lehre.
31 Dies ist die Lehre, dies ist die Mönchsregel, dies ist die Unterweisung des Lehrers. Nachdem man dies erkannt hat, sind (die betreffenden Lehrsätze im Gedächtnis) festzuhalten.‹
32 Weiterhin wiederum, Ānanda, mag ein Mönch kommen. Er mag so sprechen:
33 ›In jenem Kloster wohnt eine große Mönchsgemeinde mit Ordensälteren (und) mit Anführern.
34 Von mir ist von dieser großen Mönchsgemeinde von Angesicht zu Angesicht gehört, von Angesicht zu Ange-

sicht (ins Bewußtsein) aufgenommen (und eingeprägt) worden: Dies ist die Lehre, dies ist die Mönchsregel, dies ist die Unterweisung des Lehrers.‹

35 Diese seine (Rede), o Mönche, soll nicht ermutigt werden. (Weiter) wie zuvor bis: (dann) soll man so zu ihm sprechen:

36 ›Gewiß, Ehrwürdiger, ist von dieser großen Mönchsgemeinde in dem Bewußtsein, (es entspreche) der Lehre (bzw.) der Mönchsregel, in diesem Fall (etwas) gesprochen worden, das der Lehre und der Mönchsregel (entspricht). Und vom Ehrwürdigen sind diese Lehren gut aufgefaßt worden. So stimmen diese Lehren, die mit dem Sūtra verglichen wurden, mit dem Sūtra überein, (bzw.) passen (die Lehren), die im Vinaya nachgeprüft wurden, mit dem Vinaya zusammen, und sie widersprechen nicht dem Lehrsystem.

37 Dies ist die Lehre, dies ist die Mönchsregel, dies ist die Unterweisung des Lehrers. Nachdem man dies erkannt hat, sind (die betreffenden Lehrsätze im Gedächtnis) festzuhalten.‹

38 Weiterhin wiederum, Ānanda, mag ein Mönch kommen. Er mag so sprechen:

39 ›In jenem Kloster wohnen viele Mönche, die Meister im Sūtra, im Vinaya (und) in den Mātṛkā-Versen[184] sind.

40 Von mir ist von diesen vielen Mönchen von Angesicht zu Angesicht gehört, von Angesicht zu Angesicht (ins Bewußtsein) aufgenommen (und eingeprägt) worden: Dies ist die Lehre, dies ist die Mönchsregel, dies ist die Unterweisung des Lehrers.‹

41 Diese seine (Rede), o Mönche, soll nicht ermutigt werden. (Weiter) wie zuvor bis: (dann) soll man zu ihm so sprechen:

42 ›Gewiß, Ehrwürdiger, ist von diesen Mönchen in dem Bewußtsein, (es entspreche) der Lehre (bzw.) der Mönchsregel, (in diesem Fall etwas) gesprochen worden,

das der Lehre und der Mönchsregel (entspricht). Und vom Ehrwürdigen sind diese Lehren gut aufgefaßt worden. So (stimmen) diese Lehren, die mit dem Sūtra verglichen wurden, (mit dem Sūtra überein). (Weiter) wie zuvor bis:

43 Dies ist die Lehre, dies ist die Mönchsregel, dies ist die Unterweisung des Lehrers. Nachdem man dies erkannt hat, sind (die betreffenden Lehrsätze im Gedächtnis) festzuhalten.‹

44 Weiterhin wiederum, Ānanda, mag ein Mönch kommen. Er mag so sprechen:

45 ›In jenem Kloster wohnt ein Mönch, ein Ordensälterer *(sthavira)*, ….

46 Von mir ist von diesem Mönch von Angesicht zu Angesicht gehört, von Angesicht zu Angesicht (ins Bewußtsein) aufgenommen (und eingeprägt) worden: Dies ist die Lehre, dies ist die Mönchsregel, dies ist die Unterweisung des Lehrers.‹

47 Diese seine (Rede), o Mönche, soll nicht ermutigt werden. (Weiter) wie zuvor bis: (dann) soll man so zu ihm sprechen:

48 ›Gewiß, Ehrwürdiger, ist von diesem Mönch in dem Bewußtsein, (es entspreche) der Lehre (bzw.) der Mönchsregel, (in diesem Fall etwas) gesprochen worden, das der Lehre und der Mönchsregel (entspricht). (Weiter) wie zuvor

49 bis: Nachdem man dies erkannt hat, sind (die betreffenden Lehrsätze im Gedächtnis) festzuhalten.‹

50 Hierbei, Ānanda, (sind) die vier zuvor (genannten Fälle) …. Dies ist nicht die Lehre, dies ist nicht die Mönchsregel, dies ist nicht die Unterweisung des Lehrers. Nachdem man dies erkannt hat, sind (die betreffenden Lehrsätze) aufzugeben.

51 Hierbei, Ānanda, (sind) die (vier zuletzt genannten Fälle). … Dies ist die Lehre, dies ist die Mönchsregel, dies ist die Unterweisung des Lehrers. Nachdem man dies er-

kannt hat, sind (die betreffenden Lehrsätze im Gedächtnis) festzuhalten.
52 Genau so, Ānanda, müssen die Mönche die Lehrtexte als Stützpunkt nehmen, nicht (Einzel)personen als Stützpunkt.«

25 Sanskrit-Sondertext I: Der Buddha preist die Verehrungswürdigkeit seiner Reliquien

1 Da sprach der Erhabene den ehrwürdigen Ānanda an:
2 »Komm (mit), Ānanda, nach Rāmagrāmaka.« »So (sei es), Herr«, stimmte der ehrwürdige Ānanda dem Erhabenen zu.
3 Nun ging der Erhabene im Lande der Krauḍyas[185] auf Wanderschaft, erreichte Rāmagrāmaka (und) weilte in Rāmagrāmaka in ....
4 Da sprach der Erhabene den ehrwürdigen Ānanda an: »In Rāmagrāmaka wohnt ein Krauḍya namens R .... Er wird in Rāmagrāmaka einen Stūpa für den Körper des völlig verloschenen Vollendeten erbauen zur ehrerbietigen Behandlung des Körpers, zur würdigen Behandlung, zur Wertschätzung, zur Verehrung, zur Verherrlichung (und) zur Ehrerweisung.
5 Er wird aufgrund des Erbauens eines Stūpa für den Körper des völlig verloschenen Vollendeten ... (viele) Weltzeitalter (lang) nicht zur Welt der Verstoßenen[186] gehen, er wird unter Göttern und Menschen (das Dasein) durchlaufen und durchwandern, er wird in seiner letzten Existenz, in seinem letzten Leben, in seiner letzten Verkörperung, beim letzten Erlangen eines Körpers das Menschsein erreichen, ... er wird beim frommen Wandel Haupt- und Barthaar scheren, braunrote Kleidung anlegen, auf rechte Weise und mit gläubigem Vertrauen (aus dem Haus in die

Hauslosigkeit) ziehen (und) die Erleuchtung (zum) Einzel(buddha) *(pratyeka-buddha)* verwirklichen.
(Es folgt eine Lücke, in der wohl andere Vertreter einiger Orte (Calakalpā, Pāpā, Kuśinagarī, Vaiśālī) genannt wurden, die einen Stūpa über den Gebeinen des Buddha errichtet haben.)
6 In Viṣṇudvīpa, Ānanda, wohnt ein Brahmane namens Śubhākṛtsna. Auch er wird in Viṣṇudvīpa einen Stūpa für den Körper des völlig verloschenen Vollendeten erbauen.
7 Aufgrund des Erbauens eines Stūpa für den Körper wird er ... (viele) Weltzeitalter (lang) nicht zur Welt der Verstoßenen gehen, er wird unter Göttern und Menschen, (weiter) wie zuvor bis: er wird die Erleuchtung (zum) Einzel(buddha) verwirklichen.
8 In Kapilavastu, Ānanda, wohnt ein Śākya namens (Supra)buddha. Auch er wird in Kapilavastu einen Stūpa für den Körper des völlig verloschenen Vollendeten erbauen.
9 Aufgrund des Erbauens eines Stūpa für den Körper wird er ... (viele) Weltzeitalter (lang) nicht zur Welt der Verstoßenen gehen, er wird unter Göttern und Menschen, (weiter) wie zuvor bis: er wird die Erleuchtung (zum) Einzel(buddha) verwirklichen.
10 In Rājagṛha, Ānanda, wohnt der König von Magadha, Ajātaśatru Vaidehīputra[187]. Auch er wird in Rājagṛha einen Stūpa für den Körper des völlig verloschenen Vollendeten erbauen zur ehrerbietigen Behandlung des Körpers, zur würdigen Behandlung, zur Wertschätzung, zur Verehrung, zur Verherrlichung und zur Ehrerweisung.
11 Er wird aufgrund des Erbauens eines Stūpa für den Körper des völlig verloschenen Vollendeten ... (viele) Weltzeitalter (lang) nicht zur Welt der Verstoßenen gehen, er wird unter Göttern und Menschen, (weiter) wie zuvor bis: er wird die Erleuchtung (zum) Einzel(buddha) verwirklichen.«
12 Nun sprach der Erhabene bei dieser Gelegenheit die Gāthā-Strophen:

13 »*Hunderttausend Gold-Niṣkas*[188] *aus dem Jambūfluß*[189] *sind nicht (an Wert) gleich für die, die an Buddhaheiligtümern gläubigen Herzens zu Fuß entlanggehen.* //1//

14 *Hunderttausend Goldklumpen aus dem Jambūfluß sind nicht (an Wert) gleich für jemand, der an Buddhaheiligtümern gläubigen Herzens einen einzigen Klumpen Lehm anbringt.* //2//

15 *Hunderttausend Körbe mit Gold aus dem Jambūfluß sind nicht (an Wert) gleich für jemand, der an Buddhaheiligtümern gläubigen Herzens einen Haufen gepflückter Blumen anbringt.* //3//

16 *Hunderttausend Koṭis von Gold aus dem Jambūfluß sind nicht (an Wert) gleich für jemand, der an Buddhaheiligtümern gläubigen Herzens als Wissender die Gabe einer Lampe vollzieht.* //4//

17 *Hunderttausend Wagen voll Gold aus dem Jambūfluß sind nicht (an Wert) gleich für jemand, der an Buddhaheiligtümern gläubigen Herzens eine Zeremonie* (vihāra) *mit Girlanden vollzieht.* //5//

18 *Hunderttausend Berge von Gold, die dem Meru*[190] *gleichen, sind nicht (an Wert) gleich für jemand, welcher an Buddhaheiligtümern gläubigen Herzens (Ehren)schirme, Fahnen und Flaggen anbringt.* //6//

19 *Die Gabe (wörtlich: der Opferlohn) an den Vollendeten wird unermeßlich genannt. (Diese Gabe geht) an den vollkommen Erleuchteten, der wie das Meer ist (und) der der höchste Karawanenführer ist.* //7//

20 *Für denjenigen, der den (im Leben) stehenden (Buddha) verehrt, und auch für denjenigen, der den völlig verloschenen (verehrt), gibt es, wenn der Glaube des Herzens gleich ist, keinen Unterschied im Verdienst.* //8//

21 *Denn bei einem Herzen, das nicht gläubig ist, ist der Lohn der guten Tat sehr gering, (mag sie) einem Vollendeten oder den Hörern (= Mönchen) der Buddhas (gelten).* //9//

22 *Denn so unausdenkbar sind die Buddhas, auch die Lehre des Buddha ist (so) unausdenkbar. Wenn man einem Unausdenkbaren hier (= in diesem Leben) gläubig ergeben war, wird das Resultat (= das Verdienst) unausdenkbar sein.* //10//
23 *Das andere Ufer der Tugenden dieser unausdenkbaren, ganz vollkommen Erleuchteten, der unwiderstehlichen religiösen Weltherrscher, zu erreichen*[191] *ist nicht möglich.«* //11//

26 Das letzte Mahl des Buddha

26a Der Buddha folgt einer Einladung Cundas

1 Da sprach der Erhabene den ehrwürdigen Ānanda an:
2 »Komm (mit), Ānanda, nach Pāpāgrāmaka[192].« »So (sei es), Herr«, stimmte der ehrwürdige Ānanda dem Erhabenen zu.
3 Nun ging der Erhabene allmählich im Lande der Mallas[193] auf Wanderschaft, erreichte Pāpā (und) weilte in Pāpā im Jalūkāvanaṣaṇḍa (Blutegelwald).
4 Die Mallas von Pāpā hörten: »Der Erhabene ging allmählich im Lande der Mallas auf Wanderschaft, erreichte Pāpā (und) weilt in Pāpā im Jalūkāvanasaṇḍa.«
5 Als sie (das) aber gehört hatten, gingen sie von (religiöser) Gemeinde zu Gemeinde, von Zunft zu Zunft (und) versammelten sich. Sie verließen (das Zentrum von) Pāpā (und) gingen zum Erhabenen.
6 (Dorthin) gelangt, verehrten sie die Füße des Erhabenen mit dem Kopf (und) setzten sich zu einer Seite nieder. Die an einer Seite Sitzenden belehrte der Erhabene durch eine Predigt, begeisterte, entflammte (und) entzückte sie.
7 Zu eben jener Zeit saß Cunda Karmāraputra[194] unter den Versammelten[195] in dieser Versammlung. Als nun der Erhabene die Mallas von Pāpā durch eine Predigt belehrt,

begeistert, entflammt (und) entzückt hatte, schwieg er. Nun nahmen die Mallas von Pāpā das vom Erhabenen Gesprochene freudig an, nahmen es dankbar an, verehrten die Füße des Erhabenen mit dem Kopf (und) schritten fort.
8 Cunda Karmāraputra blieb aber dort. Als nun Cunda Karmāraputra erkannte, daß die Mallas von Pāpā soeben fortgeschritten waren, stand er vom Sitz auf, warf das Obergewand über eine Schulter, verneigte sich gegenüber dem Erhabenen mit zusammengelegten Händen (und) sagte zum Erhabenen dies:
9 »Der Erhabene nehme (bitte) meine (Einladung für) morgen zum Essen mit der Mönchsgemeinde an.«
10 Der Erhabene nahm (die Einladung) des Cunda Karmāraputra durch Schweigen an.
11 Als nun Cunda Karmāraputra erkannte, daß der Erhabene durch Schweigen (die Einladung) angenommen hatte, (nahm er das vom Erhabenen Gesprochene freudig an, nahm es dankbar an)[196], verehrte die Füße des Erhabenen mit dem Kopf (und) schritt vom Erhabenen fort.
12 Nun stellte Cunda Karmāraputra noch während der Nacht (für den Buddha ?) [eine gut zubereitete Speise mit leckeren (?) Brustbeeren zusammen. Für die Mönchsgemeinde stellte er] reine, vorzügliche feste (und) weiche Speisen zusammen. [Nun] stand [Cunda Karmāraputra][197] zeitig (am Morgen) auf, bereitete Sitzgelegenheiten, stellte ein Wassergefäß auf (und) ließ dem Erhabenen durch einen Boten melden, (daß es) die Zeit (zum Essen sei):
13 »(Es ist) Zeit, [Herr][198], gleich (beginnt) das Essen. Wofür der Erhabene jetzt die Zeit (für gekommen) hält, (das möge er tun).«
14 Nun kleidete sich der Erhabene am Morgen an, nahm Almosenschale (und) Mönchsgewand (und) ging, umgeben von der Mönchsgemeinde, an der Spitze der Mönchsgemeinde zu dem Ort, an dem das Essen von Cunda Kar-

māraputra dargereicht wurde. (Dorthin) gelangt, setzte er sich vor der Mönchsgemeinde auf einen (für ihn) bereiteten Sitz nieder.

15 Als nun Cunda Karmāraputra erkannte, daß die Mönchsgemeinde mit dem Buddha an der Spitze sich bequem hingesetzt hatte, erquickte (und) bewirtete er den Erhabenen mit eigener Hand [durch gut zubereitete Speise mit leckeren (?) Brustbeeren][199] (aus einem Kupfergefäß)[200]. Und er erquickte (und) bewirtete die Mönchsgemeinde mit eigener Hand durch die reinen, vorzüglichen festen (und) weichen Speisen.

26b Der Buddha über die verschiedenen Arten von Mönchen

16 Zu jener Zeit nahm ein sündiger Mönch ein Kupfergefäß unter der Achselhöhle (mit sich) fort. Diesen sündigen Mönch aber sahen (nur) der Erhabene und Cunda [Karmāraputra][201] aufgrund der Macht des Buddha.

17 Als nun Cunda Karmāraputra die Mönchsgemeinde mit dem Buddha an der Spitze mit eigener Hand durch reine, vorzügliche feste (und) weiche Speisen erquickt (und) bewirtet hatte, erkannte er, daß der Erhabene das Essen beendet hatte, daß er die Hände gewaschen (und) die Eßschale beiseite gelegt hatte, ergriff einen besonders niedrigen Sitz, setzte sich vor dem Erhabenen nieder (und) fragte mit (folgender) gesungener Gāthā-Strophe den Erhabenen:[202]

18 *»[Ich frage den Weisen, dessen Einsicht umfassend ist, (der an das jenseitige Ufer gelangt ist und den Zweifel überwunden hat[203])], den Besten der Wagenlenker, die Spitze der Anführer: Wie viele (Arten von) Asketen gibt es in der Welt? Das sage bitte!«* //1//

19 Der Erhabene sprach:

»[Es gibt vier (Arten von) Asketen, keinen fünften. (Diese habe ich erkannt und werde sie dir nennen)[204]: den Sieger

des Weges[205] *und den Erklärer des Weges* (mārga-daiśika), *den, der auf dem Weg lebt* (mārge jīvati), *und den, der den Weg besudelt* (mārga-duṣin).« //2//

20 Cunda sprach:

»Wen nennen [die Buddhas] den Sieger des Weges? [Wieso gilt einer, der den Weg erklärt, als unvergleichlich? Den auf dem Weg Lebenden nenne mir, nachdem du gefragt wurdest! Nun erkläre mir den, der den Weg besudelt!«][206] //3//

21 Der Erhabene sprach:

»Der, der den Zweifel abgeschnitten hat, der ohne Dornen[207] *ist, der [sich] des Nirvāṇa [(erfreut und nicht der Führung durch andere bedarf)*[208]*, ein Lehrer der Welt mit ihren Göttern, den fürwahr nennen die Buddhas einen Sieger des Weges.]*[209] //4//

22 *Wer, nachdem er das Höchste und Beste erkannt hat, als Verkünder die Lehre genau so im Detail erklären kann, [diesen, (der den Zweifel beseitigt), den Weisen, den zweiten Mönch, der keiner Führung durch andere bedarf, nennt man einen Erklärer des Weges.]*[210] //5//

23 *[Wer], nachdem (ihm) die Worte*[211] *der Lehre gut erklärt wurden, diszipliniert und achtsam auf dem Weg lebt, (wer) gemäß der untadeligen Worte*[212] *[übt, diesen dritten Mönch nennt man einen auf dem Weg Lebenden.]*[213] //6//

24 *[Wer Gelübde vortäuscht*[214]*,] (wer) gewalttätig, ein Besudler der Familien, dreist, voller Trug, undiszipliniert, ein Schwätzer ist, (wer) in ähnlicher Weise handelt, [der ist ein Besudler des Weges.]*[215] //7//

25 *[(Ein Haushälter, der (dies) so (geistig) durchdrungen hat*[216]*), ein gelehrter edler Hörer voll Einsicht:] ›Nicht alle sind so.‹ Nachdem er diese (Asketen) erkannt hat, [gibt er] sein gläubiges Vertrauen [nicht auf*[217]*.]* //8//

26 *Denn wie nur [könnte man] die völlig Unverdorbenen mit den Verdorbenen, die Reinen mit den Unreinen [(gleich machen)*[218]*? Durch die begangene Tat eines (ein-*

zigen) Üblen wird (auch) der Nichtübeltäter (in der Welt angezweifelt)[219]*.]* //9//
27 –
28 *Wie ein [(mit Gold)]*[220] *bedufteter Ohrring, wie eine Kupfermünze*[221]*, die mit Gold bedeckt ist, [(innen voll Übelwollen)], außen eine edle Erscheinung, [(so) wandeln einige mit Gefolge einher.]*[222] //10//
29 Nun stimmte der Erhabene dieser Gabe des Cunda Karmāraputra mit diesen segnenden Worten (in Versform) freudig zu:
30 *»Das Verdienst des Gebenden [wächst. Die Feindschaft dessen, der Selbstbeherrschung übt, sammelt sich nicht an. Der Tugendhafte gibt das Böse auf.]*[223] *Aufgrund der Vernichtung von Gier, Haß (und) Verblendung (entsteht) ein leichtes Verlöschen (= die Erlösung).«*
31 Als nun der Erhabene Cunda Karmāraputra durch eine Predigt belehrt, begeistert, entflammt (und) entzückt hatte, stand er vom Sitz auf (und) schritt fort.

27 Der Buddha wird schwach und will trinken

1 Da sprach der Erhabene den ehrwürdigen Ānanda an:
2 »Komm (mit), Ānanda, nach Kuśinagarī[224].«
3 »So (sei es), Herr«, stimmte der ehrwürdige Ānanda dem Erhabenen zu.
4 Nun ging der Erhabene im Lande der Mallas auf Wanderschaft, verließ, als er sich zwischen Pāpā und dem Fluß Hiraṇyavatī[225] auf dem Weg befand, die Straße
5 (und) sprach den ehrwürdigen Ānanda an:
6 »Falte, Ānanda, das Obergewand des Vollendeten vierfach! Mein Rücken schmerzt (ein wenig). Ich werde mich daher ausstrecken.«
7 »So (sei es), Herr«, stimmte der ehrwürdige Ānanda

dem Erhabenen zu, faltete das Obergewand rasch, rasch vierfach (und) sagte zum Erhabenen dies:
8 »Vierfach gefaltet ist das Obergewand des Vollendeten. Wofür jetzt der Erhabene die Zeit (für gekommen) hält, (das möge er tun).«
9 Nun legte der Erhabene das Untergewand mehrfach gefaltet unter den Kopf, ruhte auf der rechten Seite, legte die Füße übereinander (und verweilte), (inneres) Licht empfindend, achtsam und voll Bedacht, während er im Geist die Absicht aufzustehen hervorrief. Da sprach der Erhabene den ehrwürdigen Ānanda an:
10 »Geh, Ānanda, (und) [bringe eine Schale voll Wasser][226] vom Fluß Kukustā herbei, damit ich ein Getränk trinken und die Glieder besprengen kann.«
11 »So (sei es), Herr«, stimmte der ehrwürdige Ānanda dem Erhabenen zu, ergriff die Almosenschale (und) ging zum Fluß Kukustā.
12 Zu eben jener Zeit hatten den Fluß Kukustā soeben 500 Karren überquert. Durch sie wurde das Wasser aufgewühlt, aufgewirbelt (und) trübe.
13 Nun nahm der ehrwürdige Ānanda mit einer Schale (etwas) Getränk aus dem Fluß Kukustā (und) ging zum Erhabenen. (Dorthin) gelangt, sagte er zum Erhabenen dies:
14 »Hier haben, Herr, den Fluß Kukustā soeben 500 Karren überquert. Durch sie wurde das Wasser aufgewühlt, aufgewirbelt (und) trübe.
15 Mit diesem Wasser, Herr, soll der Erhabene das Gesicht besprengen (und) die Füße waschen. Nicht weit von diesem (Ort), Herr, ist der Fluß Hiraṇyavatī. Da wird der Erhabene ein Getränk trinken und die Glieder besprengen.«
16 Nun wusch sich der Erhabene mit dem Wasser aus der Almosenschale die Füße (und) besprengte das Gesicht. Hierauf stand er ausgeruht (und) erleichtert auf, setzte sich nieder, verschränkte (die Beine) zum Meditations-

sitz, brachte den Körper in gerade (Haltung) (und) vergegenwärtigte sich Achtsamkeit vor dem (geistigen) Auge.

28 Bekehrung des Malla Putkasa

28 a Putkasa erzählt von der Insichversunkenheit seines Lehrers

1 Zu eben jener Zeit war Putkasa, der Minister der Mallas, genau dort auf dem Weg.
2 Putkasa, der Minister der Mallas, sah den Erhabenen, der an einer Baumwurzel saß, anmutig, gefällig, mit ruhigen Sinnen, mit ruhigem Geist, [erfüllt von höchster Bezähmung (und) Beruhigung des Herzens][227], an Glanz einem goldenen Stabe gleich.
3 Als er ihn aber gesehen hatte, ging er zum Erhabenen. (Dorthin) gelangt, verehrte er die Füße des Erhabenen mit dem Kopf (und) setzte sich zu einer Seite nieder.
4 Den an einer Seite sitzenden Putkasa, den Minister der Mallas, sprach der Erhabene an:
5 »Putkasa, erfreust du dich einiger reiner Lehren eines Asketen oder eines Brahmanen?«
6 »Herr, ich erfreue mich der reinen Lehren des Ārāḍa Kālāma[228].«
7 »Warum, Putkasa, erfreust du dich der reinen Lehren des Ārāḍa Kālāma?«
8 »Zu einer Zeit, Herr, als Ārāḍa Kālāma sich unterwegs befand, verließ er die Straße (und) ging an eine Baumwurzel zur Tagesruhe.
9 Zu eben jener Zeit hatten genau dort 500 Karren die Straße soeben überquert.
10 Nun war irgendein Mann hinter diesen Karren zurückgeblieben (und) ging zu Ārāḍa Kālāma. (Dorthin) gelangt, sagte er zu Ārāḍa Kālāma dies:

11 ›Sah der Erhabene 500 Karren (die Straße) überqueren?‹
12 ›O Mann, ich sah (es) nicht.‹
13 ›Hörte der Erhabene denn nicht das Geräusch der 500 vorbeifahrenden Karren?‹
14 ›O Mann, ich hörte (es) nicht.‹
15 ›War der Erhabene etwa auf einer Lagerstatt eingeschlafen?‹
16 ›O Mann, ich war nicht auf einer Lagerstatt eingeschlafen.‹
17 ›Hörte denn der Erhabene bei (vollem) Bewußtsein (und) wach das Geräusch der 500 vorbeifahrenden Karren nicht?‹
18 ›Bei (vollem) Bewußtsein (und) wach, o Mann, hörte ich das Geräusch der 500 vorbeifahrenden Karren nicht.‹
19 Da kam dem Mann dieser (Gedanke):
20 ›O Wunder der (in die Hauslosigkeit) Hinausgezogenen, der in Ruhe Verweilenden, daß (dieser) bei (vollem) Bewußtsein (und) wach das Geräusch von 500 vorbeifahrenden Karren nicht hörte! Und dabei ist (sein) Mönchsgewand mit Staub bedeckt.‹
21 Und gläubig war der Mann in seinen (d. h. des Lehrers) Bann geschlagen. Genau so, Herr, erfreue ich mich der reinen Lehren des Ārāḍa Kālāma.«

28 b Der Buddha rühmt sich des Überhörens eines Gewitters

22 »Was meinst du, Putkasa, welches Geräusch ist lauter: das von 500 vorbeifahrenden Karren oder das eines donnernden Gottes und eines zerberstenden Blitzes?«
23 »Was werden, Herr, 500 oder 1000 oder 100 000 Karren machen? Lauter ist das Geräusch eines donnernden Gottes und eines zerberstenden Blitzes.«
24 »Zu einer Zeit, Putkasa, weilte ich in Ādumā im Bhūta-Haus. Ich kleidete mich am Morgen an, nahm Al-

mosenschale (und) Mönchsgewand (und) betrat (das Zentrum von) Ādumā der Speise wegen. Als ich der Speise wegen nach Ādumā gegangen war, erfüllte ich die Tätigkeiten, die mit dem Essen (verbunden sind), kehrte danach zurück, da ich die Almosenspeise gegessen hatte, legte Almosenschale (und) Mönchsgewand beiseite, wusch mir die Füße (und) setzte mich im Bhūta-Haus zur (meditativen) Abgeschiedenheit nieder.

25 Zu eben jener Zeit wurden in Ādumā vier Stiere und zwei Bauern, die Brüder waren, durch einen donnernden Gott und durch einen zerberstenden Blitz erschlagen. Damals gab es lautes (und) großes Geschrei in Ādumā, das Lärmen einer großen Menschenmenge.

26 Als ich am Abend aus der (meditativen) Abgeschiedenheit zurückkehrte, ging ich im Schatten des Bhūta-Hauses unter freiem Himmel auf dem Weg auf und ab.

27 Nun kam irgendein Mann aus dieser großen Menschenmenge zu mir. (Bei mir) angelangt, verehrte er meine Füße mit dem Kopf (und) folgte mir, der ich auf und ab ging.

28 Diesen sprach ich so an:

29 ›Warum, o Mann, (gibt es) ein lautes (und) großes Geschrei in Ādumā, (das) Lärmen einer großen Menschenmenge?‹

30 Er sprach: ›Eben sind, Herr, in Ādumā durch einen donnernden Gott und einen zerberstenden Blitz vier Stiere und zwei Bauern, die Brüder waren, erschlagen worden. Da (gab es) dieses laute (und) große Geschrei, (dieses) Lärmen einer großen Menschenmenge.

31 Hörte denn der Erhabene den donnernden Gott und den zerberstenden Blitz nicht?‹

32 ›O Mann, ich hörte (es) nicht.‹

33 Der Mann sprach: ›War denn der Erhabene auf einer Lagerstatt eingeschlafen?‹

34 ›O Mann, ich war nicht auf einer Lagerstatt eingeschlafen.‹

35 ›Hörte denn der Erhabene bei (vollem) Bewußtsein (und) wach das Geräusch des donnernden Gottes und des zerberstenden Blitzes nicht?‹
36 ›Bei (vollem) Bewußtsein (und) wach, o Mann, hörte ich das Geräusch des donnernden Gottes und des zerberstenden Blitzes nicht.‹
37 Nun kam dem Mann dieser (Gedanke): ›O Wunder der Vollendeten, der Heiligen, der vollkommen Erleuchteten, der in Ruhe Verweilenden, daß (dieser) bei (vollem) Bewußtsein (und) wach das Geräusch des donnernden Gottes und des zerberstenden Blitzes nicht hörte!‹
38 Und gläubig war der Mann in meinen Bann geschlagen.«

28c Putkasa wird Laienanhänger und schenkt goldfarbige Gewänder

39 Er (Putkasa)[229] sprach: »Wer, Herr, würde nicht gläubiges Vertrauen zum Erhabenen fassen? Ich selbst, Herr, habe in hohem Maße gläubiges Vertrauen zum Erhabenen gefaßt.«
40 Nun sagte Putkasa, der Minister der Mallas, zu einem Mann, einem Diener, dies:
41 »Übergib mir, o Mann, ein neues, goldgelbes Paar von Baumwolltüchern[230]. Ich werde den Erhabenen damit bedecken (= beschenken).«
42 Der Mann, der Diener, gab ein neues goldgelbes Paar von Baumwolltüchern Putkasa, dem Minister der Mallas.
43 Nun nahm Putkasa, der Minister der Mallas, das neue goldgelbe Paar von Baumwolltüchern (und) sagte dem Erhabenen dies:
44 »Dieses neue goldgelbe Paar von Baumwolltüchern, das mir[231] lieb und angenehm ist, das nehme der Erhabene aus Mitleid an.«
45 Es nahm der Erhabene das neue goldgelbe Paar von Baumwolltüchern aus Mitleid an.

46 Nun sagte Putkasa, der Minister der Mallas, dem Erhabenen dies:
47 »Ich[232] möchte noch, Herr, dem Erhabenen und der Mönchsgemeinde Verehrung darbringen.«
48 »Das ist recht gesprochen, Putkasa«, sagte der Erhabene.
49 Nun nahm Putkasa, der Minister der Mallas, das vom Erhabenen Gesprochene freudig an, nahm es dankbar an, verehrte die Füße des Erhabenen mit dem Kopf (und) schritt vom Erhabenen fort.

28d Im Schmuck der Tücher Putkasas strahlt Buddhas Haut in goldenem Glanz

50 Da sprach der Erhabene den ehrwürdigen Ānanda an:
51 »Übergib mir, Ānanda, das neue goldgelbe Paar von Baumwolltüchern. Ich werde es, nachdem du es mit dem Messer (in zwei Teile) zerschnitten hast[233], anlegen.«
52 Der ehrwürdige Ānanda gab dem Erhabenen das neue goldgelbe Paar von Baumwolltüchern, nachdem er es mit dem Messer zerschnitten hatte.
53 Dieses (wurde) [vom Erhabenen] angelegt. [Es] schien einen Glanz zu haben, der durch den Glanz der (Haut)farbe des Erhabenen (noch) übertroffen[234] wurde[235].
54 Nun sagte der ehrwürdige Ānanda zum Erhabenen dies:
55 »Ich, Herr, der ich den Erhabenen zwanzig Jahre bediene, erinnere mich nicht an das Auftreten eines solchen Glanzes der Hautfarbe. Was, Herr, ist der Grund, was ist die Ursache für das Auftreten eines solchen Glanzes der Hautfarbe?«
56 »So ist es, Ānanda. So ist es, Ānanda. Es gibt zwei Gründe, zwei Ursachen für das Auftreten eines solchen Glanzes der Hautfarbe.
57 Welche zwei?

58 (Dieser Glanz tritt auf) in der Nacht, in der der Bodhisattva zur allerhöchsten vollkommenen Erleuchtung erwacht, und in der Nacht, in der der Vollendete im Bereich des restlosen[236] Nirvāṇa völlig verlischt.
59 Dies sind die beiden Gründe, die beiden Ursachen für das Auftreten eines solchen Glanzes der Hautfarbe.«

29 Am Fluß Hiraṇyavatī

29a Bad des Buddha und Trostworte für Cunda

1 Da sprach der Erhabene den ehrwürdigen Ānanda an:
2 »Komm (mit), Ānanda, zum Fluß Hiraṇyavatī.«
3 »So (sei es), Herr«, stimmte der ehrwürdige Ānanda dem Erhabenen zu.
4 Nun ging der Erhabene zum Fluß Hiraṇyavatī. (Dorthin) gelangt, [legte] er am Ufer des Flusses Hiraṇyavatī [das Mönchsgewand nieder][237], tauchte in den Fluß Hiraṇyavatī ein, besprengte die Glieder, erhob sich aus dem Fluß Hiraṇyavatī (und) setzte sich nieder, wobei er sich die Glieder abtrocknete.
5 Nun sprach der Erhabene den ehrwürdigen Ānanda an:
6 »Es mag bei Cunda Karmāraputra durch andere Reue hervorgerufen werden, (indem sie sagen): ›Es ist für dich, Cunda, ein Verlust, kein Gewinn, (du hast ihn) schwer erreicht, nicht leicht erreicht[238], du, bei dem der Lehrer die letzte Almosenspeise gegessen hat, (bevor) er im Bereich des restlosen Nirvāṇa völlig verlosch.‹
7 In zweifacher Weise, Ānanda, muß das Schuldbewußtsein des reuigen Cunda Karmāraputra zerstreut werden:
8 ›Von Angesicht zu Angesicht, ehrwürdiger[239] Cunda, ist von mir vom Erhabenen gehört, von Angesicht zu Angesicht (in das Bewußtsein) aufgenommen (und eingeprägt) worden: zwei Essensspenden sind genau gleich an Frucht (d.h. Verdienst):

9 die Almosenspeise, die der Bodhisattva gegessen hat, als er zu allerhöchster vollkommener Erleuchtung erwachte,
10 und die Almosenspeise, die der Vollendete gegessen hat, (bevor) er im Bereich des restlosen Nirvāṇa völlig verlöschen wird.
11 Diese beiden Almosenspeisen sind genau gleich an Frucht.‹
12 Eben diese zu langem Leben führende Tat, Ānanda, wird durch Cunda Karmāraputra vollendet sein, diese zu Schönheit, Kraft, Reichtum, zum Himmel (und) zur Herrschaft führende Tat wird (durch ihn) vollendet sein.«

29b Strafandrohung für den Mönch Chanda

13 Nun sagte der ehrwürdige Ānanda zum Erhabenen dies:
14 »Der ehrwürdige Chanda[240] ist grausam, wild, ungeschliffen, wütend (und) schmäht die Mönche. Wie sollen wir uns, Herr, nach dem Dahinscheiden des Erhabenen ihm gegenüber verhalten?«
15 »Der Mönch Chanda, Ānanda, ist nach meinem Dahinscheiden durch die Strafe Brahmadaṇḍa[241] zurechtzuweisen. Wenn er, durch Brahmadaṇḍa zurechtgewiesen, von Reue ergriffen wird, ist er, der so Beunruhigte, durch die Unterweisung des Kātyāyana[242] zu belehren.«

30 Erneuter Schwächeanfall des Buddha

30a Der Buddha läßt sich die sieben Bodhyaṅgas verkünden

1 Da sprach der Erhabene den ehrwürdigen Ānanda an:
2 »Komm (mit), Ānanda, nach Kuśinagarī.«

3 »So (sei es), Herr«, stimmte der ehrwürdige Ānanda dem Erhabenen zu.

4 Nun ging der Erhabene zwischen dem Fluß Hiraṇyavatī und Kuśinagarī im Lande der Mallas auf Wanderschaft, verließ, als er sich dazwischen auf dem Weg befand, die Straße (und) sprach den ehrwürdigen Ānanda an:

5 »Falte, Ānanda, das Obergewand des Vollendeten vierfach! Mein Rücken schmerzt (ein wenig). Ich werde mich daher ausstrecken.«

6 »So (sei es), Herr«, stimmte der ehrwürdige Ānanda dem Erhabenen zu, faltete das Obergewand rasch, rasch vierfach (und) sagte zum Erhabenen dies:

7 »Vierfach gefaltet ist das Obergewand des Vollendeten. Wofür jetzt der Erhabene die Zeit (für gekommen) hält, (das möge er tun).«

8 Nun legte der Erhabene das Untergewand mehrfach gefaltet unter den Kopf, ruhte auf der rechten Seite, legte die Füße übereinander (und verweilte) (inneres) Licht empfindend, achtsam und voll Bedacht, während er im Geist die Absicht aufzustehen hervorrief.

9 Da sprach der Erhabene den ehrwürdigen Ānanda an:

10 »Laß (in) deinem (Geist) die Erleuchtungsglieder *(bodhy-aṅga)* aufscheinen[243], Ānanda.«

11 »Das Erleuchtungsglied »Achtsamkeit« *(smṛti)*, Herr, ist vom Erhabenen selbst (durch höhere Geisteskraft) erkannt, in rechter Weise gefunden (und) ganz genau erklärt worden. Es beruht auf (Leben in) Abgeschiedenheit, auf Leidenschaftslosigkeit, auf Aufhebung (der Gier) (und) ist der Selbstaufgabe völlig zugewandt.

12 Das Erleuchtungsglied »Erwägen der Lehre« *(dharma-vicaya)* (bzw.) »Willenskraft« *(vīrya)* (bzw.) »Freude« *(prīti)* (bzw.) »Ruhe« *(prasrabdhi)* (bzw.) »(meditative) Versenkung« *(samādhi)* (bzw.) »Gleichmut« *(upekṣā)*, Herr, ist vom Erhabenen selbst (durch höhere Geisteskraft) erkannt, in rechter Weise gefunden (und)

ganz genau erklärt worden. (Jedes von ihnen) beruht auf (Leben in) Abgeschiedenheit, auf Leidenschaftslosigkeit, auf Aufhebung (der Gier) (und) ist der Selbstaufgabe völlig zugewandt.«
13 »Ist dir (das Erleuchtungsglied) »Willenskraft«[244] aufgeschienen, Ānanda?«
14 »(Das Erleuchtungsglied) »Willenskraft« ist (mir) aufgeschienen, Erhabener.«
15 »Die Willenskraft, Ānanda, führt zu allerhöchster vollkommener Erleuchtung, wenn sie (fleißig) geübt, (in der Meditation) entwickelt (und) oft durchgeführt wurde.«
16 Nachdem er so gesprochen hatte, stand der Erhabene (aus dem Liegen) auf, setzte sich nieder, verschränkte (die Beine) im Meditationssitz, brachte den Körper in gerade (Haltung) (und) vergegenwärtigte sich Achtsamkeit vor dem (geistigen) Auge.

30b Preis der heilenden Kraft der Bodhyaṅgas

17 Nun sprach irgendein Mönch zu dieser Gelegenheit (folgende) Gāthā-Strophen:
18 *»Die süße Lehre zu hören, [verlangt] der Lehrer [selbst infolge seiner] Krankheit: ›Mönch, [nenne die Lehren: Es gibt die Erleuchtungsglieder »Achtsamkeit« (usw.)*[245]*!‹ //1//*
19 –
20 *›(Das ist) gut‹, sagte auch der Ordensältere* (sthavira) *Ānanda, [der gelehrte, kluge, gelehrte]. ›Denn leuchtend sind diese Lehren, fleckenlos, in deiner Verkündigung*[246]*. //2//*
21 *Achtsamkeit, Erwägen (der Lehre) und Willenskraft, Freude, Ruhe sowie auch (meditative) Versenkung: diese sind ja, nebst Gleichmut, die Erleuchtungsglieder [in deiner Verkündigung]*[247]*.‹ //3//*
22 *Als er die Darlegung der Erleuchtungsglieder gehört*

hatte, als er die Essenz der Erleuchtungsglieder erkannt hatte, [erhob sich der Erhabene[248]*], (obwohl er sich sehr unwohl fühlte)*[249]*, [aus dieser Erkrankung]*[250]. //4//

23 *Denn sogar er, der Herr der Lehre, [der auch selbst Unterweiser für] die Lehre (ist), wünscht die Lehre zu hören. Wie sollte sie nicht hörenswert für andere sein*[251]*?* //5//

24 *Auch derjenige, der von dem mit zehn Kräften Ausgestatteten*[252] *als der [an Einsicht] erste [unter den Mönchen] bezeichnet worden ist, auch Upatiṣya (= Śāriputra) ging, als er krank war, um die Lehre zu hören*[253]. //6//

25 *Es hören auch diese Lehre: die des Sūtra Kundigen, (die des Vinaya Kundigen)*[254] *und sogar die des Abhidharma*[255] *Kundigen, die Geschickten, [sich auf Führung Verstehenden, Erfahrenen.] Wie sollte sie nicht hörenswert für andere sein*[256]? //7//

26 *Wenn sie die Lehre hören, indem sie ihren Geist (ganz ?) auf das höhere Wissen richten, so erlangen sie rein geistige Freude am Wort des Buddha*[257]. //8//

27 *Der Geist* (manas) *voll »Freude« (ergibt) »Ruhe« in diesem Körper [und auch glückhafte Empfindung. Der Glück empfindende, konzentrierte Geist] erreicht*[258] *[darauf auch die (meditative) »Versenkung«]*[259]. //9//

28 *Wenn [der] Geist sich in ›(meditativer) Versenkung‹ befindet, [sehen sie] die Gestaltungen* (saṃskāra) *nicht als Zuflucht an; [indem sie Abscheu] vor neuen Existenzformen* (gati) *[empfinden], werden sie, deren Geist ohne Leidenschaft ist, erlöst*[260]. //10//

29 *[Vor (neuen) Existenzformen Abscheu empfindend, ohne Neigung] (zur Existenz) unter Göttern (oder) unter Menschen, werden sie wie ein Feuer ohne Brennstoff völlig verlöschen [als] Heilige* (arhat)[261]. //11//

30 *[Auch sind viele Vorteile] in bezug auf das Hören der Lehre vom Sieger (= Buddha) aufgezeigt worden. [Darum soll man hier mit angespanntem Geist auf das Wort des Lehrers* (śāstṛ) *hören]*[262].« //12//

31 Sanskrit-Sondertext II: Der Buddha offenbart den Mallas von Kuśinagarī übernatürliche Kräfte

31 a Vorbereitungen für einen festlichen Empfang des Buddha

1 Da sprach der Erhabene den ehrwürdigen Ānanda an: »Komm (mit), Ānanda, nach Kuśinagarī.« »So (sei es), Herr«, stimmte der ehrwürdige Ānanda dem Erhabenen zu.

2 Es hörten die Anführer der Mallas von Kuśinagarī und fünfhundert Mallas, (die) in einer bestimmten Versammlungshalle versammelt (beisammen) saßen: »Der Erhabene ging im Lande der Mallas allmählich auf Wanderschaft, erreichte Pāpā (und) weilt bei Pāpā im Jalukāvanaṣaṇḍa (Blutegelwald, vgl. MPS 26.3). Ihm bringen die Mallas von Pāpā höchste Wertschätzung entgegen, verehren ihn mit höchster Verehrung, behandeln ihn mit höchster Würde. Weiterhin unterstützten sie ihn mit bester, vorzüglicher (Speise) (und) allerhöchsten frommen Gaben. ... Der Erhabene wird umgeben von der Mönchsgemeinde an der Spitze der Mönchsgemeinde nach Kuśinagarī auf das Gebiet unseres Dorfes kommen.«

3 (Einer der Mallas von Kuśinagarī sprach): »Um des eigenen Heiles willen (wollen wir) alle (Straßen ?) in Kuśinagarī reinigen (?), ... (und) wir wollen (Ehren)schirme, Fahnen (und) Flaggen (dort) anbringen und Feste veranstalten .... Danach wird es fürwahr das beste sein, wenn alle (ihm) entgegengehen.«

4 Als sie dann alle zugestimmt hatten, ... (reinigten sie an eben jenem Tag alle Straßen von Kuśinagarī). Nachdem sie (die Arbeit an den Straßen) beendet (und sie) kräftig geschrubbt hatten, schmückten sie (diese) mit allen Schmuckstücken und Zierat, und mit vorzüglichen (Spei-

sen), mit Duftstoffen, Blumengirlanden, Blüten, Weihrauch ... brachten (Ehren)schirme, Fahnen (und) Flaggen an. Sie brachen zu eben der Straße auf, auf der der Erhabene kommen (würde), um (ihm) entgegenzugehen.

31 b Ein großer Felsblock soll beseitigt werden

5 Zu dieser Zeit nun lag im Norden ein großer Felsblock an unpassender Stelle auf dem Land des Königs, der (die Straße) versperrte. ... (Er) erreichte ein Maß von sechzig Ellen an Höhe (und) dreißig (Ellen an Breite ?).
6 (Nun kam den Mallas von Kuśinagarī dieser Gedanke): »Wir werden diesen großen Felsblock von diesem Platz entfernen. Wenn wir (ihn) von diesem Platz entfernt haben, dann wird unsere Straße gut gereinigt sein. ... Unser bedeutsamer, guter, aus rühmlichen Bezeichnungen bestehender Ruf wird sich in den Himmelsrichtungen und (Neben)himmelsrichtungen verbreiten.«
7 Nun (sagten) die Mallas von Kuśinagarī: »... im Norden (liegt) dieser große Felsblock. Wir werden (ihn) von diesem Platz entfernen. ... Es sollen die Herren Mallas von Kuśinagarī hören, (die eine Gemeinde, eine Schar, eine Zunft oder eine Versammlung bilden[263]!) Wir werden auch diesen großen Felsblock von diesem Platz entfernen. Wenn wir (ihn) von diesem Platz entfernt haben, dann wird unsere Straße gut gereinigt sein, (weiter) wie zuvor bis: (unser) guter, aus rühmlichen Bezeichnungen bestehender Ruf wird sich verbreiten.«
8 (»So soll es sein«), stimmten die Mallas von Kuśinagarī einander zu. Jeder bestieg für sich (einen) der schönen Wagen, ... mit einer (Gefolgschaft) in Form von Familienangehörigen, Soldaten (?), die ... laute Töne schrieen, die ein Freudengeschrei erhoben, die vergnügt, befriedigt, hochgestimmt, voll Freude (und) Frohsinn waren. (Sie) verließen mit großer Pracht Kuśinagarī; mit mehreren Hunderten von Pferden, Kamelen und »Blaustieren«, mit

Stieren, Elefanten und Duft- (Brunst)elefanten[264] gingen sie zu dem großen Felsblock.

9 (Dorthin) gelangt, umwanden sie den großen Felsblock viele Male mit einem Schilfseil. Einige stellten eine Leiter auf, (einige) zogen Seile aus Muñja- und Balbaja-Gras (mit einem Pflock ?) zu sich heran (und zerrten daran herum), ... (als ob sie einen Baum) mit Hunderten von Früchten an der Wurzel herausreißen (wollten). ...

10 Einige versuchten, (ihn) mit Schlägen durch (diamantharte) Vajras (= Keile ?) (zu Staub) zu zerkleinern, einige (versuchten, ihn) durch die Körperkraft zusammengebundener (?) Kamele fortzubewegen, einige (versuchten, ihn mit der Kraft von) Stieren zu Fall zu bringen, einige (versuchten, ihn mit der Kraft von) Elefantenherden (zu entfernen), einige (versuchten, ihn) mit der Kraft eines Heilkrautes zu vernichten, einige (versuchten, ihn) durch die Kraft von Zaubersprüchen zum Verschwinden zu bringen.

11 Einer von denen, die sich auf solche Weise aufs höchste anstrengten, (sprach:) »Von diesem Platz (können wir den Felsblock nicht entfernen.«) Mit erschöpften Körpern, mit müden Körpern, mit gebeugten Körpern, mit stockendem Atem konnten sie den großen Felsblock nicht bewegen, und noch viel weniger hochheben (und) fortrollen.

31c Der Buddha hilft den Mallas

12 Nun ging der Erhabene, umgeben von der Mönchsgemeinde, an der Spitze der Mönchsgemeinde allmählich auf Wanderschaft (und) ging zu dem großen Felsblock.

13 Als nun die Mallas von Kuśinagarī den von ferne kommenden Erhabenen sahen, (waren sie) wiederum vergnügt, befriedigt, hochgestimmt, voll Freude (und) Frohsinn, voll tiefer Ehrfurcht .... Sie verehrten mit dem Kopf

die Füße des Erhabenen und vollzogen eine dreimalige Rechtsumwandlung des Erhabenen (und stellten sich zu einer Seite).

14 Zu den an einer Seite stehenden Mallas von Kuśinagarī sagte der Erhabene dies: »Was habt ihr, ihr Kinder, denn unternommen mit höchster und großer Anstrengung?«

15 (Darauf die Mallas:) »Wir, die Mallas von Kuśinagarī, haben, o Herr, gehört: ›Der Erhabene ging im Lande der Mallas allmählich auf Wanderschaft, erreichte Pāpā (und) weilt in Pāpā im Jalukāvanaṣaṇḍa (Blutegelwald). Ihm bringen die Mallas von Pāpā höchste Wertschätzung entgegen, verehren ihn mit höchster Verehrung, behandeln ihn mit höchster Würde. Weiterhin unterstützen sie ihn mit bester, vorzüglicher (Speise) und allerhöchsten frommen Gaben. .... Der Erhabene wird umgeben von der Mönchsgemeinde an der Spitze der Mönchsgemeinde nach Kuśinagarī auf das Gebiet unseres Dorfes kommen.‹ Als wir das hörten, ...

(Große Lücke: Die Mallas fahren fort: »Wir wollten alle Straßen von Kuśinagarī reinigen. Einen Felsblock, der die Straße versperrte, konnten wir nicht bewegen (s. o. MPS 31.3 ff).« – Nach chinesischen Parallelen packt der Buddha den Felsblock, wirft ihn in die Luft, löst ihn in Staub auf und setzt ihn wieder zusammen[265].)

31 d Der Buddha weist auf seine Wunderkräfte hin

(Fortsetzung der Lücke: Die soeben genannten Fähigkeiten hat der Buddha aufgrund folgender Kräfte: (1) die von Vater und Mutter herrührende Körperkraft *(mātā-paitṛka-bala)*, (2) die Kraft seiner Verdienste *(puṇya-bala)*, (3) die Kraft seiner Weisheit *(prajñā-bala)*, (4) die übernatürliche Kraft *(ṛddhi-bala)*, (5) die ›meditative Schöpfer- oder Aufbaukraft‹ *(bhāvanā-bala)*. Der Text setzt mit der Erläuterung des Buddha wieder ein, wie er den zu Staub zerfallenen Felsblock zusammengesetzt habe.)

16 ... »Nachdem der Vollendete (es) vollständig, ohne daß etwas fehlt, ohne daß es aufgeteilt (wäre), zusammengesetzt hatte, machte er einen Klumpen daraus. (Mit seiner Wunderkraft) ... machte er (aus dem) Getrennten .... Dies ist die meditative Schöpferkraft des Vollendeten.«

31 e Der Buddha erklärt seine Körperkraft

17 (Die Mallas:) »Mit welcher von Mutter und Vater geerbten Kraft, Herr, sind die Vollendeten, Heiligen, vollkommen Erleuchteten versehen?«

18 (Der Buddha:) »Wollt ihr, ihr Herren, vom Vollendeten die von Mutter und Vater geerbte Kraft der Vollendeten, Heiligen, vollkommen Erleuchteten hören?«

19 (Die Mallas:) »Sehr gern, Herr, Erhabener, wollen wir das, sehr gern, Wohlgegangener, wollen wir das.«

20 (Der Buddha:) »Dann, ihr Herren, hört (es) und überdenkt (es) wohl und gut. Ich werde sprechen.

21 Die Kraft von zehn gewöhnlichen Rindern entspricht der Kraft eines blauen Rindes (1). Die Kraft von zehn blauen Rindern entspricht der Kraft eines großen Stieres (2). Die Kraft von zehn großen Stieren entspricht der Kraft eines Yaks (3). Die Kraft von zehn Yaks entspricht der Kraft eines Nashorns (4). Die Kraft von zehn Nashörnern entspricht der Kraft eines gewöhnlichen Elefanten (5). Die Kraft von zehn gewöhnlichen Elefanten entspricht der Kraft eines Vāmānuka-Elefanten (6). Die Kraft von zehn Vāmānuka-Elefanten entspricht der Kraft eines Kaṇeruka-Elefanten (7). Die Kraft von zehn Kaṇeruka-Elefanten entspricht der Kraft eines Karāḍa-Elefanten (wörtlich: raffzähniger oder Schauder erregender Elefant) (8). Die Kraft von zehn Karāḍa-Elefanten entspricht der Kraft eines Elefanten des blauen Berges (9). Ebenso die Kraft (eines Elefanten) des gelben Berges (10),

des roten Berges (11), des weißen Berges (12), (eines Elefanten) vom Saugandhikā-Lotos[266] (›der gut Duftende‹) (13), vom Madhugandhikā-Lotos (›der honigsüß Duftende‹) (14), vom Utpala-Lotos (15), vom Kumuda-Lotos (16). Die Kraft von zehn Elefanten, die nach dem Kumuda-Lotos duften, entspricht der Kraft eines Elefanten vom Padma-Lotos (17). Die Kraft von zehn Elefanten vom Padma-Lotos entspricht der Kraft eines Elefanten vom großen Padma-Lotos (18). Die Kraft von zehn Elefanten vom großen Padma-Lotos entspricht der Kraft eines Himālaya-Elefanten (19). Die Kraft von zehn Himālaya-Elefanten entspricht der Kraft eines Elefanten, der nach Elefant riecht (20). Die Kraft von zehn Elefanten, die nach Elefant riechen, entspricht der Kraft eines Halb-Athleten (21). Die Kraft von zwei Halb-Athleten entspricht der Kraft eines Athleten (22). Die Kraft von zehn Athleten entspricht der Kraft eines ›halben voranspringenden Angreifers‹ *(ardha-praskandhin)* (23). Die Kraft von zwei ›halben voranspringenden Angreifern‹ entspricht der Kraft eines ›voranspringenden Angreifers‹ (24). Die Kraft von zehn ›voranspringenden Angreifern‹ entspricht der Kraft eines Sarāṅga (?) (25). Die Kraft von zehn Sarāṅgas ist eine Varāṅga-Kraft (26). Zehn Varāṅga-Kräfte sind eine Halb-Nārāyaṇa-Kraft (27). Die Kraft von zwei Halbnārāyaṇas ist eine volle Nārāyaṇa-Kraft (28). Hunderte von ... Nārāyaṇakräften entsprechen der Kraft eines Vollendeten, eines Heiligen, vollkommen Erleuchteten.

22 (In jedem) Gliede (?) ... die Kraft (von ...) haben die Vollendeten, die Heiligen, die vollkommen Erleuchteten. Und die Vollendeten, die Heiligen, die vollkommen Erleuchteten, die der Vergangenheit und Zukunft angehören, (sind) alle völlig gleich, von gleicher Stimme, von gleichen Eigenschaften, von gleichen Tugenden und ... Lebensdauer und Körper[267].

23 Mit einer solchen von Mutter und Vater geerbten

Kraft, ihr Herren, sind die Vollendeten, Heiligen, (weiter) wie zuvor bis: Lebensdauer und Körper.«
24 (Die Mallas:) »Wir selbst haben vom Erhabenen die von Mutter und Vater geerbte Kraft der Vollendeten, Heiligen, vollkommen Erleuchteten gehört.«

31 f Der Buddha erklärt die Kraft seiner Verdienste

25 (Die Mallas:) »Mit welcher Kraft der Verdienste, Herr, sind die Vollendeten, Heiligen, vollkommen Erleuchteten versehen?«
26 (Der Buddha:) »Wollt ihr, ihr Herren, vom Erhabenen die Kraft der Verdienste der Vollendeten, Heiligen, vollkommen Erleuchteten hören?«
27 (Die Mallas:) »Sehr gern, Herr, Erhabener, wollen wir das, sehr gern, Wohlgegangener, wollen wir das.«
28 (Der Buddha:) »Dann, ihr Herren, hört (es) und überdenkt (es) wohl und gut. Ich werde sprechen.
29 Wenn man das Verdienst, ihr Herren, (aller) Wesen in Jambudvīpa (›Kontinent des Rosenapfelbaums‹) mit den Verdiensten eines Herrn von Jambudvīpa, einem Weltherrscher, vergleicht, erreicht es nicht einmal den hundertsten Teil, (nicht einmal) den tausendsten (oder) den hunderttausendsten (Teil) .... Es erreicht nicht einmal Vergleichbarkeit.
30 Wenn man das Verdienst, ihr Herren, (aller) Wesen in zwei Kontinenten mit den Verdiensten eines Herrn über zwei Kontinente, einem Weltherrscher, vergleicht, erreicht es nicht einmal den hundertsten Teil, (weiter) wie zuvor bis: Es erreicht nicht einmal Vergleichbarkeit. Wenn man das Verdienst, ihr Herren, (aller) Wesen in drei Kontinenten mit den Verdiensten eines Herrn über drei Kontinente, einem Weltherrscher, vergleicht, erreicht es nicht einmal den hundersten Teil, (weiter) wie zuvor bis: Es erreicht nicht einmal Vergleichbarkeit. Wenn man das

Verdienst, ihr Herren, (aller) Wesen in vier Kontinenten mit den Verdiensten eines Herrn über vier Kontinente, einem Weltherrscher, vergleicht, erreicht es nicht einmal den hundertsten Teil, (weiter) wie zuvor bis: Es erreicht nicht einmal Vergleichbarkeit.

31 Vier sind nun, ihr Herren, (die Räder, die die Weltherrscher besitzen (?)).

32 Für den Weltherrscher eines Kontinents wird ein eisernes Rad sichtbar (mit einem Radius) einer Rufweite rundherum. Für den Weltherrscher von zwei Kontinenten wird ein (kupfernes) Rad sichtbar (mit einem Radius) von zwei Rufweiten rundherum. Für den Weltherrscher von drei Kontinenten wird ein silbernes Rad sichtbar (mit einem Radius) von drei Rufweiten rundherum. Für den Weltherrscher von vier Kontinenten wird ein himmlisches, ganz goldenes Rad mit Nabe und Felge sichtbar (mit einem Radius) von vier Rufweiten rundherum.

33 Wenn man ... das leuchtende Verdienst (von Weltherrschern über einen, zwei, drei oder vier Kontinente) mit den Verdiensten der Götter (aus dem Himmel) der vier Himmelskönige[268] vergleicht, erreicht es nicht einmal den hundertsten Teil, (weiter) wie zuvor bis: Es erreicht nicht einmal Vergleichbarkeit. Wenn man das Verdienst der Götter (aus dem Himmel) der vier Himmelskönige mit den Verdiensten der vier Himmelskönige (selbst) vergleicht, erreicht es nicht einmal den hundertsten Teil, (weiter) wie zuvor bis: Es erreicht nicht einmal Vergleichbarkeit. Wenn man das Verdienst der vier Himmelskönige mit den Verdiensten der Götter (aus dem Himmel) der Dreiunddreißig vergleicht, erreicht es nicht einmal den hundertsten Teil, (weiter) wie zuvor bis: Es erreicht nicht einmal Vergleichbarkeit.

34 Wenn man das Verdienst von 100 000 Koṭis[269] von Göttern (aus dem Himmel) der Dreiunddreißig mit den Verdiensten des Śakra (?) vergleicht, erreicht es nicht ein-

mal den hundertsten Teil, (weiter) wie zuvor bis: Es erreicht nicht einmal Vergleichbarkeit.

35 Wie die Götter (aus dem Himmel) der Dreiunddreißig ... Śakra, der König der Götter, ... so die Yāma-Götter, die Tuṣita-Götter, der Gott (wörtlich Göttersohn) Saṃtuṣita, die Nirmāṇaratis, die Parinirmitavaśavartins, Brahmā Sabhāpati, die Brahmapurohitas, die Mahābrahmans, die Parīttābhas, die Apramāṇābhas, die Ābhāsvaras, die Parīttaśubhas, die Śu(bhakṛtsnas, die Anabhrakas, die Puṇyapra)savas, die Bṛhatphalas, die Abṛhas, die Atapas, die Sudarśanas, die Akaniṣṭhas.

36 Wenn man das Verdienst von 100000 Koṭis von Akaniṣṭha-Göttern mit den Verdiensten von (Bewohnern des Maheśvara-Bereichs) vergleicht, erreicht es nicht einmal den hundertsten Teil, (weiter) wie zuvor bis: Es erreicht nicht einmal Vergleichbarkeit. Wenn man das Verdienst von 100000 Koṭis von (Bewohnern des Maheśvara-Bereichs) mit den Verdiensten des einen Bodhisattva Maitreya vergleicht, erreicht es nicht einmal den hundertsten Teil, (weiter) wie zuvor bis: Es erreicht nicht einmal Vergleichbarkeit.

37 Wenn man das Verdienst von 100000 Koṭis von Maitreya-Bodhisattvas mit den Verdiensten eines (Wesens, das sich in der letzten Geburt befindet), vergleicht, erreicht es nicht einmal den hundertsten Teil, (weiter) wie zuvor bis: Es erreicht nicht einmal Vergleichbarkeit. Wenn man das Verdienst von ... Wesen, die sich in der letzten Geburt befinden und die zahlreich sind wie die Sandkörner an der Gaṅgā (Ganges), mit den Verdiensten von ... vergleicht, erreicht es nicht einmal den hundertsten Teil, (weiter) wie zuvor bis: Es erreicht nicht einmal Vergleichbarkeit.

(Lücke: Es könnte hier eine Steigerung der Tugendverdienste über einen Heiligen (*arhat*) und/oder einen Einzelbuddha (*pratyekabuddha*) erfolgt sein.)

38 Mit solcher Kraft der Verdienste, ihr Herren, sind die

Vollendeten, die Heiligen, die vollkommen Erleuchteten versehen, (weiter) wie zuvor [22/23] bis: Lebensdauer und Körper.«
39 (Die Mallas:) »Wir selbst haben vom Erhabenen die von Vater und Mutter geerbte Kraft der Vollendeten, Heiligen, vollkommen Erleuchteten gehört. Wir haben die Kraft der Verdienste gehört.«

31g Der Buddha erklärt die Kraft seiner Weisheit

40 (Die Mallas:) »Mit welcher Kraft der Weisheit, Herr, sind die Vollendeten, die Heiligen, die vollkommen Erleuchteten versehen?«
41 (Der Buddha:) »Wollt ihr, ihr Herren, vom Vollendeten die Kraft der Weisheit der Vollendeten, Heiligen, vollkommen Erleuchteten hören?«
42 (Die Mallas:) »Sehr gern, Herr, Erhabener, wollen wir das, sehr gern, Wohlgegangener, wollen wir das.«
43 (Der Buddha:) »Dann, ihr Herren, hört (es) und überlegt (es) wohl und gut. Ich werde sprechen.
(Große Lücke: Eventuell wurde die Kraft der Weisheit des Śāriputra dargelegt.)
44 ... ein Maß von Hunderten von Zweigen (und) Blättern ... nun, ihr Herren, ... nachgehend (und) folgend ... (Kraft ?) der Weisheit des Mönches Śāriputra[270] ....
45 Mit solcher Kraft der Weisheit, ihr Herren, ist der Mönch Śāriputra versehen.
46 Genau so weit, wie die Sonnen (am Himmel) ihre Bahn ziehen (und) die Himmelsgegenden voll Glanz erhellen, so weit (gibt es) in der tausendfachen Welt tausend Monde, tausend Sonnen, tausend Bergkönige, (die) Sumeru[271] (heißen), tausend (Kontinente, die) Pūrvavideha (heißen), tausend (Kontinente, die) Godanīya (heißen), tausend (Kontinente, die) Uttarakuru (heißen), tausend (Kontinente, die) Jambudvīpa (heißen), tausend(mal) die vier Himmelskönige[272], die dreiunddreißig Götter,

Yāma-Götter, Tuṣita-Götter, Nirmāṇaratis, Parinirmitavaśavartins, tausend Brahmanwelten. Dies wird der tausendfache kleine Weltbereich genannt.

47 Tausend tausendfache kleine Weltbereiche werden der zweitausendfache mittlere Weltbereich genannt. Tausend zweitausendfache mittlere Weltbereiche werden der dreitausendfache (und also) großtausendfache Weltbereich genannt.

48 Wenn man, ihr Herren, die Weisheit, die ein von Mönchen wie Śāriputra erfüllter dreitausendfacher großtausendfacher Weltbereich (hat), mit der Weisheit des Vollendeten vergleicht[273], erreicht (sie) nicht einmal den hundertsten Teil, (weiter) wie zuvor bis: Sie erreicht nicht einmal Vergleichbarkeit.

49 *Die Weisheit der ganzen Welt, den Vollendeten ausgenommen, ist nicht soviel wert wie der sechzehnte Teil der Weisheit des Śāriputra.*

Diese Welt mit ihren Göttern, erfüllt von (Wesen) wie Śāriputra, ist nicht soviel wert wie der sechzehnte Teil der Weisheit des Vollendeten.

50 Mit solcher Kraft der Weisheit, ihr Herren, sind die Vollendeten, die Heiligen, die vollkommen Erleuchteten versehen. Und die Vollendeten, (die) der Vergangenheit und Zukunft (angehören), (weiter) wie zuvor [22/23] bis: Lebensdauer und Körper.«

51 (Die Mallas:) »Wir selbst haben vom Erhabenen die von Mutter und Vater geerbte Kraft gehört. Wir haben die Kraft der Verdienste gehört. Wir haben die Kraft der Weisheit gehört.«

31 h Der Buddha erklärt seine übernatürliche Kraft

52 (Die Mallas:) »Mit welcher übernatürlichen Kraft sind die Vollendeten, Heiligen, vollkommen Erleuchteten versehen?«

53 (Der Buddha:) »Wollt ihr, ihr Herren, vom Erhabenen die übernatürliche Kraft der Vollendeten, Heiligen, vollkommen Erleuchteten hören?«
54 (Die Mallas:) »Sehr gern, Herr, Erhabener, wollen wir das, sehr gern, Wohlgegangener, wollen wir das.«
55 (Der Buddha:) »Dann, ihr Herren, hört (es) und überdenkt (es) wohl und gut. Ich werde sprechen.
56 Zu einer Zeit[274], ihr Herren, weilte ich in Vairaṇyā an der Wurzel (des Baumes) Naḍerapicumanda. Zu jener Zeit nun war in Vairaṇyā eine Lebensmittelknappheit, Elend, Hungersnot. Almosenspeise war für einen Bettler schwer zu bekommen, (und) die Mönche waren durch schlechtes Essen völlig erschöpft. Nun kam der Mönch Maudgalyāyana[275] zu mir. (Bei mir) angelangt, sagte er dies:
57 ›Herr, was der Erhabene aber wissen sollte, (ist): ›Jetzt ist in Vairaṇyā eine Lebensmittelknappheit, Elend, Hungersnot. Almosenspeise ist für einen Bettler schwer zu bekommen, (und) die Mönche sind durch schlechtes Essen völlig erschöpft.‹
58 Ich habe, Herr, vom Erhabenen von Angesicht zu Angesicht gehört, ich habe von Angesicht zu Angesicht (ins Bewußtsein) aufgenommen (und mir eingeprägt): ›Was den vorzüglichen irdischen Rahm[276] auf der großen Erde (betrifft), ist er nach unten gedreht.‹ Auch ich persönlich habe in rechter Weise die Schau des Wissens, (nämlich): ›Was den vorzüglichen irdischen Rahm auf der großen Erde (betrifft), ist er nach unten gedreht.‹ Daher will ich die große Erde umdrehen. Den vorzüglichen irdischen Rahm unterhalb von ihr werde ich nach oben befördern, das, was oben ist, nach unten.‹
59 Ich sprach zu ihm so: ›Willst du, Maudgalyāyana, die große Erde umdrehen?‹ Er sprach so: ›Ich will, Herr, die große Erde umdrehen.‹
60 Ich sprach zu ihm so: ›Wo stehst du, während du die große Erde umdrehst?‹ Er sprach so: ›Von einem Ort an

den (Ringgebirgen) Cakravāḍa und Mahācakravāḍa[277] stehend werde ich die große Erde umdrehen.‹

61 Ich sprach zu ihm so: ›Wenn du, Maudgalyāyana, die große Erde umdrehen willst, was wirst du dann mit den auf der Erde wohnenden Geschöpfen, Wesen, Lebenden tun?‹ Er sprach so: ›Ich will die große Erde umdrehen, (wobei) ich die auf der Erde wohnenden Geschöpfe, Wesen, Lebenden mit der linken (Hand halten und mit der rechten Hand) die große Erde umdrehen werde.‹

62 Ich sprach zu ihm so: ›Wenn du, Maudgalyāyana, die große Erde umdrehst, welches Gefühl wirst du dann haben? ...‹ (Er sprach so:) ›Ein Gefühl, (es sei) sehr leicht, werde ich haben. Wie ein starker Mann ein Bananenblatt mit einem Gefühl, (es sei) sehr leicht, umdreht ... Ich werde das Gefühl haben, (es sei) sehr leicht.‹

63 Ich sprach zu ihm so: ›Ausgeschlossen (?), Maudgalyāyana, ausgeschlossen (?), Maudgalyāyana. ... (Genug ?) damit, die Erde umzudrehen. Das aus welchem Grund? ... Geschöpfe ... Maudgalyāyana ... (sie) würden sterben. Das aus welchem Grund? Eben dieser vorzügliche irdische Rahm auf der großen Erde (würde) nach kurzer Zeit ... . Diese Wesen, Geschöpfe (und) Lebenden würden aufgrund der Gier nach dem Geschmack (dieser) Speise in höchstes Unheil geraten, zugrunde gehen (und) sterben.‹

64 (Ich habe den Mönch Maudgalyāyana davon abgehalten, die große) Erde umzudrehen. Mit solcher übernatürlicher Kraft, ihr Herren, ist der Mönch Maudgalyāyana versehen.

65 Genau so weit, wie die Sonnen (am Himmel) ihre Bahn ziehen (und) die Himmelsgegenden voll Glanz erhellen, (weiter) wie zuvor [46f] bis: Dies wird der dreitausendfache großtausendfache Weltbereich genannt.

66 Wenn man, ihr Herren, die übernatürliche Kraft, die ein von Mönchen wie Maudgalyāyana erfüllter dreitausendfacher großtausendfacher Weltbereich (hat), mit der übernatürlichen Kraft eines Vollendeten vergleicht, er-

reicht (sie) nicht einmal den hundertsten Teil, (weiter) wie zuvor bis: Sie erreicht nicht einmal Vergleichbarkeit.
67 … (es gibt) eine den Körper dahintragende (und) den Geist dahintragende übernatürliche Kraft der Hörer[278] (und) der Einzelbuddhas *(pratyekabuddha)*[279] (und es gibt) eine gedankenschnelle (übernatürliche Kraft) der Vollendeten, Heiligen, vollkommen Erleuchteten.
68 Mit solcher übernatürlicher Kraft, ihr Herren, sind die Vollendeten, Heiligen, vollkommen Erleuchteten versehen. (Und die Vollendeten), die der Vergangenheit und der Zukunft (angehören), (weiter) wie zuvor [22/23] bis: Lebensdauer und Körper.«
69 (Die Mallas:)»Wir selbst haben vom Erhabenen die von Mutter und Vater geerbte Kraft gehört. Wir haben die Kraft der Verdienste gehört. Wir haben die Kraft der Weisheit gehört. Wir haben die übernatürliche Kraft gehört.«

31 i Der Buddha erklärt die Kraft der Unbeständigkeit

(Große Lücke: Hier wurde eine Definition der meditativen Schöpferkraft *(bhāvanābala)* gegeben. Dann nennt der Buddha als noch mächtigere Kraft die Unbeständigkeit. Aufgrund dieser Kraft wird er selbst in der kommenden Nacht sterben.)
70 … Die Mallas von Kuśinagarī (hatten dies) vom Erhabenen (gehört) (und) waren voll Verwirrung. Irgendwie erreichten (sie es) … Einige streckten die Arme aus und schrieen. Einige standen da, von Herzeleid ergriffen. Einige betrachteten die Regel: »Schon früher ist uns vom Erhabenen verkündet worden: ›Von allen gewünschten, begehrten, geliebten, angenehmen Dingen wird (einmal) Geschiedenheit sein, Getrenntheit, Trennung, Loslösung.‹«

31j Der Buddha über die Vergänglichkeit aller Dinge

71 Nun seufzten die Mallas von Kuśinagarī mit angenehmen Lauten (wie von) Tauben lang auf, trockneten ihre Tränen, verehrten die Füße des Erhabenen mit dem Kopf (und) stellten sich zu einer Seite.
72 Nun setzte sich der Erhabene zusammen mit der Mönchsgemeinde an einer Seite auf diesen großen Felsblock nieder. Auch die Mallas von Kuśinagarī setzten sich auf einer Seite eben dieses Felsblocks nieder.
73 Nun beruhigte der Erhabene gleichsam die Mallas von Kuśinagarī (und) sagte zu den Mallas von Kuśinagarī dies:
74 »Dieser große Felsblock, ihr Herren, war für die Menschen früherer Weltzeitalter ein Stein für körperliche Übungen. Daher nämlich sieht man jetzt Fingerspuren an ihm. So vergänglich, ihr Herren, sind alle Gestaltungen, so unbeständig, so unverläßlich. So der Veränderung (zum Schlechteren) unterworfen sind alle Gestaltungen, daß es doch genug ist, um vor allen Gestaltungen Abneigung zu empfinden, genug, um (ihnen gegenüber) gleichgültig zu werden, genug, um sich (davon) zu befreien«.
75 Als nun diese Darlegung der Lehre mit großem Löwengebrüll ausgesprochen wurde, (da) erbebte dieser dreitausendfache großtausendfache Weltbereich dreimal, er erbebte sehr, er erbebte vollkommen. Er bewegte sich, er bewegte sich sehr, er bewegte sich vollkommen. Er wurde geschüttelt, sehr geschüttelt, vollkommen geschüttelt. Er war erschüttert, sehr erschüttert, vollkommen erschüttert[280].

31k Besuch der Götter Brahmā und Śakra

76 Nun kam Brahmā Sabhāpati und Śakra, dem König der Götter, die sich beide bei ihren (Götter)gruppen befanden, dieser (Gedanke): »Dieser Buddha, der Erhabene, der sich in der Nähe von Kuśinagarī aufhält, hat (nun) die Mallas von Kuśinagarī durch ein großes Wunder seiner übernatürlichen Kraft für sich gewonnen. Nicht lange von jetzt an wird der Erhabene im Bereich des restlosen Nirvāṇa völlig verlöschen. Wie wäre es nun, wenn wir zum Erhabenen, Vollendeten, Heiligen, vollkommen Erleuchteten gingen (und) uns zu einer letzten Audienz einfänden?«

77 Nun verschwanden Brahmā Sabhāpati und Śakra, der König der Götter, aus ihrer (Götter)gruppe (und) mit den Göttern des Bereichs der Sinne … (erschienen) … Brahmā Sabhāpati ….

(Lücke: Die Götter kommen zum Buddha und sprechen mit ihm.)

78 Nachdem sie so gesprochen hatten, verehrten Brahmā Sabhāpati und Śakra, der König der Götter, die Füße des Erhabenen mit dem Kopf. … Nachdem sie vorgetreten waren, sich wieder und wieder verbeugt und mit dem Kopf (den Erhabenen) verehrt hatten, verschwanden sie von genau dort.

79 Nun erkannte der Erhabene Einstellung, (ungute) Neigungen, Zustand *(gati)* und Natur dieser großen, ihm so gläubig vertrauenden Menschenmenge (und) hielt eine genau dazu passende Darlegung der Lehre, die die vier edlen Wahrheiten erklärte.

80 Nachdem sie diese gehört hatten, entwickelten mehrere Hunderttausende von Lebewesen »heiße« Wurzeln des Guten[281].

81 Einige verwirklichten »Bereitschaften«, die der Wahrheit entsprechen[282], »Gipfel« (und) »weltliche Spitzeneigenschaften«. Einige wandten sich der Frucht des »In-

den-Strom-Tretens«[283] zu, einige der Frucht des Einmalwiederkehrers[284], einige der Frucht des Nichtwiederkehrers[285]. Einige verließen das (weltliche Leben), zogen (in die Hauslosigkeit) (und) verwirklichten aufgrund der Vernichtung aller Befleckungen die Heiligkeit *(arhatva)*. Einige faßten den Gedanken an die Erleuchtung des Hörers[286], einige an die Erleuchtung zum Einzelbuddha *(pratyekabuddha)*, einige an die allerhöchste vollkommene Erleuchtung.

82 Nachdem sie die fruchttragende Darlegung der Lehre (mit Achtsamkeit[287]) (in das Bewußtsein) aufgenommen hatte, war die Versammlung in noch größerem Maße dem Buddha gewogen, der Lehre verpflichtet (und) der Gemeinde geneigt.

83 Als der Erhabene nun diese Versammlung dem Buddha gewogen, der Lehre verpflichtet (und) der Gemeinde geneigt gemacht hatte, stand er vom Sitz auf (und) schritt fort.

32 Am Sterbelager des Buddha

32a Ānanda bereitet dem Buddha das letzte Lager

1 Da sprach der Erhabene den ehrwürdigen Ānanda an:

2 »Komm (mit), Ānanda, nach Kuśinagarī.«

3 »So (sei es), Herr«, stimmte der ehrwürdige Ānanda dem Erhabenen zu.

4 Nun ging der Erhabene im Lande der Mallas auf Wanderschaft, erreichte Kuśinagarī (und) weilte in Kuśinagarī im Land der Mallas im Yamakaśāla[288]-Wald.

5 Nun, eben zur Zeit des völligen Verlöschens, sprach der Erhabene den ehrwürdigen Ānanda an:

6 »Bereite, Ānanda, dem Vollendeten zwischen zwei Śāla-Zwillingsbäumen eine Lagerstatt mit dem Kopf im Norden. (Denn) heute wird in der mittleren Wache der

Nacht das völlige Verlöschen des Vollendeten im Bereich des restlosen Nirvāṇa sein.«

7 »So (sei es), Herr«, stimmte der ehrwürdige Ānanda dem Erhabenen zu, bereitete zwischen zwei Śāla-Zwillingsbäumen eine Lagerstatt mit dem Kopf im Norden (und) ging zum Erhabenen.

8 (Dorthin) gelangt, verehrte er die Füße des Erhabenen mit dem Kopf (und) stellte sich zu einer Seite hin.

9 Der ehrwürdige Ānanda, der an einer Seite stand, sagte zum Erhabenen dies: »Bereitet, Herr, ist die Lagerstatt für den Vollendeten mit dem Kopf im Norden zwischen zwei Śāla-Zwillingsbäumen.«

32b Ānanda beklagt das bevorstehende Nirvāṇa

10 Nun ging der Erhabene zur Lagerstatt. (Dorthin) gelangt, ruhte er auf der rechten Seite, legte die Füße übereinander (und verweilte), (inneres) Licht empfindend, achtsam und voll Bedacht, während er im Geist die Vorstellung des Nirvāṇa hervorrief.

11 Nun stand der ehrwürdige Ānanda hinter dem Erhabenen, hielt sich an der Lagerstatt fest, fing an zu weinen (und) sagte, während er die Tränen laufen ließ:

12 »Allzu schnell verlischt der Erhabene völlig, allzu schnell verlischt der Wohlgegangene völlig, allzu schnell verschwindet das Auge der Welt.

13 Und früher kamen Mönche aus den jeweiligen Himmelsrichtungen (und) aus den jeweilige Ländern, um den Erhabenen persönlich zu sehen (und) um dem Erhabenen aufzuwarten. Diese (Mönche), die sich (ihm) genaht hatten, lehrte der Erhabene die Lehre, die am Anfang wohltuend ist, in der Mitte wohltuend ist, am Ende wohltuend ist, deren Sinn gut (und) deren Silben gut sind, die vollständig, vollendet, ganz rein und völlig lauter ist, (diesen) heiligen Wandel erläuterte er.

14 Weil diejenigen, die im rechten Augenblick kamen,

um die sehr tiefe Predigt der Lehre zu hören, nicht (mehr) kommen werden, wenn sie gehört haben: ›Der Erhabene ist völlig verloschen‹, deshalb wird der große Genuß der Lehre aus der Welt verschwinden.«

15 Nun sprach der Erhabene die Mönche an:

16 »Und wo steht der Mönch Ānanda?«

17 »Dieser ehrwürdige Ānanda, Herr, steht hinter dem Erhabenen, hält sich an der Lagerstatt fest. Er fing an zu weinen (und sagte), während er die Tränen laufen ließ:

18 (Weiter) wie zuvor

19 bis: wird (aus der Welt) verschwinden.«

32c Der Buddha tröstet Ānanda

20 Da sprach der Erhabene den ehrwürdigen Ānanda an:

21 »Sei nicht traurig, Ānanda, sei nicht erschöpft, [weine nicht[289]!] Das aus welchem Grund?

22 Der Vollendete wurde, Ānanda, durch dich mit liebevollem Verhalten des Körpers versorgt, durch Wohlwollen (und) durch Annehmlichkeiten, (die) unwandelbar (und) unermeßlich (waren). (Er wurde versorgt) mit liebevollem Verhalten der Rede (und) mit liebevollem Verhalten des Geistes, durch Wohlwollen (und) durch Annehmlichkeiten, (die) unwandelbar (und) unermeßlich (waren).

23 Für die Buddhas, die Erhabenen, die in der Vergangenheit Vollendete, Heilige, vollkommen Erleuchtete waren, wurde eine ähnliche Versorgung durchgeführt[290], wie (sie) jetzt mir durch dich (widerfährt)[291].

24 Auch für die Buddhas, die Erhabenen, die in der Zukunft Vollendete, Heilige, vollkommen Erleuchtete sein werden, wird eine ähnliche Versorgung durchgeführt werden, wie (sie) jetzt mir durch dich (widerfährt).

25 Deshalb, Ānanda, sei nicht traurig, sei nicht erschöpft,

[weine nicht[292]!] Warum wohl (gilt) das? Weshalb (sollte) es möglich sein, daß etwas Geborenes, Gewordenes, Gemachtes, Zusammengesetztes (weiter) wie zuvor[293]
26 bis: (Es wird) Loslösung (sein).«

32d Der Buddha über wunderbare Übereinstimmungen im Wirken eines Weltherrschers und Ānandas

27 Nun sprach der Erhabene die Mönche an, um den ehrwürdigen Ānanda zu erfreuen:
28 »Es gibt, o Mönche, vier wunderbare, erstaunliche Eigenschaften eines weltbeherrschenden Königs *(cakravartin)*. Welche vier?
29 Wenn die Versammlung der Kṣatriyas den weltbeherrschenden König aufsucht, um (ihn) zu sehen, wird sie durch den Anblick zufrieden. Wenn er in der herangekommenen (Versammlung) das Gesetz erläutert, wird sie zufrieden durch das Hören des Gesetzes.
30 Wenn die Versammlung der Brahmanen
31 (oder) die Versammlung der Hausväter
32 (oder) die Versammlung der Asketen den weltbeherrschenden König aufsucht, um (ihn) zu sehen, wird sie durch den Anblick zufrieden. Wenn er in der herangekommenen (Versammlung) das Gesetz erläutert, wird sie zufrieden durch das Hören des Gesetzes.
33 Genau so, o Mönche, (gibt es) vier wunderbare, erstaunliche Eigenschaften des Mönchs Ānanda. Welche vier?
34 Wenn die Versammlung der Mönche Ānanda aufsucht, um (ihn) zu sehen, wird sie durch den Anblick zufrieden. Wenn er in der herangekommenen (Versammlung) die Lehre erläutert, wird sie zufrieden durch das Hören der Lehre.
35 Wenn die Versammlung der Nonnen
36 (oder) die Versammlung der Laienanhänger

37 (oder) die Versammlung der Laienanhängerinnen Ānanda aufsucht, um (ihn) zu sehen, wird sie durch den Anblick zufrieden. Wenn er in der herangekommenen (Versammlung) die Lehre erläutert, wird sie zufrieden durch das Hören der Lehre.
38 (Es gibt), o Mönche, noch vier weitere wunderbare, erstaunliche Eigenschaften des Mönchs Ānanda. Welche vier?
39 Wenn der Mönch Ānanda der Mönchsversammlung die Lehre erläutert, (sie) sorgfältig erläutert, (sie) nicht nachlässig erläutert, dann kommt der Mönchsgemeinde dieser (Gedanke): ›Ach wenn doch der ehrwürdige Ānanda (weiter) über die Lehre spräche (und) nicht still wäre!‹ Gar nicht satt ist die Mönchsversammlung, (die Darlegung) der Lehre durch den Mönch Ānanda zu hören. Der Mönch Ānanda aber schweigt.
40 Wenn (er) in der Versammlung der Nonnen
41 (oder) in der Versammlung der Laienanhänger
42 (oder) in der Versammlung der Laienanhängerinnen die Lehre erläutert, (sie) sorgfältig erläutert, (sie) nicht nachlässig erläutert, dann kommt der Gemeinde der Laienanhänger usw. dieser (Gedanke): ›Ach wenn doch der ehrwürdige Ānanda (weiter) über die Lehre spräche (und) nicht still wäre!‹ Gar nicht satt ist die Versammlung der Laienanhängerinnen, (die Darlegung) der Lehre durch den Mönch Ānanda zu hören. Der Mönch Ānanda aber schweigt.«

33 Ānanda nennt Kuśinagarī eine unbedeutende Stadt

1 Nun sagte der ehrwürdige Ānanda, der durch den Erhabenen erfreut worden war, zum Erhabenen dies:
2 »Es gibt, Herr, solche großen Städte wie Śrāvastī[294], Sā-

keta[295], Campā[296], Bārāṇasī[297], Vaiśālī[298] und Rājagṛha[299]. Warum läßt der Erhabene solche großen Städte aus (und) glaubt, in einem verächtlichen Dorf, in einer trostlosen Wüste, in einer (abgelegenen) Festung, in einem (kleinen) Vorort, in einem (leblosen) Stumpf von Stadt völlig verlöschen zu müssen?«

3 »Halte, Ānanda, Kuśinagarī nicht für ein verächtliches Dorf, o Ānanda, oder für eine trostlose Wüste oder eine (abgelegene) Festung oder einen (kleinen) Vorort oder einen (leblosen) Stumpf von Stadt. Das aus welchem Grund?«

34 Das Mahāsudarśana-Sūtra – Der Lehrtext vom (König) Mahāsudarśana

34 a Beschreibung der Herrlichkeit der Residenz Kuśāvatī

1 Einst war Kuśinagarī, Ānanda, eine Königsresidenz namens Kuśāvatī. Sie war blühend, wohlhabend, friedvoll, üppig an Nahrung und erfüllt von vielen Leuten und Menschen, (und sie maß) zwölf Yojanas[300] in der Länge und sieben Yojanas in der Breite.

2 Die Königsresidenz Kuśāvatī war, Ānanda, von sieben Wällen umgeben, von Wällen aus vierfachen (Materialien), golden, silbern, aus Katzenauge[301] gemacht, aus Bergkristall gemacht.

3 In der Königsresidenz Kuśāvatī waren (Stadt)tore aus vierfachen (Materialien) erbaut, golden, silbern, aus Katzenauge gemacht, aus Bergkristall gemacht.

4 An diesen Toren waren Pfeiler[302] aus vierfachen (Materialien) angebaut, golden, silbern, aus Katzenauge gemacht, aus Bergkristall gemacht, sieben Mannlängen

(hoch) und dreieinhalb Mannlängen (tief) eingegraben, fest, beständig, stabil, unbeweglich, unerschütterlich.
5 Die Königsresidenz Kuśāvatī war von sieben Gräben umgeben. Diese Gräben nun waren mit Ziegeln aus vierfachen (Materialien) ausgekleidet, golden, silbern, aus Katzenauge gemacht, aus Bergkristall gemacht.
6 Die Königsresidenz Kuśāvatī war von sieben Reihen aus Palmbäumen umgeben, von Palmen aus vierfachen (Materialien), golden, silbern, aus Katzenauge gemacht, aus Bergkristall gemacht.
7 Bei einer goldenen Palme waren silberne Blätter, Blüten und Früchte angebracht, bei einer silbernen (Palme waren sie) golden, bei einer aus Katzenauge gemachten (Palme waren sie) aus Bergkristall gemacht, bei einer bergkristallnen (Palme) waren aus Katzenauge gemachte Blätter, Blüten und Früchte angebracht.
8 Wenn nun die Palmen vom Wind bewegt wurden, kam ein solcher herzerfreuender Ton hervor wie von einem Musikinstrument der fünf Arten[303], das durch einen kundigen Menschen in rechter Weise zum Klingen gebracht wird.
9 In den Zwischenräumen zwischen den Palmen nun waren Lotosteiche angelegt worden. Die Lotosteiche nun waren mit Ziegeln aus vierfachen (Materialien) ausgekleidet, golden, silbern, aus Katzenauge gemacht, aus Bergkristall gemacht.
10 In die Lotosteiche nun waren Treppen aus vierfachen (Materialien) gebaut, golden, silbern, aus Katzenauge gemacht, aus Bergkristall gemacht.
11 Die Lotosteiche nun waren von Geländern aus vierfachen (Materialien) umgeben, golden, silbern, aus Katzenauge gemacht, aus Bergkristall gemacht. Bei einem goldenen Geländer waren silberne Diagonalbalken, Querbalken und Pfeilerfundamente angebracht. Bei einem silbernen (Geländer waren sie) golden, bei einem bergkristallnen (Geländer waren sie) aus Katzenauge ge-

macht, und bei einem aus Katzenauge gemachten (Geländer) waren bergkristallne Diagonalbalken, Querbalken und Pfeilerfundamente angebracht.

12 In den Lotosteichen nun wurden verschiedene Wasserblumen gezogen wie Utpala[304], Padma, Kumuda, Puṇḍarīka, Saugandhika[305] und Madhugandhika[306], (die) zu jeder Jahreszeit, immer (blühten) (und) für alle Leute frei zugänglich waren.

13 An den Ufern der Lotosteiche nun wurden verschiedene Landgewächse gezogen wie Atimuktaka[307], Campaka[308], Pāṭalā[309], Vārṣikā[310], Mālikā[311], Navamālikā[312], Sumanas[313], Yūthikā[314] und Dhānuṣkārin[315], (die) zu jeder Jahreszeit, immer (blühten) (und) für alle Leute frei zugänglich waren.

14 An die Ufer der Lotosteiche nun waren von König Mahāsudarśana Mädchen gestellt worden, die den um Speise Bittenden Speise gaben, den um ein Getränk Bittenden etwas zu trinken (und) den um Kleidung Bittenden Kleidung. Sie gaben den um Blumengirlanden, Parfüm oder Schminke Bittenden Blumengirlanden, Parfüm und Schminke.

15 Die Schurken in der Königsresidenz Kuśāvatī nun oder die Berauschten oder die Säufer, die spielen, sich vergnügen (und) sich (miteinander) amüsieren wollten, spielten, vergnügten sich (und) amüsierten sich (miteinander) in den Zwischenräumen zwischen den Palmen.

16 Die Königsresidenz Kuśāvatī wurde, Ānanda, durch das Geräusch der Palmblätter erfüllt (und) durch zwölf (weitere Geräusche) wie das Geräusch der Elefanten (1), das Geräusch der Pferde (2), das Geräusch der (Streit)wagen (3), das Geräusch der Fußsoldaten (4), das Geräusch der Muschelhörner[316] (5), das Geräusch der Kriegstrommeln (6), das Geräusch der Bherī-Trommeln (7), das Geräusch der Mṛdaṅga-Trommeln (8), das Geräusch von Musikinstrumenten[317] (9), das Geräusch von Gesang (10), das Geräusch von Musikinstrumenten[318] (11) (und) das

Geräusch (von Rufen wie): »Gebt Geschenke! Erwerbt euch Verdienste! Haltet das Fasten ein! Seid voller Tugend!« (12)

34b König Mahāsudarśana und seine vier Wunderkräfte

17 In der Königsresidenz Kuśāvatī, Ānanda, gab es einen König namens Mahāsudarśana, der mit sieben Edelsteinen ausgestattet (war) und mit vier menschlichen Wunderkräften *(ṛddhi)*.

18 Mit welchen sieben (Edelsteinen)[319]? Mit dem Edelstein »Rad«, dem Edelstein »Elefant«, dem Edelstein »Pferd«, dem Edelstein »Juwel«, dem Edelstein »Frau«, dem Edelstein »Schatzmeister«, dem Edelstein »Minister« als siebtem.

19 Mit welchen vier menschlichen Wunderkräften? Der König Mahāsudarśana war von langer Lebenszeit, lange existent. Er spielte 84 000 Jahre lang das Spiel eines Prinzen. Er übte 84 000 Jahre lang die Thronfolgerschaft aus. Er übte 84 000 Jahre lang die Königsherrschaft aus. Er beging 84 000 Jahre lang als königlicher Seher den heiligen Wandel[320].

20 Daß, Ānanda, der König Mahāsudarśana von langer Lebenszeit (und) lange existent war, (daß) er 84 000 Jahre lang das Spiel eines Prinzen spielte (weiter) wie zuvor, dies wird eine Wunderkraft des Königs Mahāsudarśana genannt.

21 Weiterhin wiederum war der König Mahāsudarśana schön, ansehnlich, anziehend, menschliche Schönheit übertreffend, (aber) himmlische Schönheit nicht erreichend.

22 Daß, Ānanda, der König Mahāsudarśana schön war, ansehnlich (weiter) wie zuvor, dies wird eine Wunderkraft des Königs Mahāsudarśana genannt.

23 Weiterhin wiederum war der König Mahāsudarśana

wenig krank, von Natur gesund (und) mit einem gleichmäßig arbeitenden Verdauungsorgan versehen, (das) weder zu heiß noch zu kalt (und) frei von Beschwerden (war und dem der Wechsel der) Jahreszeiten gut bekam. Das von diesem (Organ) Gegessene, Getrunkene, Verzehrte und Genossene kam in rechter und angenehmer Weise zur Verdauung.

24 Daß, Ānanda, der König Mahāsudarśana wenig krank war, von Natur gesund, (weiter) wie zuvor, dies wird eine Wunderkraft des Königs Mahāsudarśana genannt.

25 Weiterhin wiederum war der König Mahāsudarśana allen Landesbewohnern lieb und angenehm wie ein Vater den Söhnen. Dem König Mahāsudarśana seinerseits waren die Stadt- und Landesbewohner lieb und angenehm wie Söhne dem Vater.

26 Zu einer Zeit verließ der König Mahāsudarśana (die Stadt auf dem Weg) zum Parkareal (und) sprach den Wagenlenker an: »Fahre den Wagen, o Wagenlenker, bitte ganz langsam, damit ich die Stadt- und Landesbewohner lange sehen kann.« Die Stadt- und Landesbewohner sprachen da ihrerseits den Wagenlenker an: »Fahre den Wagen, o Wagenlenker, bitte ganz langsam, damit wir Seine Majestät lange sehen können.«

27 Daß, Ānanda, der König Mahāsudarśana allen Landesbewohnern lieb und angenehm war, (weiter) wie zuvor, dies wird eine Wunderkraft des Königs Mahāsudarśana genannt.

34c Untertanen schenken dem König Kostbarkeiten

28 Nun nahmen die Stadt- und Landesbewohner viel Gold, kostbare Juwelen und kostbare Wollstoffe (und) gingen zum König Mahāsudarśana. (Dorthin) gelangt, sagten sie dem König Mahāsudarśana dies:

29 »Dieses viele Gold, die kostbaren Juwelen und die

kostbaren Wollstoffe wurden für Eure Majestät herbeigebracht. Eure Majestät möge sie aus Mitleid entgegennehmen.«

30 »Auch in meinem Herrschaftsbereich gibt es solchen Reichtum.« Nachdem er so gesprochen hatte, stieg in ihm Desinteresse auf, (und) er stimmte der Entgegennahme (der Geschenke) nicht zu.

31 Die Stadt- und Landesbewohner sagten dem König Mahāsudarśana dies:

32 »Dieses viele Gold, die kostbaren Juwelen und die kostbaren Wollstoffe wurden für Eure Majestät herbeigebracht. Eure Majestät möge sie aus Mitleid entgegennehmen.«

33 Zum zweiten und zum dritten Mal sprach der König Mahāsudarśana die Stadt- und Landesbewohner an:

34 »Auch in meinem Herrschaftsbereich gibt es solchen Reichtum.« Nachdem er so gesprochen hatte, stieg in ihm Desinteresse auf, (und) er stimmte der Entgegennahme (der Geschenke) nicht zu.

35 Nun kam den Stadt- und Landesbewohnern dieser (Gedanke):

36 »Es kann uns nicht angemessen sein, daß wir dieses viele Gold, die kostbaren Juwelen und die kostbaren Wollstoffe, die wir für Seine Majestät herbeigebracht haben, nehmen (und) jeder (von uns) in seine Wohnung gehen wird. Wie wäre es nun, wenn wir vor König Mahāsudarśana die große Menge von Gold und Silber ausbreiten, die kostbaren Juwelen und die kostbaren Wollstoffe an einer Seite niederlegen, gleichmütig denken: ›Dies ist Reichtum Seiner Majestät geworden‹ (und) fortgehen?«

37 Als sie dies erkannt hatten, breiteten sie die große Menge von Gold und Silber vor König Mahāsudarśana aus, legten die kostbaren Juwelen und die kostbaren Wollstoffe an einer Seite nieder, dachten gleichmütig: »Dies ist Reichtum Seiner Majestät geworden« (und) gingen fort.

38 Nun kam dem König Mahāsudarśana dieser (Gedanke):
39 »Meinen Reichtum (habe ich) auf rechtmäßige Weise, nicht auf unrechtmäßige Weise erhalten. Wie wäre es nun, wenn ich einen religiösen Palast erbaute?«

34d Unterkönige erhalten die Erlaubnis, den Palast anstelle des Königs zu errichten

40 (Nun) hörten 84 000 Festungskönige[321]: »Der König Mahāsudarśana will einen religiösen Palast erbauen.«
41 Als sie (dies) gehört hatten, gingen sie zum König Mahāsudarśana. (Dorthin) gelangt, sagten sie dem König Mahāsudarśana dies:
42 »Betreffs des religiösen Palastes sei Eure Majestät unbesorgt. Wir werden den religiösen Palast erbauen.«
43 »Ihr Dorfschulzen, auch in meinem Herrschaftsbereich gibt es solche Reichtümer«, sagte (der König und) stimmte nicht zu.
44 Zum zweiten und zum dritten Mal sagten die 84 000 Festungskönige dem König Mahāsudarśana dies:
45 »Betreffs des religiösen Palastes sei Eure Majestät unbesorgt. Wir werden den religiösen Palast erbauen.«
46 Zum zweiten und zum dritten Mal sprach der König Mahāsudarśana die 84 000 Festungskönige an:
47 »Ihr Dorfschulzen, auch in meinem Herrschaftsbereich gibt es solche Reichtümer«, sagte er (und) stimmte nicht zu.
48 Nun näherten sich die 84 000 Festungskönige mit dem Kopf (?) den Füßen des Königs Mahāsudarśana. Einige ergriffen (seine ?) Arme, einige ergriffen (seinen) Kleidersaum, einige verbeugten sich mit zusammengelegten Händen gegenüber dem König Mahāsudarśana (und) sagten dem König Mahāsudarśana dies:
49 »Betreffs des religiösen Palastes sei Eure Majestät unbesorgt. Wir werden den religiösen Palast erbauen.«

50 (Nun) stimmte der König Mahāsudarśana den 84 000 Festungskönigen durch Schweigen zu.

34 e Mahāsudarśana bestimmt die Lage und Größe des Palastes

51 Als nun die 84 000 Festungskönige erkannten, daß der König Mahāsudarśana durch Schweigen seine Zustimmung gegeben hatte, kam jeder (von ihnen) zu seinem Wohnort,
52 nahm viel Gold (und Silber ?)[322] und jeweils eine Säule mit Edelsteinen (und) ging zu König Mahāsudarśana. (Dorthin) gelangt, sagten sie dem König Mahāsudarśana dies:
53 »Wo sollen wir, Majestät, den religiösen Palast erbauen und wie groß?«
54 »Darum denn erbaut, ihr Dorfschulzen, im Osten der Königsresidenz Kuśāvatī einen religiösen Palast, ein Yojana lang (und) ein Yojana breit.«
55 »So (sei es), Majestät«, stimmten die 84 000 Festungskönige dem König Mahāsudarśana zu (und) erbauten im Osten von Kuśāvatī einen religiösen Palast, ein Yojana lang (und) ein Yojana breit.

34 f Beschreibung der Herrlichkeit des Palastes

56 Für den religiösen Palast[323], Ānanda, wurden [Fundamente][324] aus vierfachen (Materialien) gelegt, golden, silbern, aus Katzenauge gemacht, aus Bergkristall gemacht. Es wurden Säulenbasen[325] aus vierfachen (Materialien) gebaut, golden, silbern, aus Katzenauge gemacht, aus Bergkristall gemacht.
57 In dem religiösen Palast wurden Säulen aus vierfachen (Materialien) aufgerichtet, golden, silbern, aus Katzenauge gemacht, aus Bergkristall gemacht.
58 Bei einer goldenen Säule waren ein silberner Säulen-

fuß, ein Halsgelenk, ein Kapitell (und) ein Balken[326] (aus Silber) angebracht. Bei einer silbernen (Säule waren sie) golden, bei einer aus Katzenauge gemachten (Säule waren sie) aus Bergkristall gemacht, bei einer aus Bergkristall gemachten Säule waren ein aus Katzenauge gemachter Säulenfuß, ein Halsgelenk, ein Kapitell (und) ein Balken (aus Katzenauge) angebracht.

59 In den religiösen Palast waren Sparren aus vierfachen (Materialien) eingebaut, golden, silbern, aus Katzenauge gemacht, aus Bergkristall gemacht.

60 In den religiösen Palast waren Haupttragebalken (?) aus vierfachen (Materialien) eingebaut, golden, silbern, aus Katzenauge gemacht, aus Bergkristall gemacht.

61 In den religiösen Palast waren Balken (?) aus vierfachen (Materialien) eingebaut, golden, silbern, aus Katzenauge gemacht, aus Bergkristall gemacht.

62 Auf den religiösen Palast waren Dachtürme aus vierfachen (Materialien) aufgebaut, golden, silbern, aus Katzenauge gemacht, aus Bergkristall gemacht.

63 Der religiöse Palast war mit Planken aus vierfachen (Materialien) gedeckt, golden, silbern, aus Katzenauge gemacht, aus Bergkristall gemacht.

64 In den religiösen Palast waren Treppen aus vierfachen (Materialien) eingebaut, golden, silbern, aus Katzenauge gemacht, aus Bergkristall gemacht.

65 Der religiöse Palast war von Zäunen aus vierfachen (Materialien) umgeben, golden, silbern, aus Katzenauge gemacht, aus Bergkristall gemacht.

66 Bei einem goldenen Zaun waren silberne Diagonalbalken, Querbalken und Pfeilerfundamente angebracht. Bei einem silbernen (Zaun waren sie) golden, bei einem aus Katzenauge gemachten (Zaun waren sie) aus Bergkristall gemacht, bei einem aus Bergkristall gemachten (Zaun) waren aus Katzenauge gemachte Diagonalbalken, Querbalken und Pfeilerfundamente angebracht.

67 In dem religiösen Palast waren 84 000 Dachzimmer

eingerichtet, jedes einzelne aus den vier Schönheiten, nämlich golden, silbern, aus Katzenauge gemacht, aus Bergkristall gemacht.

68 In einem goldenen Dachzimmer war ein silberner Sitz aufgestellt worden, überzogen mit Webstoff, überzogen mit Wollstoff (mit dickem Vlies), überzogen mit einer Matratze (aus Baumwolle), überzogen mit einer bunten Bettdecke, überzogen mit einer blumenbestickten Decke, mit einem Überzug aus (weichem) Stoff aus Kaliṅga[327], mit einem Baldachin (und) mit einem roten Kissen an beiden Enden.

69 In einem silbernen (Dachzimmer stand ein) goldener Sitz, in einem aus Katzenauge gemachten (Zimmer) ein aus Bergkristall gemachter (Sitz), in einem aus Bergkristall gemachten (Zimmer) war ein aus Katzenauge gemachter Sitz aufgestellt worden, überzogen mit Webstoff, überzogen mit Wollstoff (mit dickem Vlies), überzogen mit einer Matratze (aus Baumwolle), überzogen mit einer bunten Bettdecke, überzogen mit einer blumenbestickten Decke, mit einem Überzug aus (weichem) Stoff aus Kaliṅga, mit einem Baldachin (und) mit einem roten Kissen an beiden Enden.

70 Vor einem goldenen Dachzimmer war eine silberne Palme aufgebaut mit goldenen Blättern, Blüten und Früchten. (Vor) einem silbernen (Zimmer war) eine goldene (Palme aufgebaut), (vor einem) aus Katzenauge gemachten (Zimmer war) eine aus Bergkristall gemachte (Palme aufgebaut), (vor) einem aus Bergkristall gemachten (Zimmer war) eine aus Katzenauge gemachte (Palme) mit aus Bergkristall gemachten Blättern, Blüten und Früchten (aufgebaut).

71 Wenn nun die Palmen vom Wind bewegt wurden, kam ein solcher herzerfreuender Ton hervor wie von einem Musikinstrument der fünf Arten[328], das durch einen kundigen Menschen in rechter Weise zum Klingen gebracht wird.

72 Der religiöse Palast war mit Goldstaub überstreut, mit Sandelwasser besprengt, mit Goldnetzen überspannt (und) von goldenen Glöckchen umhüllt.

34g Verschönerung der Umgebung des Palastes durch Anlage von Parks und Teichen

73 Als nun die 84000 Festungskönige erkannten, daß alles am religiösen Palast getan (und) fertiggestellt war, legten sie vor dem religiösen Palast einen religiösen Lotosteich an, ein Yojana lang (und) ein Yojana breit.
74 Der religiöse Lotosteich wurde mit Ziegeln aus vierfachen (Materialien) ausgekleidet, golden, silbern, aus Katzenauge gemacht, aus Bergkristall gemacht.
75 In den Lotosteich nun waren Treppen aus vierfachen (Materialien) gebaut, golden, silbern, aus Katzenauge gemacht, aus Bergkristall gemacht.
76 Der Lotosteich nun war von Geländern aus vierfachen (Materialien) umgeben, golden, silbern, aus Katzenauge gemacht, aus Bergkristall gemacht. Bei einem goldenen Geländer waren silberne Diagonalbalken, Querbalken (und) Pfeilerfundamente angebracht. Bei einem silbernen (Geländer waren sie) golden, bei einem aus Katzenauge gemachten (Geländer waren sie) aus Bergkristall gemacht, bei einem aus Bergkristall gemachten (Geländer) waren aus Katzenauge gemachte Diagonalbalken, Querbalken (und) Pfeilerfundamente angebracht.
77 In dem Lotosteich waren verschiedene Wasserblumen wie Utpala, Padma, Kumuda, Puṇḍarīka[329], Saugandhika und Madhugandhika[330], (die) immer (blühten) (und) für alle Leute frei zugänglich waren.
78 Am Ufer des Lotosteiches nun wurden verschiedene Landgewächse gezogen wie Atimuktaka, Campaka, Pāṭalā, Vārṣikā, Mālikā, Navamālikā, Sumanas, Yūthikā und Dhānuṣkārin[331], (die) zu jeder Jahreszeit, immer (blühten) (und) für alle Leute frei zugänglich waren.

79 Der religiöse Lotosteich war mit Goldstaub überstreut, mit Sandelwasser besprengt, mit Goldnetzen überspannt (und) von goldenen Glöckchen umhüllt.

80 Als nun die 84 000 Festungskönige erkannten, daß alles am religiösen Palast und am religiösen Lotosteich getan (und) fertiggestellt war, legten sie vor dem religiösen Lotosteich einen religiösen Palmenhain an, ein Yojana lang (und) ein Yojana breit.

81 In dem religiösen Palmenhain wurden Palmen aus vierfachen (Materialien) aufgestellt, golden, silbern, aus Katzenauge gemacht, aus Bergkristall gemacht. Bei einer goldenen Palme waren silberne Blätter, Blüten (und) Früchte angebracht. Bei einer silbernen (Palme waren sie) golden, bei einer aus Katzenauge gemachten (Palme waren sie) aus Bergkristall gemacht, bei einer aus Bergkristall gemachten (Palme) waren aus Katzenauge gemachte Blätter, Blüten (und) Früchte angebracht.

82 Wenn nun die Palmen vom Wind bewegt wurden, kam ein solcher herzerfreuender Ton hervor wie von einem Musikinstrument der fünf Arten[332], das durch einen kundigen Menschen in rechter Weise zum Klingen gebracht wird.

83 Der religiöse Palmenhain war von Zäunen aus vierfachen (Materialien) umgeben, golden, silbern, aus Katzenauge gemacht, aus Bergkristall gemacht.

84 Bei einem goldenen Zaun waren silberne Diagonalbalken, Querbalken (und) Pfeilerfundamente angebracht. Bei einem silbernen (Zaun waren sie) golden, bei einem aus Katzenauge gemachten (Zaun waren sie) aus Bergkristall gemacht, bei einem aus Bergkristall gemachten (Zaun) waren aus Katzenauge gemachte Diagonalbalken, Querbalken (und) Pfeilerfundamente angebracht.

85 Der religiöse Palmenhain war mit Goldstaub überstreut, mit Sandelwasser besprengt, mit Goldnetzen überspannt (und) von goldenen Glöckchen umhüllt.

86 Als nun die 84 000 Festungskönige erkannten, daß

alles am religiösen Palast, am religiösen Lotosteich (und) am religiösen Palmenhain getan (und) fertiggestellt war, gingen sie zu König Mahāsudarśana. (Dorthin) gelangt, sagten sie König Mahāsudarśana dies:
87 »Alles am religiösen Palast Eurer Majestät, am religiösen Lotosteich (und) am religiösen Palmenhain ist getan (und) fertiggestellt. Wofür jetzt Eure Majestät die Zeit (für gekommen) hält, (das möge er tun).«

34h Weihe des Palastes und Meditation des Königs

88 Nun kam dem König Mahāsudarśana dieser (Gedanke):
89 »Es kann mir nicht angemessen sein, wenn ich einfach so im religiösen Palast wohne. Wie wäre es nun, wenn ich die als Fromme *(sādhu)* verehrten Asketen (und) Brahmanen, die in meinem Königreich wohnen, zuerst in dem religiösen Palast speiste (und) einen jeden mit einem Paar von Baumwolltüchern[333] bekleidete?«
90 Nun speiste der König Mahāsudarśana zuerst die als Fromme verehrten Asketen (und) Brahmanen, die in seinem Königreich wohnten, in dem religiösen Palast (und) bekleidete einen jeden mit einem Paar von Baumwolltüchern.
91 Nun kam dem König Mahāsudarśana dieser (Gedanke):
92 »Es kann mir nicht angemessen sein, wenn ich in dem religiösen Palast von den fünf Sinnesgenüssen[334] erfüllt (und sie) genießend spielte, mich vergnügte (und) mich amüsierte. Wie wäre es nun, wenn ich in dem religiösen Palast mit einem einzigen Mann als Diener den heiligen Wandel als königlicher Seher ginge?«
93 Nun ging der König Mahāsudarśana mit einem einzigen Mann als Diener in dem religiösen Palast den heiligen Wandel als königlicher Seher.

94 Als nun König Mahāsudarśana in den religiösen Palast eintrat, stieg er zu einem goldenen Dachzimmer hinauf, setzte sich auf den silbernen Sitz nieder, trat in die von (sinnlichen) Wünschen freie, (weiter) wie zuvor[335] bis: erste (Stufe der) Meditation *(dhyāna)* ein (und) verweilte in ihr.
95 Er verließ das goldene Dachzimmer, stieg zu einem silbernen Dachzimmer hinauf, setzte sich auf dem goldenen Sitz nieder, trat in die von (sinnlichen) Wünschen freie, (weiter) wie zuvor bis: erste (Stufe der) Meditation ein (und) verweilte in ihr.
96 Er verließ das silberne Dachzimmer, stieg zu einem aus Katzenauge gemachten Dachzimmer hinauf, setzte sich auf dem aus Bergkristall gemachten Sitz nieder, trat in die von (sinnlichen) Wünschen freie, (weiter) wie zuvor bis: erste (Stufe der) Meditation ein (und) verweilte in ihr.
97 Er verließ das aus Katzenauge gemachte Dachzimmer, stieg zu einem aus Bergkristall gemachten Dachzimmer hinauf, setzte sich auf dem aus Katzenauge gemachten Sitz nieder, trat in die von (sinnlichen) Wünschen freie, (weiter) wie zuvor bis: erste (Stufe der) Meditation ein (und) verweilte in ihr.

34i Bittbesuch der Ehefrauen beim König

98 Nun gingen 84000 Frauen zum Edelstein »Frau«[336]. (Dorthin) gelangt, sagten sie zum Edelstein »Frau« dies:
99 »Königin, erkläre uns: (Schon) lange wurde der König von uns nicht (mehr) gesehen, weshalb wir sehr begierig sind, den König zu sehen. Wir haben den Wunsch, den König zu sehen.«
100 »Wartet, Schwestern, bis ich den Edelstein »Minister« fragen werde.«
101 Nun ließ der Edelstein »Frau« den Edelstein »Minister« durch einen Boten herbeirufen (und) sprach (ihn) so

an: »Feldherr, wisse: (Schon) lange wurde der König von uns nicht (mehr) gesehen, weshalb wir sehr begierig sind, den König zu sehen. Wir haben den Wunsch, den König zu sehen.«

102–106 »Dann besorgt euch alle, Schwestern, gelben[337] Schmuck, gelbe Kleidung, Girlanden, Geschmeide, gelbe Schminke und ein gelb (gekleidetes) Gefolge. Inzwischen werde ich 84 000 Festungskönige sammeln, 84 000 mächtige Elefanten mit dem Elefantenkönig Upoṣatha an der Spitze, 84 000 Pferde mit dem Pferdekönig Vālāha an der Spitze, 84 000 Wagen mit dem Wagen Nandighoṣa an der Spitze.«

107 Da besorgten sich alle diese Frauen gelben Schmuck, gelbe Kleidung, Girlanden, Geschmeide, gelbe Schminke (und) ein gelb (gekleidetes) Gefolge.

108–111 Und der Edelstein »Minister« sammelte 84 000 Festungskönige, 84 000 mächtige Elefanten mit dem Elefantenkönig Upoṣatha an der Spitze, 84 000 Pferde mit dem Pferdekönig Vālāha an der Spitze (und) 84 000 Wagen mit dem Wagen Nandighoṣa an der Spitze.

112 Nachdem sie versammelt waren, setzte sich der Edelstein »Frau« im Wagen Nandighoṣa nieder. Die anderen, die übrigen Frauen setzten sich jeweils in ihrem Wagen nieder (und) fuhren zum religiösen Palast.

34 j Mahāsudarśana betrachtet den gesamten Aufzug

113 Zu jener Zeit nun erklang unterhalb des religiösen Palastes lautes Lärmen, großes Lärmen einer großen Menschenmenge.

114 Der König Mahāsudarśana hörte das laute Lärmen, das große Lärmen der großen Menschenmenge unterhalb des religiösen Palastes. Und als er es hörte, sprach er den einen Mann, den Diener, so an:

115 »Was ist das, o Mann, für ein lautes Lärmen, ein gro-

ßes Lärmen einer großen Menschenmenge unterhalb des religiösen Palastes?«

116–120 »Dies sind, Majestät, 84000 Frauen mit dem Edelstein »Frau« an der Spitze, 84000 Festungskönige mit dem Edelstein »Minister« an der Spitze, 84000 mächtige Elefanten mit dem Elefantenkönig Upoṣatha an der Spitze, (weiter) wie zuvor.«

121 »Darum, o Mann, bereite unterhalb des religiösen Palastes einen goldenen Thron, wo ich mich niedersetzen (und) die große Menschenmenge betrachten kann.«

122 »So (sei es), Majestät«, stimmte der Mann dem König Mahāsudarśana zu, bereitete unterhalb des religiösen Palastes einen goldenen Thron (und) ging zu König Mahāsudarśana. (Dorthin) gelangt, sagte er zu König Mahāsudarśana dies:

123 »Unterhalb des religiösen Palastes, Majestät, ist ein goldener Thron bereitet. Wofür jetzt Eure Majestät die Zeit (für gekommen) hält, (das möge er tun).«

124 Der König Mahāsudarśana sah unterhalb des religiösen Palastes alle diese Frauen mit gelber Kleidung, Girlanden, Geschmeide (und) mit gelber Schminke.

125 Als er (sie) aber sah, kam ihm dieser (Gedanke): »O weh, sehr anmutig ist das weibliche Geschlecht!« Als er dies erkannte, wandte er die Augen[338] (von ihnen) ab.

126 Der Edelstein »Frau« sah den König Mahāsudarśana, der die Augen abwandte. Als sie (es) aber sah, kam ihr dieser (Gedanke):

127 »So wie Seine Majestät die Augen abwandte, als er uns sah, [wird] Seine Majestät gewiß [uninteressiert] an uns [sein][339].«

128 Nun stieg König Mahāsudarśana vom religiösen Palast herab (und) setzte sich auf dem (für ihn) bereiteten goldenen Thron nieder.

34 k Die Hauptgemahlin bittet den König, zur Lebensfreude und zum Genuß des Daseins zurückzukehren

129 Nun ging der Edelstein »Frau« zum König Mahāsudarśana. (Dorthin) gelangt, sagte sie dem König Mahāsudarśana dies:
130 »Dies sind Majestäts 84 000 Frauen [mit dem Edelstein (?) »Frau« (an der Spitze)][340]. Jetzt möge Eure Majestät Leidenschaft entwickeln! Eure Majestät möge Verlangen nach dem Leben haben!
131 (Dies sind) die 84 000 Festungskönige mit dem Edelstein »Minister« an der Spitze. Jetzt möge Eure Majestät Leidenschaft entwickeln! Eure Majestät möge Verlangen nach dem Leben haben!
132 (Dies sind) die 84 000 mächtigen Elefanten mit dem Elefantenkönig Upoṣatha an der Spitze. Jetzt möge Eure Majestät Leidenschaft entwickeln! Eure Majestät möge Verlangen nach dem Leben haben!
133 (Dies sind) die 84 000 Pferde mit dem Pferdekönig Vālāha an der Spitze. Jetzt möge Eure Majestät Leidenschaft entwickeln! Eure Majestät möge Verlangen nach dem Leben haben!
134 (Dies sind) die 84 000 Wagen mit dem Wagen Nandighoṣa an der Spitze. Jetzt möge Eure Majestät Leidenschaft entwickeln! Eure Majestät möge Verlangen nach dem Leben haben!
135 (Dies sind) die 84 000 Städte mit der Königsresidenz Kuśāvatī an der Spitze. Jetzt möge Eure Majestät Leidenschaft entwickeln! Eure Majestät möge Verlangen nach dem Leben haben!«

341 Der König möchte zur Aufgabe des Lebensgenusses ermahnt werden

136 (Der König sprach:) »Und früher hast du, Schwester, zu mir wie ein Freund gesprochen, jetzt (sprichst) du wie ein Feind.«
137 Nun fing der Edelstein »Frau«, durch den König Mahāsudarśana mit dem Wort »Schwester« angesprochen, an zu weinen, wobei er die Tränen laufen ließ.
138 Nun trocknete[341] der Edelstein »Frau« die Tränen mit dem Kleidersaum (und) sagte dem König Mahāsudarśana dies:
139 »Wie sprechen wir jetzt zu Eurer Majestät wie ein Freund, nicht wie ein Feind?«
140 »Auf, Schwester, sprich so:
141 ›Kurz ist das Leben der Menschen. In eine neue Existenz muß man gehen. Heilsames muß man tun. Den heiligen Wandel muß man gehen. [Es gibt keine][342] Unsterblichkeit eines Wesens. Man kennt, Majestät, keinen Augenblick, keinen Bruchteil eines Augenblicks, keinen Moment, in dem vollständige Nichtbeachtung dieses Körpers sein wird[343].
142 Wenn bei Eurer Majestät Verlangen nach den 84 000 Frauen mit dem Edelstein »Frau« an der Spitze besteht oder Leidenschaft [oder Liebe oder Zuneigung oder Neigung oder Sucht (danach) oder Festhalten][344], dann soll Eure Majestät entsagen, dann sei Eure Majestät gleichgültig gegenüber dem Leben.
143 Wenn bei Eurer Majestät Verlangen nach den 84 000 Festungskönigen mit dem Edelstein »Minister« an der Spitze besteht, (weiter) wie zuvor bis: dann sei Eure Majestät gleichgültig gegenüber dem Leben.
144 Wenn bei Eurer Majestät Verlangen nach den 84 000 mächtigen Elefanten mit dem Elefantenkönig Upoṣatha an der Spitze besteht, (weiter) wie zuvor bis: dann sei Eure Majestät gleichgültig gegenüber dem Leben.

145 Wenn bei Eurer Majestät Verlangen nach den 84 000 Pferden mit dem Pferdekönig Vālāha an der Spitze besteht, (weiter) wie zuvor bis: dann sei Eure Majestät gleichgültig gegenüber dem Leben.
146 Wenn bei Eurer Majestät Verlangen nach den 84 000 Wagen mit dem Wagen Nandighoṣa an der Spitze besteht, (weiter) wie zuvor bis: dann sei Eure Majestät gleichgültig gegenüber dem Leben.
147 Wenn bei Eurer Majestät Verlangen nach den 84 000 Städten mit der Königsresidenz Kuśāvatī an der Spitze besteht, (weiter) wie zuvor bis: dann sei Eure Majestät gleichgültig gegenüber dem Leben.‹«

34 m Die Frauen handeln nach dem Wunsch des Königs

148 Sie sagten dies: »So sprechen wir (zu Eurer Majestät) wie ein Freund, [nicht wie ein Feind][345]:
149 Kurz, Majestät, ist das Leben der Menschen. In eine neue Existenz muß man gehen. Heilsames muß man tun. Den heiligen Wandel muß man gehen. [Es gibt keine][346] Unsterblichkeit eines Wesens. Man kennt, Majestät, keinen Augenblick, keinen Bruchteil eines Augenblicks, keinen Moment, in dem vollständige Nichtbeachtung dieses Körpers sein wird.
150 Wenn bei Eurer Majestät Verlangen nach den 84 000 Frauen mit dem Edelstein »Frau« an der Spitze besteht oder Leidenschaft [oder Liebe oder Zuneigung oder Neigung oder Sucht (danach) oder Festhalten][347], dann soll Eure Majestät entsagen, dann sei Eure Majestät gleichgültig gegenüber dem Leben.
151 Wenn bei Eurer Majestät Verlangen nach den 84 000 Festungskönigen mit dem Edelstein »Minister« an der Spitze besteht, (weiter) wie zuvor bis: dann sei Eure Majestät gleichgültig gegenüber dem Leben.
152 Wenn bei Eurer Majestät Verlangen nach den 84 000

mächtigen Elefanten mit dem Elefantenkönig Upoṣatha an der Spitze besteht, (weiter) wie zuvor.

153 Wenn bei Eurer Majestät Verlangen nach den 84 000 Pferden besteht, (weiter) wie zuvor.

154 Wenn bei Eurer Majestät Verlangen nach den 84 000 Wagen besteht, (weiter) wie zuvor.

155 Wenn bei Eurer Majestät Verlangen nach den 84 000 Städten besteht, (weiter) wie zuvor bis: dann sei Eure Majestät gleichgültig gegenüber dem Leben.«

34 n Der König übt die vier Brahma-vihāras

156 Als nun der König Mahāsudarśana den Edelstein »Frau« durch diese Ermahnung belehrt hatte, stieg er zum religiösen Palast hinauf, betrat ein goldenes Dachzimmer, setzte sich auf dem silbernen Sitz nieder und richtete mit von Güte *(maitrā)* erfülltem Geist, der frei von Feindseligkeit, friedlich, nicht auf Schädigung bedacht (war), der weit, erhaben, unermeßlich, sich selbst gleich bleibend (und in der Meditation) richtig entfaltet (war), die Aufmerksamkeit auf eine Himmelsrichtung, durchdrang sie, trat (in diese Meditation) ein (und) verweilte (in ihr).

157 Ebenso richtete er die Aufmerksamkeit auf die zweite, ebenso die dritte, ebenso die vierte Himmelsrichtung, oben, unten, seitwärts, überall, auf diese ganze Welt, mit von Güte erfülltem Geist, der frei von Feindseligkeit, friedlich, nicht auf Schädigung bedacht (war), der weit, erhaben, unermeßlich, sich selbst gleich bleibend (und in der Meditation) richtig entfaltet (war), durchdrang (diese Welt), trat (in diese Meditation) ein, verweilte (in ihr).

158 Er verließ das goldene Dachzimmer, betrat ein silbernes Dachzimmer, setzte sich auf dem goldenen Sitz nieder (und richtete) mit von Mitleid *(karuṇā)* erfülltem Geist, der frei von Feindseligkeit (war, die Aufmerksamkeit auf eine Himmelsrichtung), (weiter) wie zuvor.

159 –
160 Nun verließ er das silberne Dachzimmer, betrat ein aus Katzenauge gemachtes Dachzimmer, setzte sich auf dem aus Bergkristall gemachten Sitz nieder (und richtete) mit von Freude *(muditā)* erfülltem Geist, der frei von Feindseligkeit (war, die Aufmerksamkeit auf eine Himmelsrichtung), (weiter) wie zuvor.
161 –
162 Nun verließ er das aus Katzenauge gemachte Dachzimmer, betrat ein aus Bergkristall gemachtes Dachzimmer, setzte sich auf dem aus Katzenauge gemachten Sitz nieder (und richtete) mit von Gleichmut *(upekṣā)* erfülltem Geist, der frei von Feindseligkeit (war, die Aufmerksamkeit auf eine Himmelsrichtung), (weiter) wie zuvor.
163 –
164 Als nun der König Mahāsudarśana die vier Brahmavihāras[348] (in der Meditation) entfaltet hatte, gab er das Verlangen nach (sinnlichen) Wünschen auf, (und) indem er oft in dieser (Meditation) verweilte, ging er in einen Zustand ein, in dem er die Natur[349] der Brahmawelt hatte[350].
165 Der König Mahāsudarśana hatte, Ānanda, eine letzte Empfindung am Rande des Todes, so wie ein starker Mann, der gutes Essen gegessen hat, für eine Weile des Essens müde sein mag.

34 o Der Buddha identifiziert sich mit Mahāsudarśana

166 Es mag dir, Ānanda, nun so scheinen, daß ein anderer zu jener Zeit, damals, der König namens Mahāsudarśana war. So darf man es jedoch nicht sehen. Das aus welchem Grund? Ich selbst war zu jener Zeit, damals, der König Mahāsudarśana.
167 Schon sechsmal war, Ānanda, von Kuśinagarī bis zum Fluß Hiraṇyavatī, bis zum Wald der Śāla-Zwillingsbäume, bis zum Heiligtum Makuṭabandhana der Mallas,

dazwischen im Umkreis von zwölf Yojanas, die Aufgabe des Körpers durch den Vollendeten, und dies als König, als Kṣatriya, dessen Haupt geweiht war, (und einmal mehr). Dieses (wird) das siebente Mal (sein).
168 Und, Ānanda, für den Heiligen, den vollkommen Erleuchteten, sehe ich in (dieser) Welt kein Stück Erde, nicht in der östlichen Himmelsrichtung (oder) in der südlichen (oder) in der westlichen (oder) in der nördlichen Himmelsrichtung, wo die achte Aufgabe des Körpers durch den Vollendeten (stattfindet).
169 *Das aus welchem Grund?*[351] *(Wie eine Pflanze) ausgerissen ist (die Gier), die zu (neuem) Werden führt. Vernichtet ist der Kreislauf der Geburten. Es gibt jetzt keine Wiedergeburt.*

35 Der Mönch Upamāna

35a Fortweisung Upamānas

1 Zu[352] jener Zeit nun stand der ehrwürdige Upamāna vor dem Erhabenen, (wobei er dem Erhabenen Luft zufächelte[353]).
2 Nun sprach der Erhabene den ehrwürdigen Upamāna an: »Mönch, steh nicht vor mir (herum)!«
3 Nun sagte der ehrwürdige Ānanda zum Erhabenen dies:
4 »Mehr als zwanzig Jahre, Herr, wird der Erhabene von mir versorgt. Ich habe früher eine solche schroffe Rede wie beim Tadel des ehrwürdigen Upamāna nicht gehört.«
5 (Der Erhabene sprach:) »So mißbilligen mehrere hundert Kalpas[354] lang lebende Gottheiten (dieses Verhalten), schelten (es und) murren:
6 ›Dann und wann erscheinen Vollendete, Heilige, vollkommen Erleuchtete, in der Welt, (selten) wie eine Blüte am Udumbara-Baum[355].

7 Und heute wird in der mittleren Wache der Nacht das völlige Verlöschen des Erhabenen im Bereich des restlosen Nirvāṇa sein. Und dieser sehr mächtige Mönch steht vor dem Erhabenen, (so daß) wir ihn mit dem Rücken sehen. Darum können wir uns nicht nähern, um den Erhabenen zu sehen (und) um (ihn) zu verehren[356].«
8 (Der ehrwürdige Ānanda fragte:) »Wie viele Gottheiten, Herr, nimmt der Erhabene wahr?«
9 »Von Kuśinagarī, Ānanda, bis zum Fluß Hiraṇyavatī, bis zum Wald der Śāla-Zwillingsbäume, bis zum Heiligtum Makuṭabandhana der Mallas, dazwischen im Umkreis von zwölf Yojanas, gibt es keinen (Platz), der nicht von sehr mächtigen Gottheiten erfüllt (wäre und der noch) erfüllt werden könnte, nicht einmal genug (Platz) für das Hindurchstoßen mit einer Stockspitze.«

36 Über die Bestattung und über die Zukunft des Ordens

36a Anordnung des Buddha über seine Bestattung

1 Nun sagte der ehrwürdige Ānanda dem Erhabenen dies:
2 »Wie sollen wir uns, Herr, wenn der Erhabene völlig verloschen ist, um die Verehrung des Körpers des Erhabenen bemühen?«
3 »Sei unbesorgt, Ānanda, über die Verehrung des Körpers! Gläubige Brahmanen (und) Haushälter werden das ausführen.«
4 »Wie werden, Herr, die Brahmanen und Haushälter es ausführen?«
5 »Wie bei einem weltbeherrschenden König *(cakravartin)*, Ānanda.«

6 »Wie (verfährt man), Herr, bei einem Weltherrscher?«
7 »Der Körper eines weltbeherrschenden Königs wird mit (zu Watte) geschlagener Baumwolle umwickelt. Wenn er mit geschlagener Baumwolle umwickelt ist, wird er mit 500 Paaren (Stoff)[357] umwickelt. Wenn er mit 500 Paaren (Stoff) umwickelt ist, wird er in eine mit Sesamöl gefüllte, eiserne Sarghälfte gelegt (und) mit der anderen Sarghälfte bedeckt. Mit duftenden Holzstücken wird ein Scheiterhaufen aufgeschichtet, er wird eingeäschert, (und das Feuer) wird mit Kuhmilch gelöscht. Die Knochen werden in eine goldene Urne gelegt (und) auf eine goldene Bahre gehoben. An einer großen Wegkreuzung wird ein Stūpa für den Körper aufgebaut, (daran) (Ehren)schirme, Fahnen (und) Flaggen angebracht, und es wird ein Fest veranstaltet. Mit Duftstoffen, Blumengirlanden, Blüten, Weihrauch, Musikinstrumenten werden (die Reliquien) ehrerbietig behandelt, würdig behandelt, geschätzt (und) verehrt.
8 Genau so, Ānanda, (verfährt man) bei einem weltbeherrschenden König. Um so mehr (verfährt man) bei einem Vollendeten, einem Heiligen, einem vollkommen Erleuchteten (so).«

36b Sanskrit-Sondertext III: Die künftige Entwicklung der Lehre

Sanskrit-Sondertext III ist bruchstückhaft erhalten. Waldschmidt[358] faßt den Inhalt zusammen wie folgt:
»Klar ist, daß der Buddha die Entwicklung seiner Lehre und Gemeinde für die auf seinen Tod folgenden 1000 Jahre prophezeit. Für jedes Jahrhundert wird angegeben, worin der wesentliche Ausdruck *(sāra)* der buddhistischen Lehre *(śāsana)* besteht, daran schließt sich eine Charakterisierung der Mönche *(śrāvaka)* an.
Die Angaben über die ersten fünf Jahrhunderte sind besonders fragmentarisch. (...) Folgendes ist erhalten:

5. Jahrhundert: Den Śrāvakas – heißt es zum Schluß – wird in reichem Maße Gewinn und Ehrung zuteil.
6. Jahrhundert: Die Śrāvakas streiten sich, zanken, kämpfen und diskutieren miteinander.
7. Jahrhundert: Wesentlicher Ausdruck der Religion ist beispielhaftes Verhalten *(pratipatti)*; die Śrāvakas sind gelehrt und studieren zur Niederhaltung der Ketzer den Abhidharma.
8. Jahrhundert: Die Śrāvakas sind gegeneinander böswillig, unfreundlich, ungnädig, unachtsam und lieblos.
9. Jahrhundert: Wesentlicher Ausdruck der Religion ist Ackern *(kṛṣi)*; die Śrāvakas treiben Ackerbau *(kṛṣikarmānta)*, suchen selbst ihren Lebensunterhalt, sind sehr eilfertig und den Leckereien ergeben.
10. Jahrhundert: Die Śrāvakas geben die tiefen, tiefsinnigen, über das Weltübliche hinausgehenden, mit der Leerheit zusammenhängenden, vom Buddha gepredigten Lehrtexte auf, nämlich Sūtra[359], Geya, Vyākaraṇa, Gāthā, Udāna, Nidāna, Avadāna, Itivṛttaka, Jātaka, Vaipulya, Adbhutadharma und Upadeśa. Sie finden Freude an allem möglichen Geschwätz wie Geschwätz über Könige, Speisen, Getränke, Kleider, Basare, Volksangehörige, Weltursprung, Länder, Minister u. a. Daran vergnügen sie sich Tag und Nacht und verzichten auf zurückgezogenes Meditieren *(pratisaṃlayana)*.«

37 Ānanda verkündet den Mallas von Kuśinagarī das bevorstehende Parinirvāṇa

1 »Geh, Ānanda! Teile den Mallas von Kuśinagarī mit:
2 ›Heute wird, ihr Herren, in der mittleren Wache der Nacht das völlige Verlöschen eures Lehrers im Bereich des restlosen Nirvāṇa sein.

3 Was von euch zu tun oder auszuführen ist, das tut, (damit) ihr nicht im nachhinein Reue haben werdet: Wie (kommt es, daß) jetzt im Gebiet unseres Dorfes der Lehrer völlig verloschen ist, dem wir uns nicht genähert haben, um ihn zu sehen (und ihn) zu verehren?‹«
4 »So (sei es), Herr«, stimmte der ehrwürdige Ānanda dem Erhabenen zu, nahm das Untergewand (und) ging mit einem anderen Mönch als Begleitung zur Versammlungshalle der Mallas von Kuśinagarī.
5 Zu jener Zeit nun saßen die Mallas von Kuśinagarī in ihrer Versammlungshalle versammelt (beisammen), vor allem wegen eben dieser Angelegenheit.
6 Nun sagte der ehrwürdige Ānanda zu den Mallas von Kuśinagarī dies:
7 »Hört, ihr Herren, ihr Mallas von Kuśinagarī, (die ihr) eine Gemeinde, eine Schar, eine Zunft oder eine Versammlung (bildet)! Heute wird, ihr Herren, in der mittleren Wache der Nacht das völlige Verlöschen eures Lehrers im Bereich des restlosen Nirvāṇa sein.
8 Was von euch zu tun oder auszuführen ist, das tut, (damit) ihr nicht im nachhinein Reue haben werdet: ›Wie (kommt es, daß) jetzt im Gebiet unseres Dorfes der Lehrer völlig verloschen ist, dem wir uns nicht genähert haben, um ihn zu sehen (und ihn) zu verehren?‹«

38 Der Besuch der Mallas

38 a Die Ankunft der Mallas

1 »So (sei es)«, stimmten die Mallas von Kuśinagarī dem ehrwürdigen Ānanda zu, verließen mit Kindern (und) Frauen, mit Sklavinnen, Sklaven, Arbeitern (und) Dienern, mit Freunden, Hausgenossen, Angehörigen (und) Blutsverwandten Kuśinagarī (und) gingen zum Wald der Śāla-Zwillingsbäume. (Dorthin) gelangt, verehrten sie die

Füße des Erhabenen mit dem Kopf (und) setzten sich zu einer Seite nieder.
2 Die Mallas von Kuśinagarī, die an einer Seite saßen, belehrte der Erhabene durch eine Predigt, begeisterte, entflammte und entzückte sie.
3 Nun standen die Mallas von Kuśinagarī vom Sitz auf, warfen das Obergewand über eine Schulter, verbeugten sich gegenüber dem Erhabenen mit zusammengelegten Händen (und) sagten dem Erhabenen dies:
4 »Wir, Herr, die Mallas von Kuśinagarī, nehmen Zuflucht zum Buddha, zur Lehre und zur Mönchsgemeinde. Von heute an werden wir für das ganze Leben die (fünf) Gebote *(śikṣāpada)* (für Laien)[360] entgegennehmen.«

38b Die Vorlassung der Mallas

5 Nun kam dem ehrwürdigen Ānanda dieser (Gedanke):
6 »Wenn ich die Mallas von Kuśinagarī einzeln vor dem Erhabenen die Gebote für Laien entgegennehmen lasse, wird Mitternacht vergehen, ohne daß (alle) die Gebote entgegengenommen haben. Wie wäre es nun, wenn ich die Mallas von Kuśinagarī vor dem Erhabenen die Gebote für Laien in Gruppen entgegennehmen lasse? ›Ein Soundso genannter Malla von Kuśinagarī nimmt mit Kindern (und) Frau, mit Sklavinnen, Sklaven, Arbeitern (und) Dienern, mit Freunden, Hausgenossen, Angehörigen (und) Blutsverwandten Zuflucht zum Buddha, zur Lehre und zur Gemeinde.‹«
7 Nun sagte der ehrwürdige Ānanda dem Erhabenen dies:
8 »Herr, ein Soundso genannter Malla von Kuśinagarī nimmt mit Kindern (und) Frau, mit Sklavinnen, Sklaven, Arbeitern (und) Dienern, mit Freunden, Hausgenossen, Angehörigen (und) Blutsverwandten Zuflucht zum Buddha, zur Lehre und zur Gemeinde. Er wünscht, die Gebote entgegenzunehmen.« Genau so (war) die erste

Wache der Nacht[361]. Und nun aber (ließ) der ehrwürdige Ānanda – die mittlere Wache der Nacht war noch nicht vergangen – die Mallas von Kuśinagarī vor dem Erhabenen die Gebote entgegennehmen.
9 Nun nahmen die Mallas von Kuśinagarī das vom Erhabenen Gesprochene freudig an, nahmen es dankbar an, verehrten die Füße des Erhabenen mit dem Kopf (und) schritten vom Erhabenen fort.

39 Der Buddha bekehrt den Gandharvenkönig Supriya

(Dieser tibetisch-chinesische Sondertext III liegt nicht in Sanskrit vor.)

40 Die Bekehrung Subhadras

40a Subhadras Ankunft

1 Zu jener Zeit nun gab es in Kuśinagarī den Wanderasketen[362] Subhadra, alt, betagt, ein Greis.
2 Er, ein 120jähriger, wurde von den Mallas von Kuśinagarī ehrerbietig behandelt, würdig behandelt, geschätzt, verehrt (und) als Heiliger *(arhat)* geachtet.
3 Der Wanderasket Subhadra hörte: »Heute wird in der mittleren Wache der Nacht das völlige Verlöschen des Asketen Gautama im Bereich des restlosen Nirvāṇa sein.«
4 (Er dachte:) »Und ich bin bezüglich der (verschiedenen) Lehren im Zustand des Zweifels, und mir bleibt eine Hoffnung, und der erhabene Gautama (scheint) mir fähig, diesen Zustand des Zweifels zu zerstreuen.
5 Wenn ich mich Gautama, dem Erhabenen, nähern kann, will ich ihn, nachdem ich mich (ihm) genähert habe,

nach einer bestimmten Sache fragen, wenn er die Gelegenheit zur Erläuterung der Frage gibt.«
6 Als er das (s. Abs. 3) gehört hatte, verließ er (das Zentrum von) Kuśinagarī (und) ging zum Wald der Śāla-Zwillingsbäume.
7 Zu jener Zeit nun ging der ehrwürdige Ānanda an der Klosterpforte im Freien auf dem Weg auf und ab.
8 Der Wanderasket Subhadra sah den ehrwürdigen Ānanda schon von ferne. Und als er (ihn) aber gesehen hatte, ging er zum ehrwürdigen Ānanda. (Dorthin) gelangt, sagte er dem ehrwürdigen Ānanda dies:
9 »Ich habe gehört, o Ānanda: ›Heute wird in der mittleren Wache der Nacht das völlige Verlöschen des Asketen Gautama im Bereich des restlosen Nirvāṇa sein.‹
10 Und ich bin bezüglich der (verschiedenen) Lehren im Zustand des Zweifels, und mir bleibt eine Hoffnung, und der erhabene Gautama (scheint) mir fähig, diesen Zustand des Zweifels zu zerstreuen.
11 Wenn [es Ānanda nicht stört][363], will ich mich Gautama, dem Erhabenen, nähern (und) ihn, nachdem ich mich ihm genähert habe, nach einer bestimmten Sache fragen, wenn er die Gelegenheit zur Erläuterung der Frage gibt.«
12 Ānanda sprach: »Genug, Subhadra. Störe den Erhabenen nicht! Einen müden Körper hat der Erhabene, einen erschöpften Körper hat der Wohlgegangene.«
13 Ebenso sagte der Wanderasket Subhadra zum zweiten und zum dritten Mal dem ehrwürdigen Ānanda dies:
14 »(Von mir wurde), o Ānanda, von alten Asketen, die ergreist, betagt (und) große Lehrer guten Benehmens (waren), gehört: ›Dann und wann erscheinen Vollendete, Heilige, vollkommen Erleuchtete, (selten) wie eine Blüte am Udumbara-Baum.‹
15 Und heute wird in der mittleren Wache der Nacht das völlige Verlöschen des Gautama, des Erhabenen, im Bereich des restlosen Nirvāṇa sein.

16 Und ich bin bezüglich der (verschiedenen) Lehren im Zustand des Zweifels, und mir bleibt eine Hoffnung, und der erhabene Gautama (scheint) mir fähig, diesen Zustand des Zweifels zu zerstreuen.
17 Wenn [es Ānanda nicht stört[364],] will ich mich Gautama, dem Erhabenen, nähern (und) ihn, nachdem ich mich ihm genähert habe, nach einer bestimmten Sache fragen, wenn er die Gelegenheit zur Erläuterung der Frage gibt.«
18 Und wieder sagte der ehrwürdige Ānanda dem Wanderasketen Subhadra dies:
19 »Genug, Subhadra. Störe den Vollendeten nicht! Einen müden Körper hat der Erhabene. Einen erschöpften Körper hat der Wohlgegangene.«

40b Der Buddha bekehrt Subhadra

20 Und dieses (noch) nicht beendete Gespräch des ehrwürdigen Ānanda mit dem Wanderasketen Subhadra hörte der Erhabene mit dem himmlischen Gehör, das völlig rein ist (und) das menschliche Maß überschreitet. Und als er (es) aber gehört hatte, sprach er den ehrwürdigen Ānanda an:
21 »Genug, Ānanda. Hindere den Wanderasketen Subhadra nicht! Er soll eintreten (und) fragen, was immer er möchte. Das aus welchem Grund? Dies ist meine letzte Unterhaltung, (mein letztes) Gespräch mit andersgläubigen Wanderasketen. Und er wird der letzte meiner persönlichen Hörer sein, die mit der ›Komm, Mönch‹-Ordination[365] (von mir selbst in den Orden) aufgenommen wurden, er, nämlich der Wanderasket Subhadra.
22 Nun näherte sich der Wanderasket Subhadra, der vom Erhabenen die Gelegenheit (zum Fragen) bekommen hatte, vergnügt, befriedigt, erfreut, hochgestimmt, voll Freude (und) Frohsinn dem Erhabenen.

23 (Dorthin) gelangt, äußerte er gegenüber dem Erhabenen von Angesicht zu Angesicht verschiedene begrüßende, höfliche Worte (und) setzte er sich zu einer Seite nieder.
24 Der Wanderasket Subhadra, der an einer Seite saß, sagte dem Erhabenen dies:
25 »Ich möchte, o Gautama, nach einer bestimmten Sache fragen, wenn du[366] die Gelegenheit zur Erläuterung der Frage gibst.
26 –
27 Die (verschiedenen) Schuloberhäupter, o Gautama, die es in der gewöhnlichen Welt[367] gibt[368], wie Pūraṇa Kāśyapa, Maskarin Gośālīputra, Saṃjayin Vairūṭīputra, Ajita Keśakambala, Kakuda Kātyāyana (und) Nirgrantha Jñātiputra (= Mahāvīra)[369] bekannten sich zu ihrem je eigenen Bekenntnis.«
28 Nun sprach der Erhabene zu dieser Gelegenheit zwei Gāthā-Strophen:
29 *»(Das ist der Grund), warum ich, Subhadra, mit 29 Jahren (in die Hauslosigkeit) hinauszog, suchend, was heilsam (sei); warum ich, Subhadra, mehr als 50 Jahre ein (in die Hauslosigkeit) Hinausgezogener bin. //1//*
30 *Sittlichkeit, (meditative) Versenkung, gutes Benehmen, Wissen und Konzentration*[370] *des Geistes sind von mir (meditativ) entfaltet worden. Denn einen Erklärer von (einzelnen) Fragen der edlen Lehre, einen (wahren) Asketen außerhalb hiervon gibt es nicht. //2//*
31 In welcher Lehre (und in welcher) Mönchsregel, Subhadra, ein edler achtteiliger Pfad nicht vorhanden ist, in der ist (auch) kein erster Asket[372] vorhanden. Dort ist (auch) kein zweiter, dritter (oder) vierter Asket vorhanden.
32 In welcher Lehre (und) Mönchsregel aber, Subhadra, ein edler achtteiliger Pfad vorhanden ist, in der ist (auch) der erste Asket vorhanden. Dort ist (auch) ein zweiter, dritter (und) vierter Asket vorhanden.

33 In dieser edlen Lehre (und) Mönchregel, Subhadra, ist ein edler achtteiliger Pfad vorhanden, nämlich: rechte Anschauung, rechter Entschluß, rechte Rede, rechtes Verhalten, rechter Lebenserwerb[373], rechte Anstrengung, rechte Achtsamkeit (und) rechte Versenkung. Hier[374] ist der erste Asket vorhanden. Hier ist der zweite, hier ist der dritte, hier ist der vierte (Asket vorhanden). Es gibt außerhalb hiervon keine (wahren) Asketen oder Brahmanen[375].

34 Leer von (echten) Asketen oder Brahmanen sind die Worte anderer. So lasse ich in dieser Versammlung das rechte Löwengebrüll erschallen.«

40c Subhadras Ordination

35 Während nun diese Darlegung der Lehre ausgesprochen wurde, ging dem Wanderasketen Subhadra das staubfreie[376], makellose Auge der Lehre bezüglich der Gegebenheiten auf.

36 Nun hatte der Wanderasket Subhadra die Lehre geschaut, die Lehre erlangt, die Lehre geprüft, den Zweifel überwunden, die Ungewißheit überwunden, war er nicht von anderen abhängig, bedurfte keiner Führung durch andere, hatte Vertrauen in die Unterweisung (und) die Lehren des Lehrers gefaßt. Er stand vom Sitz auf, warf das Obergewand über eine Schulter, verbeugte sich gegenüber dem ehrwürdigen Ānanda mit zusammengelegten Händen (und) sagte dem ehrwürdigen Ānanda dies:

37 »Herr, durch Ānanda sind leicht Gewinne erreicht worden; denn Ānanda ist durch den Erhabenen, den großen Lehrer, durch eine Besprengung zum Schüler des großen Lehrers geweiht worden. Auch für uns mögen leicht erreichte Gewinne sein; denn wir wollen die Novizenweihe *(pravrajyā)*, die Mönchsweihe *(upasaṃpad)* und den Mönchsstand in der wohlverkündeten Lehre (und) Mönchsregel erlangen.«

38 Nun sagte der ehrwürdige Ānanda dem Erhabenen dies:
39 »Dieser Wanderasket Subhadra, Herr, wünscht die Novizenweihe, die Mönchsweihe, den Mönchsstand in der wohlverkündeten Lehre (und) Mönchsregel.«
40 Da sprach der Erhabene den Wanderasketen Subhadra an:
41 »Komm, Mönch! Gehe den heiligen Wandel!«
42 Eben dies war die Novizenweihe des Ehrwürdigen, eben dies war die Mönchsweihe, eben dies war (der Beginn seines) Mönchsstandes.
43 So ordiniert, verweilte der Ehrwürdige allein, zurückgezogen, nicht nachlässig, eifrig, bemühten Sinnes. Während er allein, zurückgezogen, nicht nachlässig, eifrig, bemühten Sinnes verweilte, (durchschaute er),
44 weshalb Söhne (guter) Familien Haare (und) Bart scheren, braunrote Kleidung anlegen, auf wahrlich rechte Weise (und) mit gläubigem Vertrauen aus dem Haus in die Hauslosigkeit ziehen, dieses allerhöchste Ziel des heiligen Wandels[377] durchschaute er selbst schon in diesem Leben, begriff er, trat (in dieses Wissen) ein (und) erklärte:
45 »Vernichtet ist meine (Wieder)geburt. Verbracht ist (die Zeit des) heiligen Wandels. Getan ist das zu Tuende. Kein weiteres Werden als dieses erkenne ich.«
46 Als er (dies) durchschaut hatte, wurde der Ehrwürdige ein Heiliger *(arhat)*, ganz erlösten [Sinnes][378].
47 Nun aber kam dem ehrwürdigen Subhadra dieser (Gedanke):
48 »Es kann mir nicht angemessen sein, daß ich zusehe, wie der Lehrer völlig verlischt. Wie wäre es nun, wenn ich zuerst völlig verlöschen würde?«
49 Da verlosch der ehrwürdige Subhadra als erster völlig.

40d Über den Asketen Subhadra und seine früheren Geburten

(Hierbei handelt es sich um den tibetisch-chinesischen Sondertext V, der nicht auf Sanskrit erhalten ist.)

40e Anordnungen über die Ordination von Angehörigen fremder Schulen

50 Da sprach der Erhabene die Mönche an:
51 »Deshalb sollen von heute an, o Mönche, Angehörige anderer Schulen[379] nicht Novizenweihe (und zugleich) die Mönchsweihe erhalten, außer den Verwandten der Śākyas und den feuerverehrenden, flechtentragenden Asketen.
52 Wenn ein Verwandter der Śākyas mit dem Zeichen einer (fremden) Schule kommt (und) die Novizenweihe, die Mönchsweihe (und) den Mönchsstand in (unserer) Lehre (und) Mönchsregel wünscht, dann sollen die Mönche dem, der es wünscht, Novizenweihe (und) Mönchsweihe erteilen.
53 Das aus welchem Grund? Ich gebe den Verwandten die Zustimmung für Verwandte.
54 Wenn Wanderasketen anderer Schulen kommen (und) Novizenweihe, Mönchsweihe (und) den Mönchsstand in der wohlverkündeten Lehre (und) Mönchsregel wünschen, dann mögen die Mönche daran denken, daß diese (Asketen) mit (ihrem) (Novizen)lehrer in Gewändern, (die es) außer der Zeit (gegeben hat), vier Monate auf Probe leben sollen[380].
55 (Wenn) sie nach Ablauf von vier Monaten, nachdem sie als Probanden (den Mönchen) aufgewartet haben, die Herzen der Mönchsgemeinde zufriedengestellt haben[381], dann sollen (die Mönche) denen, die das wollen, Novizenweihe (und) Mönchsweihe erteilen.
56 Erteilt, Mönche, den feuerverehrenden, flechtentra-

genden Asketen die Novizenweihe. Erteilt, Mönche, den feuerverehrenden, flechtentragenden Asketen die Mönchsweihe. Das aus welchem Grund?

57 Denn, Mönche, die feuerverehrenden, flechtentragenden Asketen sind Vertreter der Lehre von (der Wirksamkeit) der Tat *(karman)*, Vertreter der Lehre vom Nachwirken der Tat *(kriyā)*, Vertreter der Lehre von den Ursachen, Vertreter der Lehre von der Willenskraft.

58 Deshalb ist jetzt, Mönche, folgendermaßen zu lernen:

59 Daß wir Vertreter der Lehre von (der Wirksamkeit) der Tat, Vertreter der Lehre vom Nachwirken der Tat, Vertreter der Lehre von den Ursachen und Vertreter der Lehre von der Willenskraft sein werden, das müßt ihr, Mönche, lernen.

60 Deshalb, Mönche, müssen jetzt durch die Mönche die Lehren, die zum Heil der sichtbaren Welt führen, (die) zum Glück der sichtbaren Welt, zum Heil einer zukünftigen Existenz, zum Glück einer zukünftigen Existenz (führen), (ins Bewußtsein) aufgenommen, (eingeprägt und) erkannt werden. Sie müssen jeweils so (im Bewußtsein) gehalten, begriffen (und) verkündet werden, daß diese (Art des) heiligen Wandels lange (an)dauern kann. Dies wird zum Heil für viele Menschen sein, zum Glück für viele Menschen, zum Erbarmen mit der Welt, zum Wohl, Heil (und) Glück der Götter und Menschen.

61 Welche sind die Lehren, die zum Heil der sichtbaren Welt führen, (weiter) wie zuvor bis: (zum Glück) der Götter und Menschen?

62 Diese sind der Lehrtext *(sūtra)*, die Erzählung mit Versen *(geya)*, die Erklärung *(vyākaraṇa)*, die Strophe *(gāthā)*, der feierliche Ausspruch *(udāna)*, die Zusammenfassung der Themen *(nidāna)*, die Geschichte über frühere Geburten von Heiligen *(avadāna)*, die Erzählung mit dem Anfang ›So ist es geschehen‹ *(itivṛttaka)*, die Geschichte über frühere Geburten (des Buddha) *(jātaka)*, der Text von großem Ausmaß *(vaipulya)*, der Text von

Wundern *(adbhuta-dharma)* und die Unterweisung *(upadeśa)*[382]. Diese sind die Lehren, die zum Heil der sichtbaren Welt führen, (weiter) wie zuvor bis: (zum Glück) der Götter und Menschen.

41 Letzte Anordnungen des Buddha

41 a–b Der Prātimokṣa als Stellvertretung des Buddha. Erlaubnis zur Aufhebung nebensächlicher Gebote

1 »Es mag euch, Mönche, nach meinem Dahinscheiden (der Gedanke) kommen: ›Völlig verloschen ist unser Lehrer. Jetzt haben wir weder einen Lehrer noch die Erlösung.‹

2 So ist es aber nicht anzusehen. Der Prātimokṣa (das »Beichtformular«), den jeden halben Monat zu rezitieren, ihr von mir gelehrt wurdet, der sei euch von heute an Lehrer und der sei euch Erlösung. Was es an kleinen, geringfügigen Geboten *(śikṣā-pada)* gibt, Mönche, die soll der vollständig einige Orden aufheben. Das führt zu angenehmem Gefühl (und) Ergehen.«

41 c Verhalten älterer und jüngerer Mönche zueinander

3 »Deshalb soll von heute an ein älterer Mönch[383] von einem jüngeren Mönch nicht mit dem (persönlichen) Namen und nicht mit (dem Namen) der Familie *(gotra)* angeredet werden, sondern mit »Herr« oder »Ehrwürdiger«.

4 Und darum soll ein jüngerer Mönch durch einen älteren Mönch liebevoll behandelt werden (und) versorgt werden[384] mit Almosenschale, Mönchsgewand, Trageschleife, Trinkgefäß, Gürtel, einem Gegenstand zum Stu-

dium, einem Gegenstand der Untersuchung, mit einer Unterweisung, mit der Erwägung *(yoga)* (zu einem Thema), mit (auf die Sache) konzentriertem Nachdenken[385].«

41 d Bedeutung der vier heiligen Stätten

5 »Vier Orte auf der Erde, Mönche, sind von einem gläubigen Sohn aus (guter) Familie oder einer Tochter aus (guter) Familie ein Leben lang zu vergegenwärtigen.
6 Welche vier? (Die Orte, von denen man sagt:) ›Hier ist der Erhabene geboren.‹ ›Hier ist der Erhabene zu allerhöchster, vollkommener Erleuchtung erwacht.‹ ›Hier ist durch den Erhabenen das religiöse Rad der Lehre, das drei Umdrehungen[386] und zwölf Gestalten[387] hat, in Gang gesetzt worden.‹ ›Hier ist der Erhabene im Bereich des restlosen Nirvāṇa völlig verloschen.‹
7 Es werden, Mönche, nach meinem Dahinscheiden (Leute) kommen[388], die die Heiligtümer versorgen (und) verehren (werden). Sie werden so sprechen:
8 ›Hier ist der Erhabene geboren.‹ ›Hier ist der Erhabene zu allerhöchster, vollkommener Erleuchtung erwacht.‹ ›Hier ist durch den Erhabenen das religiöse Rad der Lehre, das drei Umdrehungen und zwölf Gestalten hat, in Gang gesetzt worden.‹ ›Hier ist der Erhabene im Bereich des restlosen Nirvāṇa völlig verloschen.‹
9 Diejenigen, die dazwischen in meiner Nähe gläubigen Herzens sterben werden, werden alle in einen Himmel gelangen, wenn sie mit einem Rest von Daseinssubstrat *(upadhi)* (sterben)[389].
10 Weiterhin sind vier Orte auf der Erde von einem gläubigen Sohn aus (guter) Familie oder einer Tochter aus (guter) Familie ein Leben lang aufzusuchen.
11 Welche vier? (Die Orte, von denem man sagt:) ›Hier ist der Erhabene geboren.‹ ›Hier ist der Erhabene zu allerhöchster, vollkommener Erleuchtung erwacht.‹ ›Hier ist

durch den Erhabenen das religiöse Rad der Lehre, das drei Umdrehungen und zwölf Gestalten hat, in Gang gesetzt worden.‹ ›Hier ist der Erhabene im Bereich des restlosen Nirvāṇa völlig verloschen.‹

12 Es werden, Mönche, nach meinem Dahinscheiden (Leute) kommen, die die Heiligtümer versorgen (und) verehren (werden). Sie werden so sprechen:

13 ›Hier ist der Erhabene geboren.‹ ›Hier ist der Erhabene zu allerhöchster, vollkommener Erleuchtung erwacht.‹ ›Hier ist durch den Erhabenen das religiöse Rad der Lehre, das drei Umdrehungen und zwölf Gestalten hat, in Gang gesetzt worden.‹ ›Hier ist der Erhabene im Bereich des restlosen Nirvāṇa völlig verloschen.‹

14 Diejenigen, die dazwischen in meiner Nähe gläubigen Herzens sterben werden, werden alle in einen Himmel gelangen, wenn sie mit einem Rest von Daseinssubstrat (sterben).«

42 Das Parinirvāṇa des Buddha

42a Frage nach Zweifeln

1 Da sprach der Erhabene die Mönche an:

2 »Fragt, o Mönche! Haltet euch nicht zurück! Wer einen Zweifel oder eine Ungewißheit haben mag, den Buddha, die Lehre, den Orden oder (die Wahrheit vom) Leid, (die Wahrheit vom) Entstehen (des Leids), (die Wahrheit von der) Aufhebung (des Leids) oder den (achtteiligen) Pfad betreffend, er frage, ich erläutere.[390]

3 Ihr mögt nun diesen (Gedanken) haben: ›Wie (kommen) wir (dazu), den Lehrer zu stören (und) ihm zu antworten?‹ So ist es aber nicht anzusehen. Der Mönch soll sich dem Mönch anvertrauen, der Kamerad dem Kameraden. Er frage, ich erläutere.«

4 Nun sagte der ehrwürdige Ānanda zum Erhabenen:

5 »Wie ich aber, Herr, den Sinn des vom Erhabenen Gesprochenen verstehe, gibt es in dieser Versammlung auch nicht irgendeinen einzigen Mönch, der einen Zweifel oder eine Ungewißheit hätte, (weiter) wie zuvor bis: den (achtteiligen) Pfad betreffend.«
6 »Gut, gut, Ānanda. Aufgrund (deines) Glaubens sprichst du so. Dem Vollendeten aber kommt (diese) allerhöchste Schau des Wissens:
7 So viele Mönche nun in dieser Versammlung versammelt zusammensitzen, es gibt auch nicht irgendeinen einzigen Mönch, der einen Zweifel oder eine Ungewißheit hätte, (weiter) wie zuvor bis: den (achtteiligen) Pfad betreffend.
8 Dies[391] aber mußte der Vollendete tun, da er Mitleid mit den Wesen einer späteren Zeit[392] hat.«

42b Letzte Worte des Buddha

9 Nun entfernte der Erhabene an einer Seite das Obergewand von seinem Körper (und) sprach die Mönche an:
10 »Betrachtet, Mönche, den Körper des Vollendeten! Seht euch, Mönche, den Körper des Vollendeten an! Das aus welchem Grund? Weil der Anblick der Vollendeten, Heiligen, vollkommen Erleuchteten schwer zu erlangen ist wie (der Anblick einer) Blüte am Udumbara-Baum.
11 Seid bitte still, Mönche. Von vergänglicher Natur sind alle Gestaltungen *(saṃskāra)*.«
12 Dieses war da das letzte Wort des Vollendeten.

42c Der Eingang in das Parinirvāṇa

13 Als er dies gesprochen hatte, erreichte der Erhabene die erste (Stufe der) Meditation. Aus der ersten (Stufe der) Meditation zurückkehrend erreichte er die zweite (Stufe der) Meditation. Aus der zweiten (Stufe der) Meditation zurückkehrend erreichte er die dritte (Stufe der) Medita-

tion. Aus der dritten (Stufe der) Meditation zurückkehrend erreichte er die vierte (Stufe der) Meditation. Aus der vierten (Stufe der) Meditation zurückkehrend erreichte er den Bereich der Raumunendlichkeit[393]. Aus dem Bereich der Raumunendlichkeit zurückkehrend erreichte er den Bereich der Bewußtseinsunendlichkeit. Aus dem Bereich der Bewußtseinsunendlichkeit zurückkehrend erreichte er den Bereich der Nichtsheit. Aus dem Bereich der Nichtsheit zurückkehrend erreichte er den Bereich, in dem es weder Wahrnehmung noch Nichtwahrnehmung gibt. Aus dem Bereich, in dem es weder Wahrnehmung noch Nichtwahrnehmung gibt, zurückkehrend erreichte er das Auslöschen von Wahrnehmung (und) Empfindung.

14 Nun sagte der ehrwürdige Ānanda dem ehrwürdigen Aniruddha dies:

15 »Ist, ehrwürdiger Aniruddha, der Erhabene völlig verloschen?«

16 »So (ist es) nicht, ehrwürdiger Ānanda. Der Buddha, der Erhabene, hat das Auslöschen von Wahrnehmung (und) Empfindung erreicht.«

17 »Von Angesicht zu Angesicht, ehrwürdiger Aniruddha, ist durch mich vom Erhabenen gehört, von Angesicht zu Angesicht (ins Bewußtsein) aufgenommen (und eingeprägt) worden: Nachdem sie die vierte (Stufe der) Meditation erreicht haben, erreichen sie, die Einsichtsvollen, unerschütterliche Ruhe, (und) die Buddhas, die Erhabenen, verlöschen völlig.«

18 Nun erreichte der Erhabene aus der Auslöschung von Wahrnehmung (und) Empfindung zurückkehrend den Bereich, in dem es weder Wahrnehmung noch Nichtwahrnehmung gibt. Aus dem Bereich, in dem es weder Wahrnehmung noch Nichtwahrnehmung gibt, zurückkehrend erreichte er den Bereich der Nichtsheit. Aus dem Bereich der Nichtsheit zurückkehrend erreichte er den Bereich der Bewußtseinsunendlichkeit. Aus dem Bereich

der Bewußtseinsunendlichkeit zurückkehrend erreichte er den Bereich der Raumunendlichkeit. Aus dem Bereich der Raumunendlichkeit zurückkehrend erreichte er die vierte (Stufe der) Meditation. Aus der vierten (Stufe der) Meditation zurückkehrend erreichte er die dritte (Stufe der) Meditation. Aus der dritten (Stufe der) Meditation zurückkehrend erreichte er die zweite (Stufe der) Meditation. Aus der zweiten (Stufe der) Meditation zurückkehrend erreichte er die erste (Stufe der) Meditation. Aus der ersten (Stufe der) Meditation zurückkehrend erreichte er die zweite (Stufe der) Meditation. Aus der zweiten (Stufe der) Meditation zurückkehrend erreichte er die dritte (Stufe der) Meditation. Aus der dritten (Stufe der) Meditation zurückkehrend erreichte er die vierte (Stufe der) Meditation. Als er die vierte (Stufe der) Meditation erreicht hatte, erreichte er, der Einsichtsvolle, unerschütterliche Ruhe, (und) der Buddha, der Erhabene, verlosch völlig.

19 Unmittelbar nachdem der Buddha, der Erhabene, völlig verloschen war, gab es zu jener Zeit in heftiger Weise ein großes Erdbeben, Flüge von Meteoren, Glühen der Himmelsrichtungen, (und) im Luftraum erschollen Göttertrommeln (Donner).

43 König Ajātaśatru erfährt vom Tode des Buddha

(Der tibetisch-chinesische Sondertext VI ist im Sanskrit nicht überliefert.)

44 Ereignisse beim Parinirvāṇa

44 a Verse von Mönchen und Göttern

1 Unmittelbar nachdem der Buddha, der Erhabene, völlig verloschen war, [beugten sich zwei Śāla-Zwillingsbäume nieder] (und) bestreuten [den Vollendeten] mit Śāla-Blüten[394].
2 Nun sprach irgendein Mönch zu dieser Gelegenheit die Gāthā-Strophe:
3 *»Schön sind wahrhaftig diese beiden besten Bäume dieses Śāla-Waldes, [die] den völlig verloschenen Lehrer mit Blüten bestreuten*[395].«
4 Unmittelbar nachdem der Buddha, der Erhabene, völlig verloschen war, sprach Śakra, der König der Götter, zu dieser Gelegenheit die Gāthā-Strophe:
5 *»Wehe, unbeständig sind die Gestaltungen* (saṃskāra), *dem Gesetz von Entstehen (und) Vergehen (unterworfen). Denn wenn sie entstanden sind, werden sie aufgehoben. Ihr Zur-Ruhe-Kommen ist Glück.«*
6 Unmittelbar nachdem der Buddha, der Erhabene, völlig verloschen war, sprach Brahmā Sahāṃpati[396] die Gāthā-Strophe:
7 *»Alle Wesen in dieser Welt werden den Körper abwerfen, (in der Welt), in der ein derartiger Lehrer, einzigartig in den Welten, der die Kräfte eines Vollendeten*[397] *erlangt hat, der Einsichtsvolle, völlig verloschen ist.«*
8 Unmittelbar nachdem der Buddha, der Erhabene, völlig verloschen war, sprach der ehrwürdige Aniruddha zu jener Gelegenheit diese Gāthā-Strophen:
9 *»Ein- und Ausatmen eben dieses (Heiligen) mit dem festen Sinn stehen still. Zu unerschütterlicher Ruhe gekommen, ist der Einsichtsvolle völlig verloschen.*
10 *Damals war es schrecklich, damals war es haarsträubend, als der mit Kräften aller Art versehene*[398] *Lehrer starb.*

11 *Mit unverzagtem Sinn die (schmerzliche) Empfindung erduldend (fand) wie das Verlöschen einer Lampe die Befreiung seines Geistes (statt).«*

44 b Klage der Mönche und Götter

12 Da wanden sich (und) wälzten sich einige Mönche auf der Erde. Einige streckten die Arme aus[399] und schrieen. Und sie sprachen so: »Allzu schnell ist der Erhabene völlig verloschen. Allzu schnell ist der Wohlgegangene völlig verloschen. Allzu schnell ist das Auge der Welt verschwunden.«

13 Einige standen da von Herzeleid ergriffen. Einige betrachteten die Regel: »Schon früher ist uns vom Erhabenen verkündet worden: Von allen gewünschten, begehrten, geliebten, angenehmen Dingen wird Geschiedenheit sein, Getrenntheit, Trennung, Loslösung. Weshalb sollte es möglich sein, daß etwas Geborenes, Gewordenes, Gemachtes, Zusammengesetztes, Gefühltes, etwas In-Abhängigkeit-Entstandenes, etwas, das dem Untergang unterliegt, das dem Vergehen unterliegt, das der Vernichtung unterliegt, das von Natur aus widersprüchlich ist[400], das der Zerstörung unterliegt, nicht zerstört wird. Diese Möglichkeit kennt man nicht.«

14 Nun sprach der ehrwürdige Aniruddha den ehrwürdigen Ānanda an:

15 »Ganz langsam sollten, ehrwürdiger Ānanda, die Mönche (wieder) Mut zeigen.

16 Denn so mißbilligen mehrere hundert Kalpas[401] lang lebende Gottheiten (dieses Verhalten), schelten (es und) murren:

17 ›Wieso verweilen jetzt die Mönche, die in die wohlverkündete Lehre (und) Mönchsregel ordiniert sind, mit großer Unbedachtsamkeit?‹«

18 »Wie viele Gottheiten nimmt der ehrwürdige Aniruddha wahr?«

19 »Von Kuśinagarī, ehrwürdiger Ānanda, bis zum Fluß Hiraṇyavatī, bis zum Wald der Śāla-Zwillingsbäume, bis zum Heiligtum Makuṭabandhana der Mallas, dazwischen im Umkreis von zwölf Yojanas gibt es keinen (Platz), der nicht von sehr mächtigen Gottheiten erfüllt wäre (und der noch) erfüllt werden könnte, nicht einmal genug (Platz) für das Hindurchstoßen mit einer Stockspitze.«

20 Damals wanden sich (und) wälzten sich einige Gottheiten auf der Erde. Einige streckten die Arme aus und schrieen. (Weiter) wie zuvor bis: Diese Möglichkeit kennt man nicht.«

21 Diese Nacht nun verbrachten der ehrwürdige Aniruddha und der ehrwürdige Ānanda vor allem mit einem religiösen Gespräch (und) mit philosophischen Diskussionen.

45 Die Mallas erhalten vom Tode des Buddha Kenntnis

1 Nun sprach der ehrwürdige Aniruddha den ehrwürdigen Ānanda an:

2 »Gehe, Ānanda! Teile den Mallas von Kuśinagarī mit: ›Völlig verloschen, ihr Herren, ist euer Lehrer. Was von euch zu tun oder auszuführen ist, das tut, (damit) ihr nicht im nachhinein Reue haben werdet: ›Wie (kommt es, daß) jetzt im Gebiet unseres Dorfes der Lehrer völlig verloschen ist, um dessen Verehrung[402] wir uns nicht eifrig bemüht haben?‹«

3 »So (sei es)«, stimmte der ehrwürdige Ānanda dem ehrwürdigen Aniruddha zu, nahm das Untergewand (und) ging mit einem anderen Mönch als Begleitung zur Versammlungshalle der Mallas von Kuśinagarī.

4 Zu jener Zeit nun saßen die Mallas von Kuśinagarī in

ihrer Versammlungshalle versammelt (beisammen), vor allem wegen eben dieser Angelegenheit.
5 Nun sagte der ehrwürdige Ānanda den Mallas von Kuśinagarī dies:
6 »Hört, ihr Herren, ihr Mallas von Kuśinagarī, (die ihr) eine Gemeinde, eine Schar, eine Zunft oder eine Versammlung (bildet)! Völlig verloschen ist, ihr Herren, euer Lehrer. Was zu tun oder auszuführen ist, das tut, (damit) ihr nicht im nachhinein Reue haben werdet: ›Wie (kommt es, daß) jetzt im Gebiet unseres Dorfes der Lehrer völlig verloschen ist, um dessen Verehrung wir uns nicht eifrig bemüht haben?‹«
7 Und als sie (es) aber gehört hatten, da wanden sich (und) wälzten sich einige Mallas von Kuśinagarī auf der Erde. Einige streckten die Arme aus und schrieen. Sie sprachen so: »Allzu schnell ist der Erhabene völlig verloschen. Allzu schnell ist der Wohlgegangene völlig verloschen. Allzu schnell ist das Auge der Welt verschwunden.«
8 Einige standen da von Herzeleid ergriffen. Einige betrachteten die Regel: »Schon früher ist uns vom Erhabenen verkündet worden: Von allen gewünschten, begehrten, geliebten, angenehmen Dingen wird Geschiedenheit sein, Getrenntheit, Trennung, Loslösung. Weshalb (sollte) es möglich sein, daß etwas Geborenes, Gewordenes, Gemachtes, Zusammengesetztes, Gefühltes, etwas In-Abhängigkeit-Entstandenes, etwas, das dem Untergang unterliegt, das dem Vergehen unterliegt, das der Vernichtung unterliegt, das von Natur aus widersprüchlich ist, das der Zerstörung unterliegt, nicht zerstört wird. Diese Möglichkeit kennt man nicht.«

46 Die Mallas erhalten Anweisung über die Bestattung

1 Da stellten die Mallas von Kuśinagarī alles, was es in Kuśinagarī an Duftstoffen, Blumengirlanden, Blüten, Weihrauch (und) Musikinstrumenten (gab), zusammen, verließen mit Kindern (und) Frauen, mit Sklavinnen, Sklaven, (Arbeitern) (und) Dienern, mit Freunden, Hausgenossen, Angehörigen (und) Blutsverwandten Kuśinagarī und gingen zum Wald der Śāla-Zwillingsbäume.
2 (Dorthin) gelangt, behandelten sie das Prachtbett des Erhabenen ehrerbietig mit Duftstoffen, Blumengirlanden, Blüten, Weihrauch (und) Musikinstrumenten, behandelten es würdig, schätzten (und) verehrten es.
3 Nun sagte ein gewisser herausragender Malla aus Kuśinagarī dem ehrwürdigen Ānanda dies:
4 »Wie sollen wir uns, Herr Ānanda, aber um die Verehrung des Körpers des Erhabenen bemühen?«
5 »Wie bei einem weltbeherrschenden König, ihr Herren.«
6 »Wie (verfährt man), Herr Ānanda, bei einem weltbeherrschenden König?«
7 »Ihr Herren, der Körper eines weltbeherrschenden Königs wird mit zu Watte geschlagener Baumwolle umwickelt. Wenn er mit geschlagener Baumwolle umwickelt ist, wird er mit 500 Paaren (Stoff) umwickelt. Wenn er mit 500 Paaren (Stoff) umwickelt ist, wird er in eine mit Sesamöl gefüllte, eiserne Sarghälfte gelegt (und) mit der anderen Sarghälfte bedeckt. Mit duftenden Holzstücken wird ein Scheiterhaufen aufgeschichtet, er wird eingeäschert (und das Feuer) wird mit Kuhmilch gelöscht. Die Knochen werden in eine goldene Urne gelegt (und) auf eine goldene Bahre gehoben. An einer großen Wegkreuzung wird ein Stūpa für den Körper aufgebaut, (daran) (Ehren)schirme, Fahnen (und) Flaggen angebracht, und

es wird ein Fest veranstaltet. Mit Duftstoffen, Blumengirlanden, Blüten, Weihrauch, Musikinstrumenten werden (die Reliquien) ehrerbietig behandelt, würdig behandelt, geschätzt (und) verehrt.
8 Genau so, ihr Herren, (verfährt man) bei einem weltbeherrschenden König. Um so mehr (verfährt man) bei einem Vollendeten, einem Heiligen, einem vollkommen Erleuchteten (so).«

47 Überführung des Leichnams zum Makuṭabandhana-Caitya

47a Vorbereitungen zur Überführung

1 Nun sagte ein gewisser Malla von Kuśinagarī dem ehrwürdigen Ānanda dies:
2 »Wie wir nun, Herr, den Sinn des von Ānanda Gesprochenen verstehen, (können) wir das nicht innerhalb eines Tages oder in zwei bis drei Tagen zusammenstellen. In sieben Tagen werden wir (es) zusammengestellt haben (und) am Prachtbett die Verehrung des Körpers des Erhabenen vollziehen.«
3 »Genau so (sei es)«, hörten sie (aus dem Munde) des ehrwürdigen Ānanda,
4 (und) die Mallas von Kuśinagarī stellten während dieser sieben Tage am Prachtbett des Erhabenen all das zusammen, was es von Kuśinagarī bis zum Fluß Hiraṇyavatī, bis zum Wald der Śāla-Zwillingsbäume, bis zum Heiligtum Makuṭabandhana der Mallas, dazwischen im Umkreis von zwölf Yojanas an Duftstoffen, Blumengirlanden, Blüten, Weihrauch, Musikinstrumenten (gab). Zu Watte geschlagene Baumwolle, (500 Paare Stoff), einen eisernen Sarg, alle duftenden Holzstücke, eine goldene Urne (und) eine goldene Bahre, auch das stellten sie zu-

sammen. Sie behandelten den Körper des Erhabenen ehrerbietig, behandelten (ihn) würdig, schätzten (und) verehrten (ihn).

5 Nun sagte ein gewisser Malla von Kuśinagarī zu den (anderen) Mallas von Kuśinagarī dies:

6 »Hört, ihr Herren, ihr Mallas von Kuśinagarī, (die ihr eine Gemeinde), eine Schar, eine Zunft oder eine Versammlung (bildet)! Die Frauen (und) Mädchen der Mallas sollen eine Plane (wie einen Baldachin)[403] über den Erhabenen breiten. Die Männer und Knaben der Mallas sollen die Bahre des Erhabenen anheben. Während sie mit Duftstoffen, Blumengirlanden, Blüten, Weihrauch (und) Musikinstrumenten den Körper des Erhabenen ehrerbietig behandeln, würdig behandeln, schätzen (und) verehren, sollen sie (den Leichnam) durch das westliche Stadttor nach Kuśinagarī hineinführen, (ihn) mitten durch (die Stadt) hindurchziehen lassen, (ihn) durch das östliche Stadttor hinausbringen (und) am Heiligtum Makuṭabandhana der Mallas einäschern.«

7 »Ebenso soll es sein«, stimmten die Mallas von Kuśinagarī zu.

8 Nun breiteten die Frauen und Mädchen der Mallas eine Plane über den Erhabenen. Die Männer und Knaben der Mallas wollten die Bahre anheben, konnten (sie aber) nicht anheben.

47b Aniruddha über die Absichten der Götter

9 Nun sagte der ehrwürdige Aniruddha dem ehrwürdigen Ānanda dies:

10 »Die Mallas von Kuśinagarī werden, ehrwürdiger Ānanda, die Bahre des Erhabenen nicht anheben können. Das aus welchem Grund? Es ist die Absicht der Gottheiten.«

11 »Und was ist, Herr Aniruddha, die Absicht der Gottheiten?«

12 »Die Absicht der Gottheiten ist: Die Frauen und Mädchen der Mallas sollen die Plane über den Erhabenen breiten. Die Männer und Knaben der Mallas sollen die Bahre des Erhabenen anheben. Während wir unsererseits mit Duftstoffen, Blumengirlanden, Blüten, Weihrauch (und) Musikinstrumenten den Körper des Erhabenen ehrerbietig behandeln, würdig behandeln, schätzen (und) verehren, werden wir (den Leichnam) durch das westliche Stadttor nach Kuśinagarī hineinführen, (ihn) mitten durch (die Stadt) hindurchziehen lassen, durch das östliche Stadttor hinausbringen (und) am Heiligtum Makuṭabandhana der Mallas einäschern.«

13 »Es soll, Herr Aniruddha, so sein, wie es die Absicht der Gottheiten ist.«

47c Der Zug zum Makuṭabandhana-Caitya

14 Nun sagte der ehrwürdige Ānanda den Mallas von Kuśinagarī dies:

15 »Ihr werdet, ihr Herren, die Bahre des Erhabenen nicht anheben können. Das aus welchem Grund? Es ist die Absicht der Gottheiten.«

16 »Und was ist, Herr Ānanda, die Absicht der Gottheiten?«

17 »Die Absicht der Gottheiten ist: Die Frauen und Mädchen der Mallas sollen die Plane über den Erhabenen breiten. Die Männer und Knaben der Mallas sollen die Bahre des Erhabenen anheben. Während wir unsererseits mit Duftstoffen, Blumengirlanden, Blüten, Weihrauch (und) Musikinstrumenten den Körper des Erhabenen ehrerbietig behandeln, würdig behandeln, schätzen (und) verehren, werden wir (den Leichnam) durch das westliche Stadttor nach Kuśinagarī hineinführen, (ihn) mitten durch (die Stadt) hindurchziehen lassen, durch das östliche Stadttor hinausbringen (und) am Heiligtum Makuṭabandhana der Mallas einäschern.«

18 »Es soll, Herr Ānanda, so sein, wie es die Absicht der Gottheiten ist.«
19 Nun breiteten die Frauen und Mädchen der Mallas die Plane über den Erhabenen. Die Männer und Knaben der Mallas hoben die Bahre des Erhabenen an.
20 Unmittelbar nachdem die Bahre angehoben war, warfen die Gottheiten aus dem Luftraum himmlische (Lotosblüten wie) Utpala, Padma, Kumuda (und) Puṇḍarīka[404] (sowie) Aloe-, Tagara[405]- (und) Sandelpulver (und) himmlische Korallenbaumblüten. Und sie ließen himmlische Musikinstrumente erklingen und bewegten Stoffe hin und her.
21 Nun sagte ein gewisser Malla von Kuśinagarī zu den (anderen) Mallas von Kuśinagarī dies:
22 »Laßt uns die menschlichen Instrumente niederlegen. Mit himmlischen Instrumenten werden wir die Verehrung am Körper des Erhabenen vollziehen.«
23 Die Mallas von Kuśinagarī legten die menschlichen Musikinstrumente nieder. Während sie mit himmlischen Duftstoffen, Blumengirlanden, Blüten, Weihrauch (und) Musikinstrumenten den Körper des Erhabenen ehrerbietig behandelten, würdig behandelten, schätzten (und) verehrten, führten sie (den Leichnam) durch das westliche Stadttor nach Kuśinagarī hinein, ließen (ihn) mitten durch (die Stadt) hindurchziehen, brachten (ihn) durch das östliche Stadttor hinaus (und) stellten (den Erhabenen) am Heiligtum Makuṭabandhana der Mallas ab.

48 Mahākāśyapa-Episode

48 a Ein Ājīvika berichtet Mahākāśyapa vom Heimgang des Buddha

1 Zu jener Zeit nun war Kuśinagarī von einer knietiefen Flut himmlischer Korallenbaumblüten erfüllt.
2 Nun nahm da ein gewisser Ājīvika[406] himmlische Korallenbaumblüten (und) brach in irgendeiner Angelegenheit nach Pāpā auf.
3 Zu jener Zeit nun befand sich der ehrwürdige Mahākāśyapa[407] mit einem Gefolge von 500 (Mönchen) zwischen Pāpā und Kuśinagarī auf dem Weg (und) hatte den Wunsch, den nicht entblößten[408] Körper des Erhabenen zu verehren.
4 Der ehrwürdige Mahākāśyapa sah den in Gegenrichtung (kommenden) Ājīvika. Und als er (ihn) aber sah, sprach er so:
5 »Woher kommst du, Ājīvika, gerade? Wohin wirst du gehen?«
6 »Ich komme gerade aus Kuśinagarī. Ich werde nach Pāpā gehen.«
7 »Kennst du, Ājīvika, meinen Lehrer?«
8 »Ich kenne (ihn). Es ist der Asket Gautama. Dein Lehrer, Ehrwürdiger, ist völlig verloschen. Heute, nachdem sieben Tage vergangen sind, war die Verehrung des Körpers an (seinem) Körper. Und von dort habe ich diese Korallenbaumblüten herbeigebracht.«

48 b Stellungnahme der Mönche Mahākāśyapas

9 Nun äußerte ein gewisser alter Mann (unter den Mönchen) zu dieser Gelegenheit eine solche unpassende Bemerkung:
10 »Jetzt sind wir befreit von dem übervorsichtigen

Alten, der so sprach: ›Dies, ihr Mönche, ist von euch zu tun, dies ist nicht zu tun.‹ Jetzt werden wir das tun, was wir wollen, (und) das, was wir nicht wollen, das werden wir nicht tun.«

11 Diese unpassende Bemerkung nun brachten die Gottheiten zum Verschwinden, so daß in dieser Versammlung auch nicht ein einziger Mönch sie hörte, ausgenommen der ehrwürdige Mahākāśyapa.

12 Da wanden sich (und) wälzten sich einige Mönche auf der Erde. Einige streckten sie Arme aus (und) schrieen. Und sie sprachen so: »Allzu schnell ist der Erhabene völlig verloschen. Allzu schnell ist der Wohlgegangene völlig verloschen. Allzu schnell ist das Auge der Welt verschwunden.«

13 Nun verließ der ehrwürdige Mahākāśyapa zur Zurückweisung dieser so ungezügelten Rede die Straße (und) setzte sich inmitten der Mönchsgemeinde auf einen (für ihn) bereiteten Sitz nieder. Als er sich gesetzt hatte, sprach der ehrwürdige Mahākāśyapa die Mönche an:

14 »So vergänglich, Ehrwürdige, sind alle Gestaltungen *(saṃskāra)*, so unbeständig, so unverläßlich, so der Veränderung (zum Schlechteren) unterworfen sind alle Gestaltungen, daß es doch genug ist, um vor allen Gestaltungen Abneigung zu empfinden, genug, um (ihnen gegenüber) gleichgültig zu werden, genug, um sich (davon) zu befreien.

15 Ganz schnell, Ehrwürdige, sollten die Mönche (wieder) Mut zeigen. Wir (wollen) gehen, um den nicht entblößten Körper des Erhabenen zu sehen.«

49 Einsargung und Verbrennung der Leiche

49a Der Scheiterhaufen läßt sich nicht anzünden

1 Nun umwickelten die Mallas von Kuśinagarī den Körper des Erhabenen mit zu Watte geschlagener Baumwolle, umwickelten (ihn) mit 500 Paaren (Stoff), legten (ihn) in eine mit Sesamöl gefüllte eiserne Sarghälfte, bedeckten (ihn) mit der anderen Sarghälfte, schichteten mit allen duftenden Holzstücken einen Scheiterhaufen auf (und) wollten (ihn) entzünden. (Doch) sie konnten (ihn) nicht entzünden.
2 Nun sagte der ehrwürdige Aniruddha dem ehrwürdigen Ānanda dies:
3 »Die Mallas von Kuśinagarī werden den Scheiterhaufen des Erhabenen nicht entzünden können. Das aus welchem Grund? Es ist die Absicht der Gottheiten.«
4 »Und was ist, Herr Aniruddha, die Absicht der Gottheiten?«
5 »Die Absicht der Gottheiten ist: Der ehrwürdige Mahākāśyapa befindet sich mit einem Gefolge von 500 (Mönchen) zwischen Pāpā und Kuśinagarī auf dem Weg (und) will den nicht entblößten Körper des Erhabenen verehren.«
6 »Es soll, Herr Aniruddha, so sein, wie es die Absicht der Gottheiten ist.«
7 Nun sagte der ehrwürdige Ānanda den Mallas von Kuśinagarī dies:
8 »Ihr werdet, ihr Herren, den Scheiterhaufen des Erhabenen nicht entzünden können. Das aus welchem Grund? Es ist die Absicht der Gottheiten.«
9 »Und was ist, Herr Ānanda, die Absicht der Gottheiten?«
10 »Die Absicht der Gottheiten ist: Der ehrwürdige Ma-

hākāśyapa befindet sich mit einem Gefolge von 500 (Mönchen) zwischen Pāpā und Kuśinagarī auf dem Weg (und) will den nicht entblößten Körper des Erhabenen verehren.«
11 »Es soll, Herr Ānanda, so sein, wie es die Absicht der Gottheiten ist.«

49b Mahākāśyapas letzte Verehrung des Buddha

12 Da erreichte der ehrwürdige Mahākāśyapa nach und nach[409] Kuśinagarī (und) ging zum Scheiterhaufen des Erhabenen. Die Versammlung sah den ehrwürdigen Mahākāśyapa schon von ferne.
13 Und als sie (ihn) aber sah, ging sie zum ehrwürdigen Mahākāśyapa. (Dorthin) gelangt, folgte (die Menge) direkt hinter dem ehrwürdigen Mahākāśyapa.
14 Nun ging der ehrwürdige Mahākāśyapa zum Scheiterhaufen des Erhabenen.
15 (Dorthin) gelangt, deckte er den mit Sesamöl gefüllten eisernen Sarg ab, entfernte die 500 Paare (Stoff) (und) entfernte die geschlagene Baumwolle. Als er die geschlagene Baumwolle entfernt hatte, verehrte er den nicht entblößten[410] Körper des Erhabenen.
16 Zu jener Zeit nun gab es auf der Erde vier große Ordensältere[411], nämlich den ehrwürdigen Ajñātakauṇḍinya[412] den ehrwürdigen Mahācunda, den ehrwürdigen Daśabalakāśyapa und den ehrwürdigen Mahākāśyapa.
17 Unter diesen war der ehrwürdige Mahākāśyapa als (jemand) bekannt, der großes Verdienst hatte (und) Empfänger von Gegenständen des persönlichen Bedarfs war wie Mönchsgewänder, Almosen, Betten, Sitze (und) Arznei als Mittel für Kranke.
18 Nun kam dem ehrwürdigen Mahākāśyapa dieser (Gedanke):
19 »Wie wäre es, wenn ich selbst mich um die Verehrung des Körpers des Erhabenen bemühte?«

20 Nun stellte der ehrwürdige Mahākāśyapa weitere zu Watte geschlagene Baumwolle (und) weitere 500 Paare (Stoff) zusammen, umwickelte den Körper des Erhabenen mit geschlagener Baumwolle, umwickelte (ihn) mit 500 Paaren (Stoff), legte (ihn) in die mit Sesamöl gefüllte eiserne Sarghälfte, bedeckte (ihn) mit der anderen Sarghälfte, schichtete mit allen duftenden Holzstücken den Scheiterhaufen auf (und) ging weg zu einer Seite.

49c Verbrennung des Leichnams und Sammlung der Gebeine

21 Nun entzündete sich der Scheiterhaufen von selbst, offensichtlich aufgrund der Buddhamacht des Buddha und der Göttermacht der Gottheiten.
22 Nun sprach der ehrwürdige Ānanda bei dieser Gelegenheit, als er am Scheiterhaufen entlangging, zwei Gāthā-Strophen:
23 *»Mit welch wertvollem Körper der Führer, der Zaubermächtige* (maharddhika), *in die Brahma-Welt*[413] *ging, der leuchtet mit aus sich selbst entstandenem Glanz, umwickelt von 500 Paaren (Stoff).*
24 *Denn mit 1000 Mönchsgewändern war der Körper des Buddha umwickelt. Zwei Gewänder aber waren da überhaupt nicht verbrannt: das innere und das äußere als zweites.«*
25 Nun löschten die Mallas von Kuśinagarī (das Feuer) mit Kuhmilch. Da wurden vier Bäume sichtbar: ein Kāñcana[414], ein Kapittha[415], ein Aśvattha[416] und ein Udumbara[417].
26 Nun legten die Mallas von Kuśinagarī die Knochen in eine goldene Urne, hoben sie auf eine goldene Bahre, (und) während sie sie mit Duftstoffen, Blumengirlanden, Blüten, Weihrauch (und) Musikinstrumenten ehrerbietig behandelten, würdig behandelten, schätzten (und) verehrten, führten sie (sie) in die Stadt, setzten (sie) dort im

vornehmsten Haus des Mahā-Maṇḍala[418] nieder (und) behandelten sie mit Duftstoffen, Blumengirlanden, Blüten, Weihrauch (und) Musikinstrumenten ehrerbietig, behandelten sie würdig, schätzten (und) verehrten sie.

50 Der Streit um die Reliquien

50a Forderungen benachbarter Länder

1 Die Mallas von Pāpā hörten: »In Kuśinagarī ist der Buddha, der Erhabene, völlig verloschen. Heute, nachdem sieben Tage vergangen sind, findet die Verehrung des Körpers am Körper statt.«
2 Und als sie (es) hörten, bewaffneten sie einen vierteiligen Heereskörper: eine Abteilung Elefanten, eine Abteilung Pferde, eine Abteilung Wagen (und) eine Abteilung Fußsoldaten, (und) gingen zu den Mallas von Kuśinagarī.
3 (Dorthin) gelangt, sagten sie den Mallas von Kuśinagarī dies:
4 »Hört, ihr Herren, ihr Mallas von Kuśinagarī, (die ihr) eine Gemeinde, eine Schar, eine Zunft oder eine Versammlung (bildet)! Seit langer Zeit war uns der Erhabene lieb und angenehm. Im Bereich eures Dorfes ist er völlig verloschen.
5 Wir haben Anspruch auf einen Anteil an den körperlichen (Überresten) des Erhabenen, mit denen wir in Pāpā einen Stūpa für den Körper des Erhabenen aufbauen werden. Und wir werden (Ehren)schirme, Fahnen (und) Flaggen (daran) befestigen, und wir werden Feste veranstalten. Wir werden (den Stūpa) mit Duftstoffen, Blumengirlanden, Blüten, Weihrauch (und) Musikinstrumenten ehrerbietig behandeln, würdig behandeln, schätzen (und) verehren.«
6 »Was ihr aber wissen solltet, ihr Herren, (ist): Auch uns war der Erhabene lieb und angenehm. Im Bereich unseres

Dorfes ist er völlig verloschen. Wir sind nicht dazu verpflichtet, einen Anteil an den körperlichen (Überresten) des Erhabenen abzugeben.«
7 »Wenn (ihr) gegeben (habt), dann ist es gut. Wenn ihr (aber) nicht geben werdet, werden wir (es uns) mit dem Heer holen!«
8 »Ebenso soll es sein«, stimmten die Mallas von Kuśinagarī zu.
9 Und die Bulakas von Calakalpā, die Brahmanen von Viṣṇudvīpa, die Krauḍyas von Rāmagrāmaka, die Licchavis von Vaiśālī (und) die Śākyas von Kapilavastu[419] hörten (vom Verscheiden des Erhabenen).

50b König Ajātaśatru von Magadha sendet Varṣākāra nach Kuśinagarī

10 Und der König von Magadha, Ajātaśatru Vaidehīputra, hörte: »In Kuśinagarī ist der Buddha, der Erhabene, völlig verloschen. Die Mallas von Pāpā, die Bulakas von Calakalpā, die Brahmanen von Viṣṇudvīpa, die Krauḍyas von Rāmagrāmaka, die Licchavis von Vaiśālī (und) die Śākyas von Kapilavastu sind nach Kuśinagarī zur Verehrung des Körpers gegangen, um einen Anteil an den körperlichen (Überresten) zu holen.«
11 Und als er (es) aber gehört hatte, sagte er zu Varṣākāra, dem brahmanischen Minister von Magadha, dies:
12 »Weißt du (schon), Varṣākāra? Ich habe gehört: ›In Kuśinagarī ist der Buddha, der Erhabene, völlig verloschen. Die Mallas von Pāpā, die Bulakas von Calakalpā, die Brahmanen von Viṣṇudvīpa, die Krauḍyas von Rāmagrāmaka, die Licchavis von Vaiśālī (und) die Śākyas von Kapilavastu haben einen vierteiligen Heereskörper bewaffnet (und) sind nach Kuśinagarī zur Verehrung des Körpers gegangen, um einen Anteil an den körperlichen (Überresten) zu holen.‹ Deshalb werden auch wir einen vierteiligen Heereskörper bewaffnen (und) einen

Anteil an den körperlichen (Überresten) des Erhabenen holen.«

13 »Ich bewaffne (ihn), Majestät«, stimmte Varṣākāra zu (und) bewaffnete einen vierteiligen Heereskörper.

14 König Ajātaśatru, der einen Elefanten bestiegen hatte, wurde, während er der Tugend des Erhabenen gedachte, ohnmächtig. Vom Elefanten abgeworfen[420], bestieg er ein Pferd (und) wurde auch dort ohnmächtig. Er sagte dies:

15 »Ich bin nicht in der Lage zu gehen. Geh du, Varṣākāra! Nachdem du den vierteiligen Heereskörper bewaffnet hast, gehe zu den Mallas von Kuśinagarī. (Dorthin) gelangt, frage die Mallas von Kuśinagarī in unserem Namen nach dem Stand kleiner Leiden, dem Stand kleiner Sorgen, dem Stand (der Folgen) leichter Anstrengungen, dem Lebensunterhalt, der Stärke, dem Glück, der Untadeligkeit (des Befindens) sowie dem Stand des Gefühls (und) Ergehens! Und sprich so:

16 ›Seit langer Zeit war uns der Erhabene lieb und angenehm. Im Bereich eures Dorfes ist er völlig verloschen. Wir haben Anspruch auf einen Anteil an den körperlichen (Überresten) des Erhabenen, mit denen wir in Rājagṛha einen Stūpa für den Körper des Erhabenen aufbauen werden. Und wir werden (Ehren)schirme, Fahnen (und) Flaggen (daran) anbringen, und wir werden Feste veranstalten. Wir werden (den Stūpa) mit Duftstoffen, Blumengirlanden, Blüten, Weihrauch (und) Musikinstrumenten ehrerbietig behandeln, würdig behandeln, schätzen und verehren.‹«

17 »So (sei es), Majestät«, stimmte Varṣākāra, der brahmanische Minister von Magadha, dem König von Magadha, Ajātaśatru Vaidehīputra zu, bewaffnete einen vierteiligen Heereskörper, eine Abteilung Elefanten, eine Abteilung Pferde, eine Abteilung Wagen (und) eine Abteilung Fußsoldaten (und) ging zu den Mallas von Kuśinagarī.

50c Kuśinagarī lehnt alle Forderungen ab

18 (Dorthin) gelangt, sagte er den Mallas von Kuśinagarī dies:
19 »Hört, ihr Herren, ihr Mallas von Kuśinagarī, (die ihr) eine Gemeinde, eine Schar, eine Zunft oder eine Versammlung (bildet)! Der König von Magadha, Ajātaśatru Vaidehīputra, fragt euch nach dem Stand kleiner Leiden, dem Stand kleiner Sorgen, dem Stand (der Folgen) leichter Anstrengungen, dem Lebensunterhalt, der Stärke, dem Glück, der Untadeligkeit (des Befindens) sowie dem Stand des Gefühls (und) Ergehens. Und er spricht so:
20 ›Seit langer Zeit war uns der Erhabene lieb und angenehm. Im Bereich eures Dorfes ist er völlig verloschen. Wir haben Anspruch auf einen Anteil an den körperlichen (Überresten) des Erhabenen, mit denen wir in Rājagṛha einen Stūpa für den Körper des Erhabenen aufbauen werden. Und wir werden (Ehren)schirme, Fahnen (und) Flaggen (daran) anbringen, und wir werden Feste veranstalten. Wir werden (den Stūpa) mit Duftstoffen, Blumengirlanden, Blüten, Weihrauch (und) Musikinstrumenten ehrerbietig behandeln, würdig behandeln, schätzen und verehren.‹«
21 »Was der erhabene Varṣākāra aber wissen sollte, (ist): Auch uns war der Erhabene lieb und angenehm. Im Bereich unseres Dorfes ist er völlig verloschen. Wir sind nicht dazu verpflichtet, einen Anteil an den körperlichen (Überresten) des Erhabenen abzugeben.«
22 Nun sagte Varṣākāra, der brahmanische Minister von Magadha, den Mallas von Kuśinagarī dies:
23 »Wenn (ihr) gegeben (habt), dann ist es gut. Wenn ihr aber nicht geben werdet, werden wir (es uns) mit dem Heer holen.«
24 »So soll es sein«, stimmten die Mallas von Kuśinagarī zu, betrachteten die Gemeinde, die Schar, die Versamm-

lung der Könige (und) lehrten die Frauen und Knaben der Mallas die Kunst des Bogenschießens.

25 Während die Mallas von Pāpā, die Bulakas von Calakalpā, die Brahmanen von Viṣṇudvīpa, die Krauḍyas von Rāmagrāmaka, die Licchavis von Vaiśālī, die Śākyas von Kapilavastu und Varṣākāra, der (brahmanische) Minister von Magadha, ihren vierteiligen Heereskörper bewaffneten, eine Abteilung Elefanten, eine Abteilung Pferde, eine Abteilung Wagen (und) eine Abteilung Fußsoldaten, (und) sie sich vor den Mallas von Kuśinagarī zum Kampf in Schlachtordnung aufstellten,

26 (währenddessen) bewaffneten die Männer, Frauen und Kinder der Mallas von Kuśinagarī einen vierteiligen Heereskörper, eine Abteilung Elefanten, eine Abteilung Pferde, eine Abteilung Wagen (und) eine Abteilung Fußsoldaten, (und) stellten sich auch außerhalb der Stadt vor den sieben Heereskörpern des Feindes zum Kampf in Schlachtordnung auf.

51 Die Verteilung der Reliquien

51 a Der Brahmane Dhūmrasagotra schlägt eine Teilung vor

1 Zu jener Zeit nun saß der Brahmane Dhūmrasagotra unter den Versammelten[421] in dieser Versammlung. Nun erkannte der Brahmane Dhūmrasagotra: »Nachdem die Kämpfer auf beiden Seiten die Schlachtordnung eingenommen haben, werden sie sich bald gegenseitig niedermetzeln[422].« Während er ein Antilopenfell an einem Stock[423] befestigte, ging er zu den Mallas von Kuśinagarī. (Dorthin) gelangt, sagte er den Mallas von Kuśinagarī dies:

2 »Hört, ihr Herren, ihr Mallas von Kuśinagarī, (die ihr)

eine Gemeinde, eine Schar, eine Zunft oder eine Versammlung (bildet)! Seit langer Zeit war der Erhabene ohne Leidenschaft, friedvoll, pries die Duldsamkeit, predigte die Duldsamkeit. Daß ihr, ihr Herren, indem ihr dem Wort des Leidenschaftslosen, des Friedvollen, des die Duldsamkeit Preisenden, des die Duldsamkeit Predigenden zuwider handelt, bereit seid, wegen des Körpers des erhabenen Gautama euch gegenseitig niederzumetzeln, (das) ist nicht angemessen. Ich will mich bemühen, die körperlichen (Überreste) des erhabenen Gautama achtfach zu teilen. Die Urne aber, in die die Knochen gelegt wurden, die Urne gebt uns! Mit ihr werden wir in Droṇagrāmaka[424] einen Stūpa für die Urne aufbauen. Und wir werden (Ehren)schirme, Fahnen (und) Flaggen (daran) anbringen, und wir werden Feste veranstalten. Wir werden (den Stūpa) mit Duftstoffen, Blumengirlanden, Blüten, Weihrauch (und) Musikinstrumenten ehrerbietig behandeln, würdig behandeln, schätzen (und) verehren.«

3 »So soll es sein«, stimmten die Mallas von Kuśinagarī dem Brahmanen Dhūmrasagotra zu.

51 b Verständigung und eine friedliche Teilung

4 Nun ging der Brahmane Dhūmrasagotra zu den Mallas von Pāpā, den Bulakas von Calakalpā, den Brahmanen von Viṣṇudvīpa, den Krauḍyas von Rāmagrāmaka, den Licchavis von Vaiśālī, den Śākyas von Kapilavastu und zu Varṣākāra, dem brahmanischen Minister von Magadha.

5 (Dorthin) gelangt, sagte er zu Varṣākāra, dem brahmanischen Minister von Magadha, dies:

6 »Was du aber, Varṣākāra, wissen solltest, (ist): Seit langer Zeit war der Erhabene ohne Leidenschaft, friedvoll, pries die Duldsamkeit, predigte die Duldsamkeit. Daß ihr, ihr Herren, indem ihr dem Wort des Leidenschaftslosen, des Friedvollen, des die Duldsamkeit Preisenden, des

die Duldsamkeit Predigenden zuwider handelt, bereit seid, wegen des Körpers des erhabenen Gautama euch gegenseitig niederzumetzeln, (das) ist nicht angemessen. Ich will mich bemühen, die körperlichen (Überreste) des erhabenen Gautama achtfach zu teilen. Die Urne aber, in die die Knochen gelegt wurden, die Urne gebt uns! Mit ihr werden wir in Droṇagrāmaka einen Stūpa für die Urne aufbauen. Und wir werden (Ehren)schirme, Fahnen (und) Flaggen (daran) anbringen, und wir werden Feste veranstalten. Wir werden (den Stūpa) mit Duftstoffen, Blumengirlanden, Blüten, Weihrauch (und) Musikinstrumenten ehrerbietig behandeln, würdig behandeln, schätzen (und) verehren.«

7 »So soll es sein«, stimmte Varṣākāra, der brahmanische Minister von Magadha, dem Brahmanen Dhūmrasagotra zu.

8 Nun teilte der Brahmane Dhūmrasagotra die körperlichen (Überreste) des Erhabenen achtfach.

9 Nun gab der Brahmane Dhūmrasagotra den ersten Teil den Mallas von Kuśinagarī. Damit bauten die Mallas von Kuśinagarī in Kuśinagarī einen Stūpa für den Körper des Erhabenen auf und brachten (Ehren)schirme, Fahnen (und) Flaggen (daran) an und veranstalteten Feste. Sie behandelten (den Stūpa) mit Duftstoffen, Blumengirlanden, Blüten, Weihrauch (und) Musikinstrumenten ehrerbietig, behandelten ihn würdig, schätzten, verehrten ihn.

10 Den zweiten Teil gab er den Mallas von Pāpā. Damit bauten die Mallas von Pāpā in Pāpā einen Stūpa für den Körper des Erhabenen auf. (Weiter) wie zuvor bis: verehrten ihn.

11 Den dritten Teil gab er den Bulakas von Calakalpā. Damit bauten die Bulakas von Calakalpā in Calakalpā einen Stūpa für den Körper des Erhabenen auf. (Weiter) wie zuvor bis: verehrten ihn.

12 Den vierten Teil gab er den Brahmanen von Viṣṇudvīpa. Damit bauten die Brahmanen von Viṣṇudvīpa in

Viṣṇudvīpa einen Stūpa für den Körper des Erhabenen auf. (Weiter) wie zuvor bis: verehrten ihn.
13 Den fünften Teil gab er den Krauḍyas von Rāmagrāmaka. Damit bauten die Krauḍyas von Rāmagrāmaka in Rāmagrāmaka einen Stūpa für den Körper des Erhabenen auf. (Weiter) wie zuvor bis: verehrten ihn.
14 Den sechsten Teil gab er den Licchavis von Vaiśālī. Damit bauten die Licchavis von Vaiśālī in Vaiśālī einen Stūpa für den Körper des Erhabenen auf. (Weiter) wie zuvor bis: verehrten ihn.
15 Den siebten Teil gab er den Śākyas von Kapilavastu. Damit bauten die Śākyas von Kapilavastu in Kapilavastu einen Stūpa für den Körper des Erhabenen auf. (Weiter) wie zuvor bis: verehrten ihn.
16 Den achten Teil gab er Varṣākāra, dem brahmanischen Minister von Magadha. Damit baute der König von Magadha, Ajātaśatru Vaidehīputra, in Rājagṛha einen Stūpa für den Körper des Erhabenen auf und brachte (Ehren)schirme, Fahnen (und) Flaggen (daran) an und veranstaltete Feste. Er behandelte (den Stūpa) mit Duftstoffen, Blumengirlanden, Blüten, Weihrauch (und) Musikinstrumenten ehrerbietig, behandelte ihn würdig, schätzte (und) verehrte ihn.
17 Die Urne aber, in die die Knochen gelegt worden waren, die Urne gaben sie dem Brahmanen Dhūmrasagotra. Damit baute der Brahmane Dhūmrasagotra in Droṇagrāmaka einen Stūpa für die Urne auf. (Weiter) wie zuvor bis: verehrte ihn.

51 c Die Vergebung der Kohlenreste

18 Zu jener Zeit nun saß Pippalāyana Māṇava[425] unter den Versammelten[426] in dieser Versammlung.
19 Nun sagte Pippalāyana Māṇava den Mallas von Kuśinagarī dies:
20 »Hört, ihr Herren, ihr Mallas von Kuśinagarī, (die

ihr) eine Gemeinde, eine Schar, eine Zunft oder eine Versammlung (bildet)! Seit langer Zeit war uns der erhabene Gautama lieb und angenehm. Im Bereich eures Dorfes ist er völlig verloschen. Wir haben Anspruch auf einen Anteil an den körperlichen (Überresten) des Erhabenen. Nachdem jetzt die körperlichen (Überreste) verteilt sind, gebt uns die Kohlen des Feuers. Damit werde ich in Pippalavatī[427] einen Stūpa für die Kohle des erhabenen Gautama aufbauen. Und ich werde (Ehren)schirme, Fahnen (und) Flaggen (daran) anbringen, und ich werde Feste veranstalten. Ich werde (den Stūpa) mit Duftstoffen, Blumengirlanden, Blüten, Weihrauch (und) Musikinstrumenten ehrerbietig behandeln, würdig behandeln, schätzen (und) verehren.«

21 Die Mallas von Kuśinagarī gaben Pippalāyana Māṇava die Kohlen von der Körper(verbrennung). Damit baute Pippalāyana Māṇava in Pippalavatī einen Stūpa für die Kohlen auf und brachte (daran) (Ehren)schirme, Fahnen (und) Flaggen an und veranstaltete Feste. Er behandelte (den Stūpa) mit Duftstoffen, Blumengirlanden, Blüten, Weihrauch (und) Musikinstrumenten ehrerbietig, behandelte ihn würdig, schätzte (und) verehrte ihn.

51 d Errichtung von Stūpas

22 Zu jener Zeit nun gab es in Jambudvīpa[428] acht Stūpas für den Körper des Erhabenen, als neunten einen Stūpa für die Urne und als zehnten einen Stūpa für die Kohlen.

51 e Abschließende Verse über das Schicksal der Reliquien

23 Dies ist in diesem Fall die Regel. Deshalb wird dies gesagt:

Es gibt acht Gefäße[429] mit körperlichen (Überresten) des

Einsichtsvollen. In Jambudvīpa erhalten sieben Verehrung. Und ein Gefäß (mit Reliquien) des Höchsten der Menschen wird in Rāmagrāma vom König der Nāgas[430] *verehrt.*

24 *Es gibt vier Eckzähne des Höchsten der Menschen. Ein Eckzahn wird in der Welt der dreißig*[431] *(Götter) verehrt. Der zweite befindet sich in einer lieblichen Stadt Gandhāras*[432], *der dritte ist im Reich des Königs von Kaliṅga*[433]. *Der vierte Eckzahn des Höchsten der Menschen wird in Rāmagrāma vom König der Nāgas verehrt.*

25 –

26 –

27 –

Anmerkungen

Anmerkungen zum Mahāvadāna-Sūtra

1 Übersetzung von Waldschmidt 1953, S. 3f. vorgeschlagen: Die große Offenbarung über (des Buddha) Verbindung mit der Vergangenheit. SWTF 3, s.v. *ava–dāna* 2: »verbindliches Geschehen oder Handeln; späteres Geschehen prägende Tat bzw. der Bericht davon«.

2 Pāli: Sāvatthi, heute: Sāheṭh–Māheṭh, am Fluß Aciravatī (heute: Rāpti) gelegen. Ehemalige Hauptstadt im Königreich Kosala, das sich nordwestlich von Magadha zwischen den Flüssen Gaṅgā und Hiraṇyavatī (heute: Gandak) befand. Kurze Beschreibung und Fotos s. Schumann 1992, S. 123ff.

3 Hain des Kosala-Prinzen Jeta. Der Park wurde durch den reichen Kaufmann Anāthapiṇḍada, einem Laienanhänger des Buddha, gekauft und dem buddhistischen Orden als Klosteranlage zur Verfügung gestellt.

4 Laut MW ist *karīrikā* die Wurzel eines Elefantenstoßzahnes. Hier scheint mir aber eher *karīra* (eine Strauchart, nach MW und nach Das 1988, S. 126, Anm. 8 Capparis aphylla) gemeint zu sein. Vgl. dazu die Pāli–Version: *kareri* ist nach PTSD Capparis trifoliata. Vaidya (1991, S. 348) nennt *karīraka* als Synonym für *karīra*.

5 *Chinna–puṭa.* In NidSa 5.28 wird *puṭā* parallel zu *mārga* und *vartman* gebraucht. Tripāṭhī übersetzt die Begriffe mit »Spur«, »Weg« und »Pfad«.

6 *Niṣprapañca.* S. BHSD s.v. *prapañca.* Nach diesem Wörterbucheintrag könnte auch »ohne Ausbreitung« oder »ohne Aktivität« (vgl. tib. *spros pa*) zu übersetzen sein. Nach Nyanatiloka [3]1983 s.v. *papañca* hieße der Ausdruck vielleicht »ohne die Vielheit (von Gier, Haß, Verblendung)« oder »nicht der Vielheit (= Welt) zugehörig«. Die beiden genannten Artikel liefern noch weitere Bedeutungsansätze.

7 *Prapañcâtīta.* Vgl. vorangegangene Fußnote.

8 *Dharma–dhātu.* Es scheint so, als sei der Begriff hier im untechnischen Sinne gebraucht. *Dharma–dhātu* ist nicht im Sinne des höchsten Zieles *(paramârtha)* gemeint, was nach Mvy 1713 tibetisch *chos kyi dbyiṅs* wiederzugeben ist. – Auch scheint die

Übersetzung »Geistobjekt« (tib. nach Mvy 2057 *chos kyi khams*) nicht passend. Das Geistobjekt ist der Gegenstand, mit dem sich das Sinnesorgan Geist *(manas)* beschäftigt. In ähnlicher Weise sind die Formen das Sehobjekt, die Töne das Hörobjekt usw. In diesem Sinne gehört *dharma-dhātu* zu den 18 *Dhātus:* den sechs Sinnesorganen, den sechs Sinnesobjekten und den sechs Formen des Bewußtseins, die durch das jeweilige Sinnesobjekt hervorgerufen werden. – An einer Stelle, die der unseren vergleichbar ist (NidSa 24.29), übersetzt Tripāṭhī im Anschluß an Geiger (1918, S. 69) und Buddhaghosa (Kommentar zum SN II, S. 66–67) *dharma-dhātu* als »wahrer Tatbestand«.

9 SWTF s. v. *artha-saṃhita:* der Begriff kann evtl. auch »nutzbringend« heißen.

10 Diese Zahl ist gerundet für die dreiunddreißig Götter, s. MW *tridaśa* und PTSD *tidasa.*

11 Wörtl.: der Höchste unter den Zweifüßlern.

12 Gemeint ist: »Welches Wissen hat der Buddha ohne fremde Hilfe über seine Vorgänger erlangt?« Die Antwort, die bis zum Vorgang 10 einschließlich gegeben wird, folgt ohne weitere Einleitung.

13 Ergänzung nach den Parallelversionen.

14 Von den folgenden Versen sind nur Bruchstücke erhalten.

15 Vgl. Waldschmidt 1956, S. 70, Anm. 3. Zu erwarten ist, daß hier die Lebensspanne des historischen Buddha Gautama von achtzig Jahren angegeben wurde.

16 Wörtl.: der Weise aus dem Śākya-Geschlecht. Titel des historischen Buddha Gautama.

17 Die indische Gesellschaft besteht aus vier Großkasten: (1) den Brahmanen, die ursprünglich Priester waren, (2) den Kṣatriyas, die die Fürsten, Könige und Krieger stellten, (3) den Vaiśyas, zu denen Bauern und Händler gezählt werden, und (4) den Śūdras, die als dienende Kaste bezeichnet werden.

18 Siehe Waldschmidt 1956, S. 71, Anm. 1.

19 Von den zwei hier folgenden Versen ist wenig erhalten. Die hier zitierten Reste folgen Waldschmidt 1956, S. 71, Anm. 6.

20 Siehe Waldschmidt 1956, S. 72, Anm. 1.

21 Waldschmidt (1956, S. 170) gibt eine Liste der Baumnamen nach den verschiedenen Versionen. Hier sind die Namen der Bodhibäume nur nach dem Ta-pên-ching (mit Berücksichtigung des Pāli) gegeben.

22 *Paramârtha-darśin.* Der Begriff kann auch bedeuten: die das höchste Ziel zeigen.

23 Ein *nāga* kann eine Schlange, ein Mischwesen aus Mensch und Schlange, ein stattlicher Elefant und ein Ehrentitel für den Buddha (s. PTSD s.v.) sein. Da dieser Vers bruchstückhaft überliefert ist, kann das Wort nicht exakt übersetzt werden.

24 *Akhila.* S. SWTF s.v. »frei von Verhärtung (?) des Geistes«. Im PTSD s.v. steht u.a. »open–hearted«. Im BHSD wird *khila* u.a. mit »hardness or harshness of mind« wiedergegeben. Vgl. Anm. 118 zu MAV 6a,3.

25 *Tāyin.* Wörtl.: ein solcher. Der Begriff wird von Buddhas und Bodhisattvas gebraucht und meint etwa »heilig«. Hierzu vgl. man das lateinische *ecce homo.*

26 *Panna–dhvaja.* Die Flagge des Stolzes wird LV 448 zitiert. Der Ausdruck bildet den Gegensatz zur Flagge der Lehre, vgl. Mvu I S. 176,6: *ucchrāpita–dharma–dhvaja* – »der die Flagge der Lehre aufgerichtet hat«.

27 Über die *ṛddhis* besitzen wir mehrere Beschreibungen (Weber 1994, S. 50ff). – Einige der *ṛddhis* sind: Erheben in die Luft, Aussenden farbiger Strahlen, Vervielfältigung des Körpers, Wandlung der Gestalt, Durchdringen von Hindernissen.

28 In MPS 31,45 besitzt Śāriputra Weisheit und in MPS 31,64 Maudgalyāyana übernatürliche Kraft.

29 *Āsrava.* Gemeint sind die Einflüsse der Begierde *(kāma)*, des Werdens *(bhava)* und der Unwissenheit *(avidyā)*. Im Pāli wird z.T. auch der üble Einfluß der falschen Ansicht *(diṭṭhi)* erwähnt.

30 SWTF s.v. *kāma-bhava.*

31 Lies: *(a)[sm]āt pure*. Lesekorrektur nach SHT VII, S. 261.

32 Ergänzung nach SHT II, Nr. 685, Bl. 94, R 1.

33 Die Diener der sieben Buddhas erkannten sofort die Anzeichen für die Wünsche ihrer Lehrer. Sie »lasen ihnen jeden Wunsch von den Augen ab.«

34 So wußten die Diener z.B., wann die Regenzeit begann und ein Quartier gesucht werden mußte.

35 *Āsrava.* S. o. Anm. 29 zu MAV 3c,8.

36 *Āsrava.* S. o. Anm. 29 zu MAV 3c,8.

37 Im folgenden ist stets von der Stadt Bandhumatī die Rede.

38 Evtl. ist Uttarā der Name der Mutter des Buddha Kanakamuni. Die Mutter des Buddha Viśvabhuj wäre dann wahrscheinlich Dhanavatī. Siehe hierzu Edition S. 174f, Anm. 3.

39 Vaterstadt des Buddha Gautama. Am Baṅgaṅgā–Fluß (im heutigen Nepal) gelegene Hauptstadt der ehemaligen Śākya–Republik. Heute: Tilaurakoṭ. Kurze Beschreibung und Fotos s. Schumann 1992, S. 41ff.

40 *Gaṇa-rājya.* Vgl. Waldschmidt 1956, S. 80, Anm. 2. Nach Lamotte (1958/1988, S. 10f/10) bildeten die Śākyas eine Republik *(gaṇa)*, deren Angelegenheiten ein Kollegium von Alten regelte.

41 Wörtl.: Ebenso war die Mutter Uttarā, deren Name der Wahrheit entsprach.

42 Im Gegensatz zu den vorangegangenen Versen läßt sich der Name der Buddhamutter nicht einfach übersetzen. Das Mondhaus Viśākhā stellten sich die Inder als Frau des Mondes vor.

43 Gemeint ist Kapilavastu, die Vaterstadt des Buddha Gautama. S. Anm. 40 zu 3f,7. Die Stadt ist benannt nach dem sagenhaften Seher Kapila.

44 Die Vorgangsgruppen 4 und 5 sind von T. Fukita 1985 neu bearbeitet und rekonstruiert worden. Seine Ergänzungen werden im Bedarfsfall unter der Abkürzung MAV(F) angegeben.

45 Zu den Ursachen von Erdbeben s. MPS 17,9–11.

46 *Vipula.* So ergänzt Fukita in MAV(F) S. 25 im Anschluß an das SBV. Waldschmidt vermutete an dieser Stelle *vimala* – »fleckenlos«.

47 Die Sonne.

48 Das hier stehende Wort *śatahradā* (wörtl.: die Hundertstrahlige) bedeutet normalerweise Blitz. Diese Bedeutung paßt hier jedoch nicht so recht. Vielleicht wird auf einen bestimmten Mythos angespielt. An der parallelen Stelle im SBV (I,41) steht *ghana*, d. h. Wolke.

49 Die beiden hier gezogenen Vergleiche sind nicht ganz klar. Sind der Blitz bzw. die Sonne von einer angeschwollenen Wolke umgeben wie der Buddha vom Mutterleib?

50 Das Wort Sohn ist hier nicht im Vollsinn gemeint, sondern bezeichnet einen Vertreter der Kategorie »Gott«. Die Götter haben im frühen Buddhismus keine Eltern. Sie entstehen vielmehr spontan und treten im Alter von vier bis zehn Jahren unvermittelt ins Dasein.

51 *Sahitāś caturdiśam.* Nach MW heißt *sahita* »joined, conjoined, united« etc. Das Wort wird sonst nicht mit dem Akkusativ konstruiert, *caturdiśam* ist jedoch Akkusativ. Inhaltlich scheinen mir hier die Götter der vier Haupthimmelsrichtungen gemeint zu sein, deren Schutzfunktion im Titel *loka-pāla* (Weltenwächter) zum Ausdruck kommt. Inhaltlich vgl. DN 14,1,17 II S. 12 im Pāli-Kanon.

52 Ist der »Gott von edlem Wesen« Śakra? Eventuell ist auch »Götter von edlem Wesen« zu übersetzen.

53 Oder: der das höchste Ziel zeigt.

54 *Sutīkṣṇa–rūpa:* »mit sehr scharfer Form«. Unter »Form« ist hier offensichtlich die Schneide zu verstehen.
55 Himmlische Kurtisanen von großer Schönheit.
56 Hain des Götterkönigs Śakra im Himmel der dreiunddreißig Gottheiten.
57 *Kośa.* Entweder wird mit diesem Wort nochmals auf den Mutterschoß *(kukṣi)* angespielt, oder es ist ein besonderer Raum im Mutterleib gemeint. So wohnt nach LV 60,18 ff der Bodhisattva in einer Art Haus, einem *paribhoga* (BHSD s.v.), der im Fall des Gautama *ratna–vyūha* heißt. Eine Beschreibung findet sich LV 63,1 ff. – In MAV 5b,1 wird das Verlassen des Mutterschoßes mit dem Ziehen eines Schwertes aus der Scheide verglichen. Dabei ist das Wort für die (Schwert)scheide *kośa*.
58 Das Wort *jubhra* ist unklar. Im SBV (I S. 24, Z. 7) steht *juvra*, was in der tibetischen Übersetzung mit *»śa ma* – Nachgeburt« wiedergegeben wird.
59 Besonders feine Seide, die in Benares hergestellt wurde.
60 *Vaiḍūrya.* Garbe (1882, S. 85f, Nr. 192ff) konnte diesen Stein als Katzenauge identifizieren. Waldschmidt gibt in der entsprechenden Überschrift seiner Edition Beryll an. Dies wäre in unserem Fall zu erwägen, da ein durchscheinender Edelstein beschrieben wird (so z.B. die Beryll–Varietät Aquamarin). Katzenauge ist dagegen undurchsichtig und durch einen Lichtstreifen gekennzeichnet.
61 *Aṣṭâṃśa.* Das SWTF erwägt, ob der Begriff achtflächig oder achteckig bedeutet.
62 Gemeint ist ein helles Rot.
63 Ergänzung nach MAV(F) S. 34f.
64 Ergänzung nach MAV(F) S. 35.
65 D.h. Stehlen.
66 Nach Prakash (1961, S. 299f) können diese Getränke folgendermaßen beschrieben werden: (1) *Surā* wird aus Gerste oder Reismehl, manchmal auch aus einer bestimmten Weizenart hergestellt. In der vedischen Zeit war sie das Rauschgetränk des einfachen Volkes. (2) *Maireya* war eine aromatische Spirituose mit *guḍa* (Melasse oder Sirup) oder Zucker. Sie wurde hergestellt aus der Rinde des Baumes *meṣa–śṛṅgī* (nach MW: Gymnema Sylvestre) und war das bevorzugte Getränk der aristokratischen Kreise. (3) Mit *madya* werden alle Arten von starken Spirituosen bezeichnet.
67 Ergänzung nach MAV(F) S. 35f.
68 Sie stahl nicht.
69 Ergänzung nach MAV(F) S. 36f.

70 Ergänzung nach MAV(F) S. 37.
71 *Kleśa:* den Geist trübende Leidenschaft oder Hindernis auf dem Weg zur Erlösung, in erster Linie Gier, Haß, Verblendung, aber auch Stolz, falsche Ansicht usw. Der Begriff *kleśa* ist in den MAV–Handschriften nicht zu finden. Dafür steht er an der Parallelstelle im SBV.
72 Ich lese *virajyate* und nicht *virājyate.*
73 Ergänzung nach MAV(F) S. 38.
74 S. o. Vorgang 4a,2–3.
75 Ergänzung nach MAV(F) S. 39 f.
76 S. o. Anm. 58 zu 4c,1.
77 Ergänzung nach MAV(F) S. 40 f.
78 Der Vergleich, auf den hier angespielt wird, findet sich ausführlich bereits in MAV 4c,2. – Ergänzung nach MAV(F) S. 41.
79 Ergänzung nach MAV(F) S. 41 f.
80 Ist Śakra gemeint?
81 Den soeben geborenen Bodhisattva?
82 Ergänzung nach MAV(F) S. 42.
83 Ergänzung nach MAV(F) S. 43.
84 Vgl. Edition S. 90, Anm. 1. An der Parallelstelle des SBV (I, S. 45, Z. 14–15) liegt ein Schreibfehler vor. Gnoli hat nach dem Tibetischen ergänzt.
85 Zu diesem Absatz vgl. MAV(F) S. 43 f.
86 Die Edition verweist auf LV S. 84,22–85,2 // 93,16–18. Man vgl. auch DN II S. 15 (14,1,29).
87 Ergänzt nach einer Vermutung von Waldschmidt in der Edition (S. 91, Anm. 3).
88 Wahrscheinlicher: fielen herab. Siehe MAV(F) S. 45.
89 Ergänzungen nach MAV(F) S. 45.
90 Nach der Edition (S. 92, Anm. 2) könnte der zweite Pāda auch gelautet haben: »fielen zwei Wasserströme, einer (kalt)«.
91 Hier ergänzt Fukita *uṣṇā.* Im Fragment ist jedoch nur *ṇa* ohne Ligatur zu lesen, so daß der Lesevorschlag nicht stimmen kann.
92 Wörtl.: unter den Zweifüßlern. Ergänzungen nach MAV(F) S. 46.
93 *Vāri–viṣyandi. Viṣyanda* heißt nach MW »drop, flowing, trickling, issuing forth«, *vāri–viṣyandin* bedeutet dann »einen Ausfluß von Wasser habend«.
94 Ergänzungen nach MAV(F) S. 46 f.
95 Ergänzungen nach MAV(F) S. 47.
96 Nach Rau 1954 handelt es sich um folgende Blumen: *utpala* – Nymphaea im allgemeinen oder die Blüte einer blauen Nymp-

haea, *padma* – weiß–rötliche Blüte des Nelumbium speciosum oder der Nelumbo nucifera Gaertn., *kumuda* – weiße Blüte einer Nymphaea (in der Nacht blühend) und *puṇḍarīka* – weiße Spielart des Nelumbium speciosum.

97 Nach MW und PW Tabernaemontana coronaria. Nach Das 1988, S. 137, Anm. 8 eine Art von Ervatamia oder auch die dem Baldrian verwandte Pflanze Valeriana wallichii DC.

98 *Mandāraka.* Bei diesem Baum handelt es sich nach MW um Erythrina Indica.

99 Änderungen in diesem Absatz nach MAV(F) S. 48f.

100 Ergänzungen nach MAV(F) S. 49f.

101 Ergänzung nach MAV(F) S. 49f.

102 Siehe Anm. 280 zu MAV 11,2 die Śuddhāvāsa–Götter betreffend.

103 Ergänzung nach MAV(F) S. 50.

104 Der Anfang der Zusammenfassung wurde nach MAV(F) S. 50, Anm. 5 rekonstruiert.

105 Der folgende Text ist in der Edition (S. 93, Anm. 5) belegt.

106 Ergänzung nach MAV(F) S. 50f.

107 Nach den Resten von Frg. SHT II, Nr. 685, Bl. 98, R 3 scheint hier Aktiv, nicht Passiv, vorzuliegen: Mutter und Vater gaben den soeben geborenen Bodhisattva einer Amme.

108 *Te.* Genitiv statt Instrumental. Dazu BHSG 20.20.

109 Im SBV ist von Śuddhodana, dem Vater des historischen Buddha, die Rede.

110 Ergänzung nach SBV I, S. 48, Z. 22–31. Diese Ergänzung wird im wesentlichen durch Textreste des Frg. SHT II, Nr. 685, Bl. 98, R 3–7 bestätigt.

111 *Dhātryāḥ.* Genitiv statt Dativ (?). Siehe BHSG 7.63.

112 Ergänzt nach MAV 5h,3.

113 Diesen Satz ergänze ich aus Edition S. 94, Anm. 1 und SHT II, Nr. 685, Bl. 99, V 1 zu: *kumāraṃ punaḥ punaḥ (p)[r](ek)[ṣ](ate) [h](arṣa)j[ā]t(a)ḥ.*

114 Ergänzung nach Frg. SHT II, Nr. 685, Bl. 98, R 7–8 und Bl. 99, V 1 sowie nach Edition S. 94, Anm. 1. Evtl. gehört der letzte Satz schon zu einem dritten Vers.

115 Genitiv statt Akkusativ. Im BHSG nicht beschrieben.

116 Ergänzung nach SBV I, S. 49, Z. 2–4.

117 *Cakra* kann eine dem Diskus ähnliche Waffe sein, *pars pro toto* für einen Streitwagen stehen oder ein Herrschaftsgebiet bezeichnen.

118 *Akhila.* Nach SWTF »ganz, vollständig«. An der vorliegenden Stelle paßt aber auch: frei von »waste and fallow land« (PTSD, s. v. *khila*). Vgl. Anm. zu MAV 3b,9.

119 *Akaṇṭaka.* Nach SWTF: »dornenlos«: frei von Schädlingen oder Feinden.
120 Wörtl.: ohne Stock.
121 Wörtl.: ohne Schwert.
122 Das Sanskrit–Wort lautet *kāṣāya*. Es kann »gelb« (BHSD, PTSD) bedeuten oder »braunrot« (MW, SWTF). Tatsächlich tragen die buddhistischen Mönche je nach Schule und Land andersfarbige Kleidung, vor allem (orange)gelb oder braunrot.
123 Ergänzung nach Frg. SHT II, Nr. 685, Bl. 99, V 8.
124 Es folgt evtl. eine Wiederholung von 6a,1 an. So legt es auch SBV I, S. 49, Z. 16–21 nahe.
125 Ergänzung nach Frg. SHT II, Nr. 685, Bl. 99, R 1.
126 Nach einem Nachtrag in der Edition (S. 167) soll im ersten Vers folgender Satz gestanden haben: »Die eine oder andere Laufbahn ist (ihm) sicher.« Mir scheint, daß dafür nicht genügend Platz vorhanden ist. Dagegen fügt sich der Satz in MAV 6a,15 (Vers 11) gut ein.
127 Ergänzung nach Frg. SHT II, Nr. 685, Bl. 99, R 2.
128 Ergänzt nach Frg. SHT II, Nr. 685, Bl. 99, R 2. Der in der Edition erhaltene Wortrest *vaṇa* müßte zu *(sau)va(r)ṇa* (golden) ergänzt werden. Vgl. auch die chinesische Übersetzung des Ta–pên–ching.
129 Ergänzungen nach Frg. SHT II, Nr. 685, Bl. 99, R 3.
130 *Niyāsyati.* Ergänzt nach den parallelen Versausgängen MAV 6a,9–10 (Verse 5–6), erhalten in Frg. SHT II, Nr. 685, Bl. 99, R 5–6. Abzuleiten von der Verbwurzel *yā* – »gehen«? SWTF s. v. *aśva*, 2 schlägt vor, *niyaṃsyati* zu lesen. Das könnte heißen: »er wird beherrschen«. In einigen Versen aus dem Mahāvastu (I S. 108f), die die sieben Edelsteine preisen, steht jeweils *(prati)labhati* – »er erhält«. Das Ta–pên–ching übersetzt in den Versen unseres Textes: »(darum) nennt man (es das himmlische Rad)«.
131 *Bhṛśaṃ.* Die wörtliche Übersetzung (heftig, stark, sehr, überaus) klingt im Deutschen nicht gut.
132 Ergänzungen nach Frg. SHT II, Nr. 685, Bl. 99, R 4.
133 Beim *aśva–medha*, einem Pferdeopfer, durfte das Opfertier vor der Zeremonie frei durch das Herrschaftsgebiet des Königs streifen. So zeigte dieser die Reichweite seiner Herrschaft an. Vielleicht spielt der Vers auf dieses Opfer an.
134 *Prāpya.* Erhalten in Frg. SHT II, Nr. 685, Bl. 99, R 4. In der Edition (S. 98, Anm. 2) ergänzte Waldschmidt zu *pra(doṣe)* – »am Abend«.
135 Ergänzungen nach Frg. SHT II, Nr. 685, Bl. 99, R 4–5.
136 Oder Beryll? Siehe Anm. zu MAV 4d,2.

137 Längenmaß. Die Strecke, die mit **einem** Joch Ochsen zurückgelegt werden kann. Nach MW entspricht die Länge vier oder acht Krośas oder 2 1/2, 4 bis 5 bzw. 9 englischen Meilen. Nach PTSD sind es vier Gāvutas oder 7 Meilen.
138 Ergänzungen nach Frg. SHT II, Nr. 685, Bl. 99, R 5–6.
139 Ergänzungen nach Frg. SHT II, Nr. 685, Bl. 99, R 6.
140 Oder Beryll?
141 Ergänzungen nach Frg. SHT II, Nr. 685, Bl. 99, R 7.
142 Oder: Heerführer. Vgl. hierzu Edition, S. 100, Anm. 1.
143 Ergänzung nach Frg. SHT II, Nr. 685, Bl. 99, R 8.
144 Ergänzung des Wortes nach Waldschmidt 1956, S. 100, Anm. 2 unsicher. Nach dem Strophenende der vorangegangenen Verse im Frg. SHT II, Nr. 685, Bl. 99, R 5–6 dürfte hier *niyāsyati* gestanden haben.
145 Vgl. Vorgang 6a,3.
146 Ergänzung nach Frg. SHT II, Nr. 685, Bl. 100, V 1.
147 Die im Frg. SHT II, Nr. 685, Bl. 100, V 2 erhaltenen Reste lassen sich mit Hilfe eines Satzes aus dem Nachtrag der Edition (S. 167) auffüllen. Dort wollte Waldschmidt die Zeile allerdings in MAV 6a,5 (Vers 1) einfügen.
148 Ergänzung nach Frg. SHT II, Nr. 685, Bl. 100, V 2.
149 S. o. Vorgang 6a,2–4.
150 *Kāntāḥ.* Das Wort fehlt in der Parallele aus dem SBV.
151 Ergänzungen nach SBV I, S. 50, Z. 6–7. Die Ergänzungen nach dem SBV werden z. T. durch Frg. SHT II, Nr. 685, Bl. 100, V 6 bestätigt.
152 Schwimmhäute? Siehe Einleitung: 3. Das Mahāvadāna-Sutra im Kontext – *Wie sieht ein Buddha aus?*.
153 Nach Waldschmidt 1956, S. 103, Anm. 6 war die Bedeutung noch unsicher. Zu meiner Übersetzung vgl. SWTF s. v. *ucchaṅga-caraṇa* sowie die dort angegebene Literatur.
154 Nach Waldschmidt 1956, S. 105, Anm. 1 ist nicht der Baum gemeint, sondern ein Längenmaß von einem Klafter. Schlingloff 1963, S. 56 übersetzt dagegen: »Sein Körper ist symmetrisch wie ein Feigenbaum.«
155 Zu diesem Merkmal vgl. Waldschmidt 1956, S. 106, Anm. 3.
156 Vgl. Edition S. 108, Anm. 5.
157 Ergänzungen nach SBV I, S. 51, Z. 6–7.
158 Oder: eine Brahma-Stimme.
159 Indischer Kuckuck.
160 *Uṣṇīṣa.* Es handelt sich wohl ursprünglich um den Haarknoten, auf dem der Turban saß. Später ist dieser als Schädelauswuchs gedeutet worden. Vgl. Lamotte 1958/1988, S. 739/667.

161 Ergänzt nach der parallelen Verszeile in MAV 6b,45, die ihrerseits zu ergänzen ist durch Frg. SHT I, Nr. 768, Z. 9.
162 Dies bezieht sich wohl auf die nach rechts gedrehten Körperhaare.
163 Das Fragment, das in SHT I, Nr. 768 mitgeteilt wird, liest im Anschluß an diese Stelle (Z. 5) *siṃh*. Dies könnte zu *siṃha-hanuḥ* (Kiefer wie ein Löwe habend) zu ergänzen sein. Vgl. auch Waldschmidt 1956, S. 112, Anm. 10.
164 *Rasa-rasāgratā.* »Der Zustand des besten Geschmackssinns (aller) Geschmackssinne«.
165 S. o. Anm. 160 zu MAV 6b,32.
166 Ergänzungen nach Frg. SHT I, Nr. 768, Z. 7–8, vgl. auch Frg. SHT II, Nr. 685, Bl. 102, V 1.
167 Ergänzungen nach Frg. SHT I, Nr. 768, Z. 8–9. – Die letzte Verszeile findet sich auch MAV 6b,35 (Vers 1).
168 Ich ergänze zu *tathāvidhasya*. Vgl. hierzu MAV 6b,48–49 (Vers 14 und 15): *tathāvidha*.
169 Oder: »Er zerstört als König die vielfältige Erde.« So nach Frg. SHT I, Nr. 768, Z. 11.
170 Ergänzungen nach Frg. SHT I, Nr. 768, Z. 10–12; vgl. auch Frg. SHT II, Nr. 685, Bl. 102, V 2.
171 Ergänzungen nach Frg. SHT I, Nr. 768, Z. 13; vgl. auch Frg. SHT II, Nr. 685, Bl. 102, V 3.
172 Ergänzungen nach Frg. SHT I, Nr. 768, Z. 14–15.
173 Ergänzung nach SBV I, S. 51, Z. 20.
174 Diese Zahl ist gerundet für die dreiunddreißig Götter, s. MW *tridaśa* und PTSD *tidasa*.
175 Mythischer Fluß, der vom Berg Meru, dem Mittelpunkt der Welt, herabfließt.
176 Oder: neue.
177 Hier ist gemäß Abschnitt 7a,1 zu ergänzen. In der deutschen Fassung endet der Absatz »nicht satt«.
178 Im Frg. SHT II, Nr. 685, Bl. 102, R 2 steht *yathâpi* (genau wie) statt *suvarṇa* (golden).
179 Diese Zahl ist gerundet für die dreiunddreißig Götter, s. MW *tridaśa* und PTSD *tidasa*.
180 S. o. Anm. 159 zu MAV 6b,29.
181 Der Text in den geschweiften Klammern {} ist vielleicht durch ein Versehen von der ähnlichen Stelle MAV 6b,29 abgeschrieben worden. In der Parallele aus dem SBV (I, S. 52, Z. 10) fehlt dieser Satzteil.
182 Ergänzung nach SBV I, S. 52, Z. 10–13 und Frg. SHT II, Nr. 685, Bl. 103, V 3–4. Vgl. auch Waldschmidt 1956, S. 116, Anm. 2.

183 Ergänzung nach Frg. 149, Z. 5, SHT II, S. 46.
184 Wie ein Webfaden geradlinig durch das komplizierteste Gewebe führt, so ließ sich die Aufmerksamkeit des Bodhisattva durch nichts ablenken, und er behielt stets die Übersicht.
185 Ergänzung nach SBV I, S. 52, Z. 13–16. Die Ergänzungen nach dem SBV werden z. T. durch Frg. SHT II, Nr. 685, Bl. 103, V 6 bestätigt. Das unklare *tantrôpamikā* – »einem Webfaden gleichend« (?) wird wegen der unsicheren Lesung des Frg. *(t(at)r](a))* weder bestätigt noch als falsch erwiesen.
186 *Gopānasī.* Das Wort wird von Waldschmidt in MPS 34,59 ergänzt. Er übersetzt es (in der Edition S. 324, Anm. 3) mit »Sparren« (am Dach).
187 Lies mit SWTF s. v. *adhyagata: antaḥ-pura-madhya-gataḥ.*
188 Bhūtaṃ satyaṃ – »existierende Wahrheit« oder »wahre Wahrheit«. Vielleicht ist *bhūta* auch zu *vacanaṃ* zu ziehen: Die wahre Rede soll nicht Wahrheit werden.
189 Gemeint sind die fünf Eigenschaften der Dinge, auf welche sich die Begierde richtet (und die den fünf Sinnesorganen entsprechen: das Sichtbare, Hörbare, Riechbare usw.). Siehe SWTF s. v. *kāma-guṇa.*
190 Siehe MAV 8a,2–5.
191 Siehe MAV 8b,12.
192 Siehe MAV 8a,2–5.
193 Lies mit SWTF s. v. *ud-agra: ru[dan]ty(adḥ).*
194 Siehe MAV 8e,2.
195 Siehe MAV 8b,12.
196 *Samānaḥ* – »seiend« (vgl. BHSD). Oder ist zu lesen: *sa-mānaḥ* – »voll Stolz« (vgl. MW, S. 1160, Sp. 3)?
197 Siehe MAV 1c,2.
198 Siehe MAV 4b,4.
199 Siehe MAV 8a,2–5.
200 Wörtl.: ein (in die Hauslosigkeit) Hinausgezogener.
201 Zu *dama* s. DNA I S. 160, zu *saṃyama* s. AN 3,52f, I S. 155f und Patañjali, Yogasūtra III,4ff: Gesamtzucht, Allzucht, Tiefenbesinnung (Hauer, *Yoga*, S. 325).
202 So SWTF s. v. Mit *artha* sind gewöhnlich die Staatsgeschäfte eines Herrschers gemeint, bei einem gewöhnlichen Bürger ist es das Streben nach Wohlstand. *Dharma* ist dagegen das religiöse oder weltliche Recht oder die (buddhistische) Religion selbst.
203 Die genaue Unterscheidung der beschriebenen Verhaltensweisen fällt mir schwer.
204 Die Worte, die der Wanderasket bei seinem Auszug in die

Hauslosigkeit spricht, sind in MAV 8g,6 und 8g,13 ausführlicher. Ist hier ein Teil des Textes ausgefallen?

205 *Pravrajyā* – »Stand des Wanderasketen« oder »Auszug (in die Hauslosigkeit)«. Der Begriff meint normalerweise den Eintritt in den Orden als Novize. Vgl. MPS 40,37.

206 Es folgt ein Vers.

207 *Dhārmī kathā* – »religiöse Rede«.

208 Lies mit SWTF und Frg. SHT II, Nr. 685, Bl. 109, V 7 *uṃchena* statt *ucchena*.

209 Wörtl.: Zweifüßler.

210 Vgl. Waldschmidt 1956, S. 133, Anm. 4. – Während die Mönche ihren Lebensunterhalt zu sichern suchen, strebt der Bodhisattva das Verlöschen des Lebens (im Geburtenkreislauf) an.

211 *Yāvasika* – »mower of grass« (MW), »grass–seller« (BHSD). Abgeleitet von *yava* – »Gerste«.

212 *Pratimukhaṃ* – »standing before the face, towards, in front of, before« (MW). PTSD s.v. *parimukha: parimukhaṃ satiṃ upaṭṭhapeti* – »set up his memory in front« (i.e. of the object of thought), to set one's mindfulness alert.

213 Siehe Anm. 29 zu MAV 3c,8.

214 Ergänzung nach Frg. SHT II, Nr. 685, Bl. 109, R 3–4.

215 In diesem Text umfaßt der *(pratītya–samutpāda)* zehn, nicht zwölf Glieder. Allerdings nennen die Verse 9c,25–26 die beiden fehlenden Glieder »karmische Formationen« *(saṃskāra)* und Unwissenheit *(ajñāna)*. – Übersetzungen einiger buddhistischer Texte zum Thema finden sich in Frauwallner [4]1994, *Philosophie*, S. 27ff. Vgl. auch Einleitung.

216 Geburt ist von einem Werdeprozeß abhängig. Dieser Werdeprozeß wird durch das Karman, das in der vorangegangenen Existenz angesammelt wurde, in Gang gesetzt. Siehe Nyanatiloka [3]1983, *Buddhistisches Wörterbuch*, S. 171.

217 Einerseits läßt sich dieser Satz so verstehen, daß der Werdeprozeß von dem Ergreifen eines Mutterschoßes abhängig ist. Nyanatiloka [3]1983, S. 170f zeigt andererseits auf, daß das Ergreifen aller möglicher Objekte zu neuem Karman führt, das dann den Werdeprozeß einleitet.

218 Wenn man etwas haben möchte, dann greift man danach und sucht nach Wegen, es zu erlangen.

219 Das Empfinden von Freude und Leid verursacht »Gier« nach Wiederholung oder Vermeidung der jeweiligen Empfindung, wenn wir uns daran erinnern.

220 Wenn die Sinnesorgane die jeweiligen Objekte »berühren«,

kommt eine Empfindung zustande. Wenn die Nase z. B. Duft aufnimmt, empfinden wir dies als angenehm.

221 Die sechs Sinne sind die fünf bei uns bekannten und das Denken als sechstes. Der Bereich der sechs Sinne besteht aus den Sinnesorganen und den Sinnesobjekten. Nach unserem Beispiel müssen Nase und Duft vorhanden sein, damit eine »Berührung« zwischen ihnen stattfinden kann.

222 Da die Sinnesorgane körperlich sind, ist das Vorhandensein des Körpers die Bedingung für ihre Existenz. Zum Gebrauch der Sinnesorgane sind geistige Potenzen erforderlich.

223 Die geistigen Potenzen (»Name«) finden im Bewußtsein statt. Der Körper ist deshalb vom Bewußtsein abhängig, weil im Moment der Empfängnis der Körper nicht allein entstehen kann, sondern nur in Verbindung mit einem Bewußtsein. Das Bewußtsein tritt also neben die Zeugung als unabdingbare Voraussetzung für das Entstehen eines neuen Körpers. Außerdem hält dieses die körperlichen Funktionen aufrecht. Vgl. Nyanatiloka [3]1983, S. 167 f.

224 Gemeint ist: »Name« und Körper einerseits und Bewußtsein andererseits bedingen sich gegenseitig. Andere Bedingungen für eines von beiden nennt der Text an dieser Stelle nicht.

225 Wörtl.: Auf wessen Aufhebung (beruht) die Aufhebung von Alter und Tod?

226 Wörtl.: das Zusammengesetzte, das Gestaltete. In diesem Fall – anders als in MAV 9d.3 – meint der Begriff die Absichten zu künftigen Handlungen, die darüber entscheiden, welches Schicksal das jeweilige Wesen hat. – Nach der üblichen Form des *pratītya-samutpāda* mit zwölf Gliedern erwächst aus den karmischen Kräften ein bestimmtes Bewußtsein, das dann »Name« und Körper (geistige und körperliche Potenzen) entstehen läßt usw.

227 Wer die buddhistische Lehre nicht kennt, insbesondere nicht die vier edlen Wahrheiten, handelt aus Gier. Er handelt, weil er Angenehmes erreichen und Unangenehmes meiden will. Durch diese Handlungen sammelt er karmische Kräfte an, die sein zukünftiges Schicksal bestimmen.

228 Rekonstruiert aufgrund des Frg. SHT II, Nr. 685, Bl. 111, R 5–6. Es scheint sich um einen späteren Einschub zu handeln, da in Vorgang 9c,12 von *avidyā* und *saṃskāra* nicht die Rede ist.

229 Es folgen 25 Verse, drei weitere sind nicht rekonstruierbar.

230 *Asya.* Maskuline Form, obwohl *jāti* – »Geburt« feminin ist.

231 *Sīvanī.* Nach MW »Nadel«. *Sibbanī:* nach PTSD »Näherin«, Name für Begierde, vgl. Waldschmidt 1956, S. 142, Anm. 5.

232 An dieser Stelle wird – wohl versehentlich – der erste Pāda von Vers 9 eingefügt. Ich habe versucht, den inhaltlich passenden Satz in den geschweiften Klammern {} zu rekonstruieren.
233 Der Körper bildet das Organ für den Tastsinn.
234 D. h.: erkannte.
235 Gemeint ist das in der Reihe des *pratītya-samutpāda* jeweils vorausgehende Glied.
236 Jedes Glied des *pratītya-samutpāda* hat eine Ursache. Diese Ursache ihrerseits hat wieder eine Ursache usw.
237 Bei der ersten Erwähnung von Göttern in diesem Vers sind die vergänglichen *devas* gemeint, an der zweiten Stelle steht im Sanskrit für Götter *īśvara*. Hierunter ist der (vom Buddhismus abgelehnte) Weltherr und Weltschöpfer zu verstehen, wie er uns im späteren Hinduismus in Gestalt des Viṣṇu oder des Śiva entgegentritt.
238 Dieses Wort steht eigentlich im Plural.
239 *Āyatana.* Im SWTF s. v. wird unsere Stelle als Beleg für die Bedeutung »Bereich (der sechs Sinne)« angeführt. Darin kann ich keinen Sinn entdecken, da für den Wissenden der Bereich der sechs Sinne gerade **nicht** mehr existiert. (Vielleicht ist hier auch nur ein *na* – »nicht« ausgefallen.) Mir erscheint es sinnvoller, *āyatana* als Voraussetzung (der Erlösung) zu verstehen (SWTF s. v., Bedeutung 1c).
240 Der ganze Vers läßt sich auch präsentisch übersetzen: Wenn (jemand) die Ursache weiß, aufgrund welcher (...).
241 *Caitasika dharma.* Im Abhidhamma des Pāli-Kanon gehören alle Daseinserscheinungen in drei Gruppen: *citta, cetasika, rūpa.* Nach Nyanatiloka [3]1983, s. v. *cetasika* sind dies »Bewußtsein, Geistesfaktoren und Körperlichkeit«. In einer Tabelle am Ende seines Buches zählt Nyanatiloka 50 Geistesformationen auf, zu denen z. B. Wille, Sammlung, Entschluß, Tatkraft, Vertrauen, Schamgefühl, Verblendung, Haß u. a. gehören.
242 Hier liegt eine elfgliedrige Kette vor.
243 Im Gegensatz zu den Tatabsichten (ebenfalls *saṃskāra* genannt), die in der Kette des Entstehens in Abhängigkeit von Bedeutung sind, meint der Begriff hier alle Geistesregungen eines Wesens, seine Wünsche und Vorstellungen.
244 Es liegt eine Anspielung auf die vier edlen Wahrheiten vor: (1) ein Phänomen (vor allem: Leid), (2) seine Entstehung, (3) seine Aufhebung und (4) der zu seiner Aufhebung führende Weg.
245 Diese 37 Gegebenheiten werden in MPS 14,13 aufgezählt.
246 Es folgen zwei Verse, deren Reste sich in Frg. SHT II, Nr. 685, Bl. 113, R 6–8finden.

247 Nach Frg. SHT II, Nr. 685, Bl. 113, R 8 lautet der Beginn des Absatzes: Zwei Erwägungen des soeben völlig erleuchteten Vipaśyin, des *Samyaksaṃbuddha* (vollkommen Erleuchteter), wurden (?) auf vielfältige Weise mitgeteilt.
248 Siehe Anm. 25 zu MAV 3b,9.
249 Oder: der (Ka)rma-Mächtige?
250 Ergänzung nach Frg. SHT II, Nr. 685, Bl. 114, V 2.
251 *An-āsrava.* Siehe Anm. 29 zu MAV 3c,8.
252 Ergänzung nach dem Pāli (in runden Klammern) und nach Frg. SHT II, Nr. 685, Bl. 114, V 5. Dasselbe Frg. (V 6) macht es wahrscheinlich, daß noch ein zweiter Vers folgte, der mit *-râbhibhūtām* (erobert, besiegt) endete.
253 Baum, unter dem Vipaśyin die Erleuchtung erlangt hat.
254 Die Reste in Frg. SHT II, Nr. 685, Bl. 114, V 7 lauten dagegen: *(ba)ndhumatī(n) [r](āja)[dhānīm anu]prāptaḥ* – »in der Residenz Bandhumatī angelangt«. Vgl. dazu die Version des Divyāvadāna nach Waldschmidt 1956, S. 149, Anm. 6.
255 Ist zu ergänzen: »der vollkommen Erleuchtete«? Siehe Anm. 256 zu MAV 10c,5.
256 Ergänzt nach Frg. SHT II, Nr. 685, Bl. 114, R 3.
257 Siehe Anm. 29 zu MAV 3c,8.
258 Zu diesem Vorgang vgl. Vorgang 8h.
259 Der Versanfang ist in Frg. SHT II, Nr. 685, Bl. 115, R 1 überliefert.
260 Die beiden folgenden Vorgänge fehlen in der Edition von Waldschmidt. Sie sind nach Frg. SHT II, Nr. 685, Bl. 115, R 2–8 ergänzt. Dort werden sie als die Vorgänge 10f und 10g bezeichnet.
261 Ergänzt nach MAV 8i.5.
262 Vom folgenden Vers sind nur wenige Reste erhalten.
263 In SHT II, Nr. 685, Bl. 116, V 1 und R wird dieser Vorgang unter 10h geführt.
264 *Niḥśṛtya.* Ergänzt nach SHT II, Nr. 685 zu MAV 10f,5. Siehe dort.
265 Dies wären zweimal 80000. Nach dem Pāli-Text und dem chinesischen Ta-pên-ching handelt es sich um 168000 Mönche (vgl. Waldschmidt 1956, S. 155, Anm. 4).
266 Unsichere Ergänzung, vgl. Waldschmidt 1956, S. 156, Anm. 2. Vgl. auch CPS 21,1^{G}.
267 Das sog. Beichtformular, in dem ca. 250 Ordensvergehen zusammengefaßt sind. Alle vierzehn Tage (bei Vollmond und Neumond) wird der Text vor der versammelten Mönchsgemeinde vorgetragen.

268 Ergänzt nach Frg. SHT II, Nr. 685, Bl. 116, V 4–5. Die Einordnung dieses Textstücks ist nicht ganz klar.
269 Ergänzt nach Frag. SHT II, Nr. 685, Bl. 116, V 6.
270 Ergänzung nach Frg. 173, Z. 8 u. Frg. 174, Z. 1–2, SHT II, S. 53.
271 Gottheiten verkünden alljährlich, wieviel Jahre noch bis zur Rückkehr nach Bandhumatī zu verstreichen haben, und nach Verlauf der sechs Jahre, daß nun die Zeit zur Versammlung in Bandhumatī sei. Darauf begeben sich alle Mönche am gleichen Tage dorthin zurück. In SHT II, Nr. 685, Bl. 116, R 2–8 wird dieser Vorgang unter 10j geführt.
272 Siehe SWTF s. v. *ā-ruc*, caus.
273 *Varṣa* – »Jahr« steht im Plural und nicht im Dual.
274 Oder: das sechste Jahr?
275 Setzt hier der Editionstext von S. 158 wieder ein?
276 In der Edition (S. 158, Anm. 2) erwägt Waldschmidt zwei Varianten des letzten Satzes. Danach könnte er auch gelautet haben: »An einem einzigen Tag gingen sie zur Königsresidenz Bandhumatī, ...« oder »Sie erreichten die Königsresidenz Bandhumatī, um die Unterweisung im Prātimokṣa-Sūtra zu hören.«
277 Nach Nyanatiloka ^{3}1983, s. v. *sikkhā* ist die Schulung dreifach: in Sittlichkeit, Geist und Wissen.
278 Siehe Anm. 29 zu MAV 3 b,9.
279 Ergänzung nach Frg. SHT II, Nr. 685, Bl. 116, R 7–8.
280 In SHT II, Nr. 685, Bl. 117, V 1–4 wird dieser Vorgang unter 10k geführt.
281 Ergänzung nach Frg. SHT II, Nr. 685, Bl. 117, V 1–2.
282 Dieser Vers gehört zum Schlußteil des Prātimokṣa-Sūtra der Sarvāstivādins, der von K.T. Schmidt 1989 herausgegeben wurde. Siehe dort S. 73, V. 1 und S. 78, V. 1.
283 Ergänzung nach Frg. SHT II, Nr. 685, Bl. 117, V 4.
284 Nach MAV 1a,7 berichteten die Gottheiten dem Buddha etwas über seine Vorgänger. Entsprechend der Frage MAV 2 a,1, die den bisherigen Bericht einleitete, wird nun nach der Begegnung des Buddha mit den Gottheiten gefragt. Abgeschlossen wird die Episode der Gottheiten durch den dieser Frage entsprechenden Aussagesatz in MAV 11,15. – Die Ergänzungen in Absatz 1–3 sind nach Frg. SHT II, Nr. 685, Bl. 117, V 5–8 vorgenommen worden.
285 Nach der Pāli-Parallele (DN 14,3,29) gibt es keinen Ort, an dem der Buddha seit langer Zeit nicht mehr gewesen ist, außer dem Himmel der Śuddhāvāsa-Gottheiten. – Es handelt sich hierbei um die Götter der »reinen Gefilde«, die die höchste

Götterklasse bilden. Zu ihnen gehören die Abṛha, die Atapa, die Sudṛśa, die Sudarśana und die Akaniṣṭha. Siehe auch MPS 23,6.

286 Siehe SHT II, Nr. 685, Bl. 117, V 8. Ich ergänze: *(te)[n]o[pa](sa)[ṃ](krameyam).* Man vgl. das Pāli zu MAV 11,2.

287 Frg. SHT II, Nr. 685, Bl. 117, V 8. Ich ergänze: *(a)[ha]ṃ (tadya)thā [bal](avān puruṣo saṃmiñji)[t]aṃ vā bāhuṃ p[r]asā(ritaṃ vā).* Man vgl. die Pāli–Parallele.

288 Vgl. Edition S. 162, Anm. 4.

289 Ergänzt mit Hilfe von SHT II, Nr. 685, Bl. 117, R 8 und mit Hilfe der Absätze MAV 11,3 und 11,14.

290 Es könnte sich um die Atapa– oder um die Sudṛśa–Götter handeln.

291 Ergänzung nach SHT II, Nr. 685, Bl. 118, V 1–2.

292 »Kontinent des Rosenapfelbaums«. Kontinent, auf dem nach der Mythologie Indien liegt.

293 Wörtl.: Zweifüßler.

294 Oder: nicht (vgl. Waldschmidt 1956, S. 164, Anm. 6).

295 S. *phala* in PTSD und BHSD. Gemeint ist das Erreichen eines bestimmten Stadiums auf dem Heilsweg, nämlich die Frucht des Nichtwiederkehrers *(anāgāmiphala).* Siehe hierzu z.B. Nyanatiloka [3]1983, s.v. *suddhâvāsa* und die Einleitung (1.4.4 – Die Stufen des Heilswegs).

296 Siehe Edition, S. 165, Anm. 5.

297 Vgl. PTSD unter *nivaraṇa* und BHSD unter *āvaraṇa*. Die Freiheit von den fünf niederen Hindernissen ist mit der Frucht des Niewiederkehrers *(anāgāmin)* (s. Anm. zum vorangehenden Vers) verbunden.

298 Nach Waldschmidt 1956, S. 165, Anm. 6 vielleicht *pavana* – »Wind« zu lesen.

299 SHT II, Nr. 685, Bl. 119, V 3.

300 Ergänzung nach Frg. SHT II, Nr. 685, Bl. 119, V 4 und SHT VI, Nr. 1592, Bl. 171, V 1. – Vaiśravaṇa ist ein Gott, und zwar der Himmelskönig (MPS 23.6), der den Norden regiert.

301 Ergänzung nach Frg. SHT II, Nr. 685, Bl. 119, V 5 und NFHSū S. 209, Z. 2.

302 Ergänzung nach SHT II Nr. 685, Bl. 179, Z. 6; SHT VI, Nr. 1592, Bl. 171, V 2 und NFHSū S. 209, Z. 3.

303 Die Versnumerierung ist unsicher. Vgl. den nächsten Vers.

304 »Reine Gefilde« ist die Übersetzung von *śuddhāvāsa*.

305 Oder: zeigen.

306 Ergänzung nach SHT II Nr. 685, Bl. 179, Z. 7; SHT VI, Nr. 1592, Bl. 171, V 3 und NFHSū S. 209, Z. 4.

307 Ist dieser Vers an die falsche Stelle gelangt, oder ist die Numerierung falsch?
308 Ergänzung nach NFHSū S. 209, Z. 5 und MAV 3c,8.
309 Der erste Pāda kehrt Uv 32,82 wieder.
310 Ergänzung nach Uv 32,82 und NFHSū S. 209 Z. 5.

Anmerkungen zum Mahāparinirvāṇa-Sutra

1 Hauptstadt des Königreiches Magadha (s.u.), auch Girivraja genannt, heute: Rājgir. Hier befanden sich die Klöster Veḷūvana (Bambushain) von König Bimbisāra und Jīvakâmravana (Mangohain des Arztes Jīvaka). Fotos und ausführliche Beschreibung s. Schumann 1992, *Spuren*, S. 93ff.
2 Wörtl.: Geiergipfel, Berg bei Rājagṛha, an dem der Buddha zahlreiche Lehrreden hielt. Auf dem Weg aus der Stadt dorthin soll der Mönch Devadatta versucht haben, den Buddha durch einen herabgestoßenen Felsblock zu erschlagen. Schumann 1992, *Spuren*, S. 104ff.
3 Ehemaliges Königreich südlich des mittleren Ganges im Süden des heutigen Bihār mit der Hauptstadt Rājagṛha. Weitere Städte waren Pāṭaliputra (heute: Patna) und Bodh Gayā, wo der Buddha zur Erleuchtung gelangte.
4 König aus dem Geschlecht der Haryaṅkas, Regierungszeit: 8 v.N.–24 n.N., nach jainistischen Quellen Kūṇika genannt. Sohn des Bimbisāra, den er einkerkern und verhungern ließ.
5 Wörtl.: Sohn einer Frau aus Videha (Land im Norden des heutigen Bihār). Nach Buddhaghosa (s. DPPN s.v. Vedehiputta) jedoch Sohn einer Prinzessin aus Kosala (ehemaliges Königreich im heutigen Distrikt von Oudh).
6 Vṛji: Land und Volk nördlich des mittleren Ganges im Norden des heutigen Bihār. Acht Stämme bildeten die Konföderation von Vṛji, darunter die Licchavis mit der Hauptstadt Vaiśālī (heute: Besarh) und die Videhas mit der Hauptstadt Mithilā (heute: Janakpur).
7 Ergänzung nach NFHSū S. 212, Frg. 1, Z. b4.
8 NFHSū S. 212, Frg. 1, Z. b6 liest: »Genau so, wie (der Erhabene es) [dir], Var(ṣakāra, erläutert), ...«
9 Ergänzung nach Waldschmidt 1955/1967, *Bilinguen*, S. 16/253.
10 *Upasaṃbhṛtya.* Siehe SHT I, Nr. 790, V 5.
11 Ergänzung nach SHT I, Nr. 790, V 6.
12 Phrase der Zustimmung.
13 Name nach dem Tibetischen ergänzt.

14 *Saptâparihāṇīya dharma.*
15 Skt.: *vṛddhi.* Bedeutet u.a. auch Zunahme, Anwachsen. Nach der chin. Übersetzung zu Vorgang 2,6 ist die Zunahme von Verdienst *(puṇya)* gemeint.
16 Zum Heil führend können Taten, Geistesfaktoren und Bewußtseinszustände sein, wenn sie frei von Gier, Haß und Verblendung sind.
17 »Wir« statt »ich«. Siehe SHT I, Nr. 790, R 6.
18 Ein Vetter des Buddha. Er wurde im 20. Jahr der Lehrtätigkeit Buddhas (d.h. 25 Jahre vor dessen Tod) zum persönlichen Diener des Buddha. Dieses Amt bekleidete er bis zum Verscheiden des Meisters.
19 *Sahasā.* PW s.v. *sahas*, adverbiell, I: »plötzlich, sofort, im selben Augenblick, ohne zu zögern.« (...) »mit dem Nebenbegriff der Uebereilung, Unüberlegtheit«. II: »nachdrücklich, kräftig«.
20 Skt.: *saparidaṇḍā*, wörtl.: »unter Strafe gestellt«. Vgl. Pāli-Kommentar zu MN 41, I S. 286: »Ein Mädchen, von dem (Subkommentar: durch die Behörden) im Dorf, im Haus oder auf der Straße angekündigt wurde: ›Wer zu einem Weibe solchen Namens geht, wird so und so bestraft.‹« (Nyanatiloka ^{2}1922, *Lehrreden*, Bd. V, S. 116, Anm. 141).
21 Skt.: *sasvāmikā*. Vgl. Nyanatiloka, a.a.O., S. 116, Anm. 140.
22 Skt.: *māla-guṇa-parikṣiptā.* Nyanatiloka, a.a.O., S. 116, Anm. 142: »Ein Mädchen, dem man einen Blumenkranz übergeworfen hat, um anzuzeigen: ›Diese soll meine Gattin werden.‹« (Kommentar zu MN 41, I S. 286).
23 Ergänzung nach Waldschmidt 1955/1967, *Bilinguen*, S. 16f/253f.
24 S. Anm. 23 zu MPS 1.29.
25 S. Anm. 23 zu MPS 1.29.
26 Waldschmidt liest in der Edition *cihna-vṛtta* – »Brauch der Zeichen«. Bareau 1970, *Recherches II*, S. 22 übersetzt den letzten Halbsatz: »ne pas abolir l'antique coutumne qui leur est particulière.« Ich schlage vor *citrīkāra* – »Respekt, Hochachtung« zu lesen. Im tibetischen Text steht nämlich *mtshan-mar bzuṅ-ba*. Nach Lokesh Chandra (s.v. *mtshan-mar »adzin-pa*) ist dies *citrīkāra* (Mvy 7563). Allerdings lesen die Manuskripte in MPS 1.33 *cih(n)a-vṛtta*, und in MPS 1.34 ist das Wort vollständig erhalten.
27 Wörtl.: so viele.
28 Skt.: *saptâparihāṇīya* dharma.
29 Skt.: *vṛddhi*, bedeutet u.a. auch Zunahme, Anwachsen. Nach

der chin. Übersetzung ist die Zunahme von Verdienst *(puṇya)* gemeint.

30 Skt.: *śikṣā*. Diese besteht aus: (1) der Schulung in der hohen Sittlichkeit *(adhi-śīla)*, (2) der Schulung im hohen Denken *(adhi-citta)*, (3) der Schulung in der hohen Weisheit *(adhi-prajñā)*.

31 Nach Waldschmidt 1955/1967, *Bilinguen*, S. 16f/253f ergänzt.

32 D.h. in das Mönchstum.

33 Ergänzung nach Waldschmidt 1955/1967, *Bilinguen*, S. 18/255.

34 S.o. MPS 2.8.

35 Sorgfalt. Vgl. MPS 4,12–17.

36 Vgl. die sieben »Würdigkeiten« *(gāravatā)* des Pāli, z.B. AN 7.56, IV S. 84. Dort steht *saṅgha* (Orden) statt *anuśāsana*. Außerdem ist die Reihenfolge der Glieder eine andere als in MPS 2.15.

37 Waldschmidt 1944, *Überlieferung I*, S. 40 fügte hier als Punkt 5 und 6 »Meidung von Ruhmsucht« und »Meidung von schlechtem Verkehr« an (vgl. chin. Übersetzung). In der Edition (S. 124, Anm. 3) nimmt Waldschmidt an, daß der Sanskrit-Text den Mönchen Gedeihen verheißt, wenn sie sich »von weltlichen Bestrebungen *(lābhasatkāraśloka)* frei zu machen verstünden und sich Meditationsübungen unterzögen *(yogānuyuktā bhaviṣyanti)*« (vgl. tib. Übersetzung). Die Ergänzung *lābhasatkāraśloka* als fünfter Punkt hat sich durch eine Bilingue (Waldschmidt 1955/1967, S. 18/255) bestätigt. Punkt 6 gibt jenes Fragment im Tocharischen so wieder: »wenn] sie Gefallen haben sollten an der Anstrengung«. Damit bekräftigt es die Erwähnung des Yoga in der tibetischen Übersetzung.

38 Zur Ergänzung vgl. Waldschmidt 1951, S. 124, Anm. 3.

39 D.h. die verschiedenen Volksklassen, z.B. Brahmanen und Kṣatriya. Die Versammlungen *(pariṣad)* der buddhistischen Gemeinschaft sind die der Mönche, der Nonnen, der Laienanhänger und der Laienanhängerinnen.

40 Eigentlich Singular: mein liebevolles Verhalten.

41 Ansonsten ist entsprechend zu Absatz 30 zu ergänzen.

42 Pāṭaligrāmaka oder Pāṭaliputra (heute: Patnā) war eine größere Stadt von Magadha, die an der Gaṅgā (Ganges) lag. König Ajātaśatru Vaidehīputra ließ den Ort ausbauen (MPS 5.2), als er Krieg gegen die Vṛjis führte (MPS 1.2). In diesem Zusammenhang verlegte er auch die Hauptstadt von Rājagṛha nach Pāṭaliputra.

43 In den Sanskrit-Handschriften ist der Ortsname nicht erhalten. Aus dem tibetischen Text erschließt Waldschmidt die Bezeichnung Veṇuyaṣṭikā. Im Pāli-Text steht Ambalaṭṭhikā. Weitere

Überlegungen zum Ortsnamen s. Waldschmidt 1944, *Überlieferung I,* S. 47 ff.

44 Im Text steht *saṃsṛta.* Zur selben Verbwurzel gehört Saṃsāra, das Durchwandern der Wiedergeburten.

45 Männer, die einen Haushalt (und Familie) haben, im Gegensatz zu den »in die Hauslosigkeit Gezogenen« wie z. B. den buddhistischen Mönchen.

46 Faßt man das Kompositum *kīrti-śabda-śloka* als Dvandva auf, ist zu übersetzen: »es verbreiten sich bedeutsamer, heilvoller Ruhm, (guter) Ruf und Preis«.

47 Der Nichtnachlässige muß nicht bereuen, weil er ohne Fehler ist.

48 *Dhārmī kathā.* Wörtl.: religiöse Rede.

49 Zu der folgenden Phrase vgl. die Anm. 212 zu MAV 9a,2.

50 Wörtl.: (seinem) Gesicht gegenüber.

51 Ergänzung nach den tib. u. chin. Übersetzungen, vgl. Waldschmidt 1951, Edition, S. 146, Anm. 4.

52 Ergänzung nach dem Pāli.

53 Oder: Handelszweige, SWTF S. 288b, s.v. *ārya* 2b. – Als »arisch« bezeichnete sich das indo-europäische Volk, das um 1300 v. Chr. in Nordwestindien einwanderte. Im Laufe der Sprachentwicklung wurde *ārya* weniger als Bezeichnung eines Volkes angewandt, sondern bekam die Bedeutung »edel«.

54 Hier steht nicht das zu erwartende Correlativum *tāvad*, sondern die Partikel *yathā* – »wie«.

55 Skt. *puṭa-bhedana* – »Stadt, Burg« (BHSD s. v. *paṭa-bhedaka*), im Pāli (s. PTSD): (1) fälschlich interpretiert »a centre for the interchange of all kinds of wares«, (2) Anspielung auf den Stadtnamen »Pāṭaliputra«.

56 Zu dieser Phrase vgl. Anm. zu MPS 1,8.

57 Hier handelt es sich um eine stereotype Redewendung. Tatsächlich hat der Erhabene im vorliegenden Fall geschwiegen.

58 Waldschmidt 1944, *Überlieferung I,* S. 58: »Varṣākāra vollzieht nach altindischem Brauch unter Ausgießen von Wasser aus einer besonders geformten Kanne *(bhṛṅgāra)* eine Schenkung, die jedoch nicht materieller Natur ist, sondern in dem Lohn der guten Tat besteht, den er für die Speisung des Buddha und seiner Gemeinde zu erwarten hat.«

59 Ursprünglich: Lohn für ein rituelles Opfer.

60 *Bhadra.* Im Sanskrit steht der Plural.

61 Ungewöhnlicherweise wird hier »sagen« durch die Verbwurzel *kṛ* – »tun, machen« angedeutet.

62 Reichtum, tib. *rgyu lhag*. Vielleicht sind auch nur die Reste der Mahlzeit gemeint.
63 Aus unseren Breiten wäre Schilf zu nennen.
64 Ist gemeint: »**über** den Fluß«?
65 *Asajyamānaḥ srotaso.* Wörtl.: »ohne am Strom zu haften«.
66 Allon 1987, S. 18 übersetzt: »having avoided the pools«.
67 Im Buddhismus wird die Lehre des Buddha mit einem Floß verglichen. Z. B. MN 22, I S. 134 f.
68 Waldschmidt 1944, *Überlieferung I*, S. 63: »Unter dem Brahmanen, der ›auf festem Land stehen bleibt‹, verstehe ich Varṣākāra, (...).« – Allon, 1987, S. 18 versteht unter dem Brahmanen den Buddha, den er »the (true) brahman« nennt.
69 In dieser Existenz oder in diesem Leben.
70 Dalbergia Sissoo.
71 Die hier aufgezählten Elemente *(śīla, samādhi, prajñā)* entsprechen den drei Teilen des achtfachen Pfades. Vgl. dazu MPS 40.33.
72 Es handelt sich hier um die drei Grundübel, die den Geburtenkreislauf in Gang halten.
73 Es handelt sich hier um eine Pflanzenart. Der Name wurde nach den Parallelen ergänzt.
74 Die Namen sind z. T. aus dem Pāli und dem Tibetischen gewonnen.
75 Existenz als Tier, Mensch, Gott, Höllenbewohner oder Hungergeist.
76 Es gibt insgesamt zehn *saṃyojanas*, die die Erlösung verhindern. Die ersten fünf davon sind die, die an den niederen (Daseins)bereich (z. B. die Tierwelt) binden. Es handelt sich um (1) den Irrglauben an einen realen Körper, (2) Anhangen an ethischen Regeln und Gelübden, (3) Zweifel, (4) Verlangen nach Sinnlichkeit, (5) Bosheit.
77 Im Gegensatz zu den spontan entstandenen Wesen (u.a. Götter) gibt es z. B. solche, die aus einem Ei geschlüpft sind (Vögel und Reptilien), und solche, die aus einem Mutterleib stammen (Säugetiere). S. PTSD s. v. *yoni*. – Hier ist eine Wiedergeburt unter den Śuddhāvāsa-Gottheiten gemeint, unter denen Karkaṭaka die Erleuchtung erlangen wird (siehe Anm. zu MAV 11,2 und Nyanatiloka ^{3}1983, s. v. *suddhāvāsa*).
78 Wörtl.: dort.
79 Siehe Einleitung 1.4.4.
80 Oder: »mehr als 300 Laienanhänger«?
81 Es handelt sich um die ersten drei *saṃyojanas*, die in der Anm. zu Absatz 9.12 genannt werden.

82 D. h. Anfänger auf dem Heilsweg.
83 Ergänzung nach Waldschmidt 1951, S. 168, Anm. 4.
84 D. h. der Reihe des »Entstehens in Abhängigkeit« *(pratītya-samutpāda)* folgend. Vgl. MAV 9b–9c.
85 Oder: »er«, d. h. der Hörer der Lehre (?) als der, der die Lehre (= das Gesetz) widerspiegelt. Vgl. Pāli: Da ist ein edler Hörer versehen mit ....
86 Vaiśālī (Pāli: Vesāli, heute: Besarh) liegt im heutigen Distrikt Muzaffarpur nördlich von Patna am Fluß Gandak. Es war die Hauptstadt der Licchavis, des wichtigsten Volksstammes der Vṛji–Konföderation (s. Anm. zu MPS 1.2). In Vaiśālī fand 100 (?) Jahre nach dem Tod des Buddha das zweite buddhistische Konzil statt, auf dem sich die Schulen der Theravādins und der Mahāsāṅghikas trennten. Fotos des Ortes s. Schumann 1992, *Spuren*, S. 145 ff.
87 Nach dem SWTF ist nur die Schreibweise Amrapāli klar in den Handschriften zu erkennen.
88 In diesem Absatz werden die vier *prahāṇas* (Anstrengungen) aufgezählt, aber nicht so bezeichnet.
89 So lautet die wörtliche Übersetzung von *janayati.* Edgerton schlägt im BHSD vor, »conceive a feeling or notion« zu übersetzen.
90 Schmithausen (1976, S. 245 ff) beschreibt die vier »Konzentrationen der Aufmerksamkeit«, zu denen auch die Betrachtung des Körpers gehört (vgl. MN I S. 55 ff). Sie besteht aus (1) Atembeobachtung, (2) Beobachtung der Körperhaltungen, (3) Beobachtung der Körperhaltungen und körperlichen Verrichtungen, (4) Betrachtung der unreinen Körperbestandteile, (5) gedanklicher Zerlegung des Körpers in die vier Elemente und (6) Leichenbetrachtung.
91 Hier handelt es sich um die vier »Konzentrationen der Aufmerksamkeit« *(smṛty–upasthāna).* Man vgl. dazu Schmithausen 1976 und MN I S. 55 ff.
92 Ergänzt nach SHT II, Nr. 399, Bl. 168, V 3.
93 Es handelt sich um ein Gerät mit Stacheln, entweder ein Stachelstock, eine Peitsche mit Spitze oder (bei Pferden, die geritten werden) um einen Sporn.
94 Ton *(śabda)* steht im Sanskrit im Singular.
95 Vgl. SHT II, Nr. 399, Bl. 168, R 2.
96 Ergänzt nach SHT II, Nr. 399, Bl. 168, R 3.
97 Māṇava bezeichnet einen Jüngling, besonders einen jungen Brahmanen.
98 Wörtl.: als Versammelter.

99 Im Geiste des Jünglings »scheint« ein Gedicht auf. Ihm kommt die Idee für ein Gedicht.
100 Land im heutigen Bengalen mit der Hauptstadt Campā (heute: Bhagalpur). Östlich von Magadha gelegen.
101 Siehe SHT II, Nr. 399, Bl. 169, V 3: *magadheśvarasya.*
102 Oder: wie der Himālaya. – Der Text dieses Verses wurde mit Hilfe des Tibetischen rekonstruiert.
103 Ergänzt nach der Pāli–Parallele in AN 5,195 III S. 239f. Die Worte »sieh den leuchtenden« sind auch in Fragment SHT II, Nr. 399, Bl. 169, V 4 erhalten.
104 Oder: sie machen Licht, das Einsicht *(cakṣus)* verursacht.
105 Ergänzt nach dem Tibetischen. Der abschließende Relativsatz ist auch in Fragment SHT II, Nr. 399, Bl. 169, V 5 erhalten.
106 Ergänzung dem Sinn nach. Das Wort »Weisheit« *(prajñā)* findet sich in SHT II, Nr. 399, Bl. 169, R 2 und in der von Waldschmidt gegebenen Übersetzung aus dem chinesischen Vinaya.
107 Ergänzt nach SHT II, Nr. 399, Bl. 169, R 3.
108 Nicht: »o Gautama« wie in der Edition angegeben. Zu dieser Lesart s. SHT I, Nr. 425, V 1.
109 Gemeint ist eine Götterklasse, zu der eigentlich dreiunddreißig Gottheiten gehören. Dafür steht häufig die gerundete Zahl dreißig.
110 *Kṛtâvakāśāḥ.* So liest SHT I, Nr. 425, R 2. In der Edition steht dagegen die ebenfalls belegte Lesart: *kṛtâyuṣāḥ* – »das Leben vollendet habend«.
111 Park im Himmel der dreiunddreißig Götter.
112 Zur Übersetzung s. Waldschmidt 1951, S. 190, Anm. 1. Vgl. auch PTSD s. v. *–ubhaya.*
113 D. h., gemeint sind die fünf Eigenschaften der Dinge, auf welche sich die Begierde richtet (und die den fünf Sinnesorganen entsprechen: also das Sichtbare, Hörbare, Riechbare usw.). Siehe SWTF s. v. *kāma–guṇa.* Die dreiunddreißig Götter gehören noch dem Bereich der Begierde *(kāma–dhātu)* an.
114 *Tāyin.* Siehe Anm. 25 zu MAV 3b,9.
115 In diesem Leben.
116 Vgl. SWTF s. v. *kāntāra.* Waldschmidt (1948b, *Wunderkräfte,* S. 152, MPS 31,56) sieht in *kāntāra* (Hungersnot) ein Adjektiv als Prädikatsnomen zu *piṇḍaka* (Almosenspeise) und übersetzt: »Für einen Bittsteller war Almosenspeise kümmerlich, beschwerlich, mühsam (eines dieser Adjektive ist zuviel. C. W.) und kaum erhältlich.«
117 Siehe Anm. zu MPS 13,5.
118 D. h.: sterbe. Vgl. Anm. zu MPS 16.11.

119 Bei einem Schwächeanfall (MPS 30a.13–15) preist der Buddha das Erleuchtungsglied »Willenskraft« *(vīrya)* besonders.
120 D.h.: Die körperlichen Empfindungen (Schmerzen) werden beruhigt.
121 Vgl. Waldschmidt 1951, S. 194, Anm. 5.
122 Waldschmidt 1951, S. 194, Anm. 6.
123 Waldschmidt 1951, S. 194, Anm. 7.
124 Vgl. Pāli: *api ca me bhante ahosi kācid eva assāsa-mattā.*
125 Vgl. die Pāli-Parallele.
126 *Smṛty-upasthāna.* Es handelt sich um die Betrachtung (1) des Körpers *(kāya)*, (2) der Empfindungen *(vedanā)*, (3) des Bewußtseins *(citta)* und (4) der Geistesobjekte *(dharma)*. S. MPS 10.14.
127 *Samyak-prahāṇa.* Es sind die Bemühung (1) um Aufgabe *(prahāṇa)* der entstandenen unheilsamen Faktoren, (2) um Nichtentstehung *(anutpāda)* der nicht entstandenen unheilsamen Faktoren, (3) um Entstehung *(utpāda)* der nicht entstandenen heilsamen Faktoren, (4) um Bestand *(sthiti)* der entstandenen heilsamen Faktoren. Sie werden MPS 10,10 bei der Erklärung eines eifrigen Mönchs genannt.
128 *ṛddhi-pāda.* Es sind die Konzentration (1) der Absicht *(chanda)*, (2) des Bewußtseins *(citta)*, (3) der Willenskraft *(vīrya)*, (4) des Erwägens *(mimāṃsa)*. In MPS 15.10 werden die *ṛddhi-pādas* nochmals erwähnt.
129 *Indriya.* Diese sind (1) gläubiges Vertrauen *(śraddhā)*, (2) Willenskraft *(vīrya)*, (3) Achtsamkeit *(smṛti)*, (4) (meditative) Versenkung *(samādhi)*, (5) Einsicht *(prajñā)*.
130 *Bala.* Es gibt verschiedene Listen, u.a. werden die gleichen Glieder wie bei den fünf (geistigen) Fähigkeiten genannt.
131 *Bodhy-aṅga* oder *saṃbodhy-aṅga.* Sie werden MPS 2,27 und MPS 30,10–12 genannt.
132 *Āryâṣṭāṅga mārga.* Die acht Glieder werden in MPS 40.33 aufgezählt. – Alle 37 in diesem Absatz genannten Elemente bilden sie sog. *bodhi-pākṣika dharma*, d.h. die »zur Erleuchtung gehörenden Dinge«. Vgl. MPS 19,9.
133 D.h., daß der Buddha keine Lehren zurückgehalten hat.
134 Vgl. die Anm. zu MPS 14a,5.
135 *Jarjara.* Verächtlich für »alt«.
136 Die Übersetzung zieht neben dem Editionstext auch Fragment SHT I, Nr. 618a, V 4–5 heran.
137 Ergänzt nach Fragment SHT I, Nr. 618a, R 1.
138 Der Text in runden Klammern fehlt in Fragment SHT I, Nr. 618a, R 1.

139 Der hier benutzte Sanskrit–Begriff (*virodha* – »Gegensatz, Feindschaft, Hindernis« usw.) paßt nicht so gut zu den übrigen Wörtern in dieser Reihe. Vielleicht stand hier ursprünglich *nirodha* – »Aufhebung« o. ä.
140 Skt: *śikṣā*. Vgl. Anm. 30 zu MPS 2.8.
141 Vgl. diesen Absatz mit MPS 10 a,14 und den dortigen Anmerkungen. Es handelt sich um die *smṛty–upasthāna*.
142 Halle mit Dachgeschoß.
143 Ufer des Affensees.
144 Wörtl.: mit Ānanda als nachfolgendem Asketen.
145 In der Mythologie der Kontinent des Rosenapfelbaumes, zu dem auch Indien gehört.
146 Wörtl.: irgend jemand.
147 Weltalter, für das verschiedene Längen angegeben werden.
148 Widersacher des Buddha unter den Göttern, versuchte die Erleuchtung des Buddha zu verhindern.
149 D. h.: Stirb!
150 Der Text spielt auf eine Begebenheit in CPS 4,3–7 an. Engl. Übersetzung s. Kloppenborg 1973, S. 11.
151 Heute: Bodh Gayā. Im ehemaligen Königreich Magadha gelegen (vgl. Anm. zu MPS 1.2). Hier übte der damalige Bodhisattva Askese und wurde schließlich erleuchtet. Fotos und weitere Informationen s. Schumann 1992, *Spuren*, S. 51 ff.
152 Auch Aśvattha oder Pīpal genannt, *Ficus religiosa*. Baum, unter dem der Buddha zur Zeit seiner Erleuchtung saß.
153 Wörtl.: nicht lange von jetzt an.
154 D. h. von Persönlichkeitsbestandteilen *(skandha)* frei. Mit der Erleuchtung hat der Buddha bereits das Nirvāṇa erlangt. Er lebt jedoch noch weiter, da seine Persönlichkeitsbestandteile (Körper, Gefühle, Wahrnehmung, Geistesformationen, Bewußtsein) noch nicht zerfallen sind. Das geschieht erst beim Tod.
155 Hier konstruiert der Text nicht grammatisch korrekt. Wörtlich spricht er von dem »begrenzten Bewußtsein der Erde« und (im folgenden) vom »unermeßlichen Bewußtsein des Wassers«.
156 Vgl. MAV 4 a,1–3.
157 Vgl. MAV 5 a,1–3.
158 So ergänzt Waldschmidt *(adhigacchati)*. Nach einigen Parallelstellen (MPS 28.58; 29.9; 41.6 ff) könnte auch *abhisaṃbudhyate* (er erwacht) zu ergänzen sein. So stellt Allon 1987, S. 38, Anm. 47 fest.
159 Die drei »Umdrehungen« *(parivarta)* des Rades der Lehre sind: (a) das Sehen der vier edlen Wahrheiten *(darśana–mārga)*, (b)

die Entfaltung der vier Wahrheiten in der Meditation *(bhāvanā-mārga)*, (c) der Zustand der Arhatschaft *(aśaikṣa-mārga)*. Multipliziert man die drei Umdrehungen mit den vier edlen Wahrheiten, erhält man die zwölf Gestalten *(ākāra)* des Rades der Lehre.

160 Vgl. MPS 42c,19.

161 Dieser Absatz ist in der Edition nach dem Divyâvadāna ergänzt. Die vorliegende Übersetzung folgt jedoch der Lesart von MPS 31,74. Siehe auch MPS 48b,14.

162 Gemeint ist das gegenwärtige Leben.

163 Vgl. MPS 14,13.

164 Nach Waldschmidt, Edition, S. 226, Anm. 1 folgte in einer Handschrift (S 360) MPS 20.1 direkt auf MPS 18.9.

165 Skt.: *upavartana*. Begriff, der nur von diesem Ort gebraucht wird; möglicherweise der Name des Śāla-Waldes, in dem der Buddha verstarb.

166 Der Śāla-Baum ist nach MW Vatica Robusta, nach PTSD Shorea Robusta.

167 *Śīla, samādhi* und *prajñā* sind die drei Stufen, in die man den achtteiligen Pfad (MPS 40.33) unterteilt. – Vgl. MPS 8.6.

168 Aus diesem Ort stammt der in MPS 51.1 auftretende Brahmane Dhūmrasagotra.

169 Eine Aufstellung über die in den verschiedenen Übersetzungen des MPS genannten Dörfer findet sich bei Waldschmidt 1944, *Überlieferung I*, S. 126.

170 Dieses Erdbeben erscheint insofern unmotiviert, als keines der Ereignisse aus dem Leben des Buddha vorliegt, die MPS 17,9–22 nennt. Das Erdbeben zum Tod des Buddha wird erst MPS 42c,19 beschrieben.

171 Vgl. Vorgang 17,4.

172 Vgl. Vorgang 17,6.

173 *Na* fehlt in einer Handschrift.

174 Götter der Unterwelt, deren Herrscher Yama ist.

175 Unter diesen Göttern befand sich der Bodhisattva vor seiner Geburt. Vgl. MAV 4a.1.

176 *Parinirmitavaśavartin* ist möglicherweise ein Druckfehler.

177 Im Pāli: *ātappa*, d.h. Eifer, Begeisterung.

178 Die Götter sind nach drei Bereichen, dem der Begierde, der (feinkörperlichen) Form und der Formlosigkeit, sowie nach den Stufen der Meditation unterteilt, s. dazu BHSD s.v. *deva*.

179 Vor dem Namen steht *ta*, das wohl wegen des Sandhi aus *te* entstanden ist. Dieses Wort kann ich im Zusammenhang des vorliegenden Satzes nicht verstehen.

180 Sammlung der Lehrtexte.
181 Sammlung der Mönchsregeln.
182 Im Sanskrit steht hier ein Plural.
183 Damit könnte eine Zusammenfassung von Sūtra und Vinaya gemeint sein. Es könnte sich aber auch um den Abhidharma, den dritten Teil des buddhistischen Kanons, handeln, der die Scholastik umfaßt.
184 S. Anm. 183 zu MPS 24.16.
185 Volksstamm am Fluß Hiraṇyavatī (heute: Gandak), nördlich der Mallas wohnend.
186 *Vinipāta.* Gemeint sind die drei schlechten Wiedergeburten *(durgati)*, nämlich Hölle, Reich der Gespenster, Tierreich.
187 Vgl. Anm. 4 zu MPS 1.2.
188 Münzart.
189 Mythischer Fluß, der den Berg Meru, den Mittelpunkt der Welt, herunterfließt.
190 Mythischer Berg in der Weltmitte. An dieser Stelle fällt die himmlische Gaṅgā auf die Erde und fließt durch Jambudvīpa, den Kontinent des Rosenapfelbaums, auf dem Indien liegt.
191 D. h. die volle Ausdehnung ihrer Tugenden zu begreifen. Hier wird die Übersetzung von Waldschmidt 1961, *Reliquien,* S. 385, wörtlich zitiert.
192 Pāpāgrāmaka oder Pāpā (Pāli: Pāvā, heute: Padaraona) war einer der beiden Hauptorte der Mallas (s. u. Anm. 193 zu MPS 26a,3) und liegt im heutigen Distrikt Gorakhpur (nördlich vom einstigen Kuśinagarī).
193 Republik am Fluß Gandak zwischen den einstigen Königreichen Kosala und Magadha, im heutigen Distrikt Gorakhpur gelegen. Zur Buddhazeit waren die beiden Hauptorte Pāpā und Kuśinagarī.
194 D. h. »der Sohn des (Grob)schmieds«.
195 Wörtl.: als Versammelter.
196 Der eingeklammerte Text ist in MPS 6.6 belegt. An dieser Stelle hier ist er nach Fragment SHT I, Nr. 587, V 5 zu streichen.
197 Ergänzungen nach Fragment SHT I, Nr. 587, V 5–R 1.
198 Nach Fragment SHT I, Nr. 587, R 2 ist hier *bhadanta* – »Herr« einzufügen statt *bho gautama* – »o Gautama«.
199 Ergänzung nach Fragment SHT I, Nr. 587, R 4.
200 Das im tibetischen Text erwähnte Kupfergefäß ist im oben angegebenen Fragment nicht belegt.
201 Ergänzung nach NFHSū S. 217, Frg. 2, Z. a1.
202 Es folgen mindestens acht Verse. Sie wurden 1993 von J.–U. Hartmann neu bearbeitet.

203 Die Ergänzung in runden Klammern hat Hartmann nach dem Tibetischen vorgenommen. So ähnlich übersetzt Waldschmidt aus dem chinesischen Vinaya. Nach der Pāli–Parallele (Sni 83) ist diese Zeile so zu übersetzen: »(Ich frage) den Buddha, den Herrn der Lehre, der den Durst überwunden hat«. Ansonsten ist nach Hartmann 1993, *Asketen,* S. 141 ergänzt.

204 Ergänzt nach Hartmann 1993, *Asketen,* S. 141 u. S. 147. Die in runden Klammern stehende Ergänzung nach dem Tibetischen hieße nach dem Pāli (Sni 84): »Ich, der ich als Zeuge gefragt wurde, erkläre diese:«

205 Das wäre im Sanskrit *mārga–jina*. Das tatsächlich bei Waldschmidt (1951, S. 258) stehende *mārga–jña* – »Kenner des Weges« läßt sich vom Sinn her auch rechtfertigen (Hartmann 1993, *Asketen, S. 135f).*

206 *Ergänzt nach Hartmann 1993, Asketen,* S. 142 u. S. 147 sowie nach der Pāli–Parallele in Sni 85.

207 *Viśalya.* PW s. v. *śalya*: u. a. »alles, was einen peinigt«.

208 Nach dem Pāli (Sni 86): der sich des Nirvāṇa erfreut und nicht gierig ist.

209 Ergänzt nach Hartmann 1993, *Asketen,* S. 142 u. S. 147.

210 Ergänzt nach Hartmann 1993, *Asketen,* S. 143 u. S. 147f. sowie der Pāli–Parallele in Sni 87.

211 Wortspiel: *pada* kann »Wort« oder »Pfad« bedeuten.

212 Auch hier steht *pada.*

213 Ergänzt nach Hartmann 1993, *Asketen,* S. 143 u. S. 148 sowie der Pāli–Parallele in Sni 88. Hartmann übersetzt: »Wer auf dem Weg lebt, auf dem wohlgezeigten Dharma–Pfad, gezügelt und achtsam, sich auf den untadeligen Pfaden übend, diesen dritten Mönch nennt man einen, der auf dem Weg lebt.«

214 So nach Sni 89. Hartmann übersetzt nach neuen Fragmenten und den tibetischen Übersetzungen: »(Wer sich mit den Zeichen) der Sanftmütigen (bedeckt), ...«

215 Ergänzt nach Hartmann 1993, *Asketen,* S. 144 u. S. 148 sowie der Pāli–Parallele Sni 89.

216 Vgl. Sni 90 und die tibetischen Übersetzungen.

217 Ergänzt nach Hartmann 1993, *Asketen,* S. 144 u. S. 148 sowie der Pāli–Parallele in Sni 90.

218 Ergänzt nach der Pāli–Parallele und dem Tibetischen.

219 Ergänzt nach Hartmann 1993, *Asketen,* S. 144 u. S. 148f. In runden Klammern die Ergänzungen nach den tibetischen Übersetzungen.

220 Vgl. das Tibetische im Kṣudrakavastu: *gser–gyis*. Im Sanskrit fehlt für diese Ergänzung der Platz.

221 Es handelt sich um eine »Halbbohne«, skt. *ardha-māṣa*.
222 Ergänzt nach Hartmann 1993, *Asketen,* S. 145 u. S. 149. In runden Klammern die Ergänzungen nach den tibetischen Übersetzungen. – In Uv 29.12 liegt eine Sanskrit-Parallele vor.
223 Oder: »Der Tugendhafte läßt den Bösen hinter sich«? – Ergänzt nach Hartmann 1993, *Asketen,* S. 146 u. S. 149 sowie der Pāli-Parallele.
224 Sonst im allgemeinen Kuśinagara, Pāli: Kusināra, heute: Kasia. Der Ort liegt östlich vom heutigen Gorakhpur zwischen den Flüssen Rāptī und Gandak. Zur Zeit des Buddha gehörte Kuśinagara zum Gebiet der Mallas (s. Anm. 193 zu MPS 26.3). Der ursprünglich wohl unbedeutende Ort wurde als Todesstätte des Buddha berühmt. Einige Fotos von den heutigen Anlagen dort s. Schumann 1992, *Spuren,* S. 153 ff.
225 Heute: Gandak, fließt von Nepal zum Ganges.
226 Berichtigung der Lesung durch NFHSū S. 217, Frg. 2, Z. b10.
227 Lesart der Edition nach CPS 22.3 geändert.
228 War vor der Erleuchtung des Gautama zeitweise dessen Lehrer.
229 Vielleicht ist dieser Absatz noch zum vorangehenden Vorgang zu rechnen. »Er« würde dann den Mann bezeichnen, mit dem der Buddha in Ādumā sprach.
230 Gemeint ist ein Stoffstück, das so groß ist, daß man zwei Gewänder daraus schneiden kann.
231 Wörtl.: uns.
232 Im Sanskrit steht hier Plural, s. Fragment SHT I, Nr. 618 b, V 1.
233 Zur Übersetzung vgl. Waldschmidt 1951, S. 280, Anm. 1.
234 Wörtl.: vernichtet.
235 Ergänzungen nach Fragment SHT I, Nr. 618 b, V 4.
236 Vgl. Anm. 154 zu MPS 16.11.
237 Nach SHT I, Nr. 618b, R 5 geänderte Lesart.
238 Das Prātimokṣa-Sūtra der Sarvâstivādin liest in Pāṭayantikadharma Nr. 83: *tasya te āyuṣmāṃ alābhaḥ na lābhad durlabdho na sulabdhaḥ* (von Simson 1986, S. 119 BF 1 recto Z. 2–3). Danach wurde hier übersetzt. Der von Waldschmidt nach dem Tibetischen (und dem Pāli) ergänzte Text lautet jedoch: *tasya te cunda na labdham alābhā/ tasya te durlabdhaṃ na sulabdham (...)/* Dies ließe sich vielleicht übersetzen: »Es ist nicht schlecht *(na ... alābhā,* vgl. PTSD s. v. *lābha,* Dat.) für dich, Cunda, was du erreicht hast *(labdham)*. Es ist von dir schwer erreicht *(durlabdham)*, nicht leicht erreicht *(na sulabdham)*.« So ähnlich scheint der chinesische Übersetzer den Text verstanden zu haben. Er beinhaltet nicht die Anklage an Cunda, sondern (zusammen mit dem folgenden) den Trost

dafür, daß der Buddha nach einem Essen bei dem Schmied starb.

239 Eigentlich ist dies die Anrede für einen Mönch.

240 Zu den Erwähnungen im Pāli-Kanon (Vin II S. 21 u. S. 88 ff u. S. 290 ff; Vin III S. 155 ff; Vin IV S. 47 ff) s. Allon 1987, S. 60, Anm. 67.

241 = Nichtbeachtung. S. Waldschmidt 1944, Überlieferung I, S. 166. Im Pāli-Kanon (Vin II S. 290, Cv 11,1,12 u. DN 16,6,4; II S. 154) wird das Ereignis ebenfalls geschildert. Dort heißt es, daß der Mönch Channa von den Mönchen weder angesprochen *(vattabba)* noch unterwiesen *(ovaditabba)* noch belehrt *(anuśāsitabba)* werden soll.

242 Vgl. hierzu Waldschmidt 1951, S. 284, Anm. 6: evtl. ist SN 12,15 = 2,1,2,5; II S. 17 gemeint. Nach dem SWTF (s. v. Kātyāyanāvavāda) ist dies jedoch wahrscheinlich ein Hinweis auf NidSa 19, vgl. NidSa S. 167, Anm. 6; S. 168, Anm. 6; S. 169, Anm. 8. In diesem Sūtra wird der Buddha gefragt, was rechte Ansicht sei. Er nennt zunächst falsche Ansichten wie »(Das ist) Mein«, »(Es gibt ein) Sein«, »(Es gibt ein) Nichtsein« und erklärt schließlich, daß die Entstehung der Dinge nach dem *pratītya-samutpāda* (»Entstehen in Abhängigkeit«, vgl. MAV 9b) zu erklären sei.

243 D. h.: nenne sie. – Zu dieser Ausdrucksweise vgl. MPS 11,13 f.

244 Die Bedeutung von Energie bzw. Willenskraft für das Überwinden von Krankheiten wird in MPS 14 a,5 f deutlich.

245 Ergänzung nach Waldschmidt 1955, *Bilinguen,* S. 6. Alsdorf 1955, S. 327 f schlägt eine andere Lesung des letzten Satzes vor. Danach müßte man übersetzen: »Wie viele Erleuchtungsglieder gibt es?«

246 Oder: Denn leuchtend sind diese Lehren in deiner, des Leidenschaftslosen, Verkündigung. – Ergänzung nach Waldschmidt 1955, *Bilinguen,* S. 7. Alsdorf 1955, S. 328 stört das zweimalige Auftauchen des Wortes *paṇḍita* (gelehrt). Er erwartet einen weiteren Begriff für »klug« oder »weise« (etwa *prajña*).

247 Ergänzung nach Waldschmidt 1955, *Bilinguen,* S. 7.

248 Dieses Wort ist nur im Tibetischen erhalten *(bcom-ldan). Es heißt wörtlich »der Siegreiche« und steht häufig für das Sanskritwort bhagavat* – »der Erhabene«.

249 Von Waldschmidt ergänzt im Anschluß an die tibetische und an die chinesischen Übersetzungen.

250 Ergänzungen nach Waldschmidt 1955, *Bilinguen,* S. 7.

251 Ergänzt nach Waldschmidt 1955, *Bilinguen,* S. 7.

252 *Daśabala.* Die zehn Kräfte des Buddha sind: die Kraft des Wis-

sens (1) um einen möglichen und einen unmöglichen Standpunkt, (2) um das Reifen der (den Wesen) eigenen Tatsubstanz, (3) um den verschiedenen Eifer (der Wesen), (4) um die verschiedenen Grundlagen (der Wesen), (5) um hohe und niedere Fähigkeiten (der Wesen), (6) überall einen günstigen Ausgang herbeizuführen, (7) um alle Versenkungen, Meditationsbereiche, Kontemplationen und Beschauungen sowie um ihre Störungen und deren Überwindung und um das Erwachen, (8) um seine früheren Geburten, (9) um das Hinscheiden und Wiedererstehen der Wesen, (10) um das Schwinden der Befleckungen. Zit. nach Schlingloff 1963, *Religion II,* S. 37f.

253 Ergänzt nach Waldschmidt 1955, *Bilinguen,* S. 7.

254 Nach Waldschmidt 1955, S. 8, Anm. 42 fehlt für den Text in runden Klammern der Platz. Möglicherweise liegt in diesem Vers ein Schreibfehler vor.

255 Das hier stehende Wort *mātṛkā* könnte auch die Zusammenfassung von Sūtra und Vinaya meinen.

256 Ergänzt nach Waldschmidt 1955, *Bilinguen,* S. 8.

257 Vgl. Waldschmidt 1955, *Bilinguen,* S. 8.

258 Wörtl.: berührt.

259 Ergänzt nach Waldschmidt 1955, *Bilinguen,* S. 8f.

260 Lesung nach Waldschmidt 1955, *Bilinguen,* S. 9.

261 Ergänzt nach Waldschmidt 1955, *Bilinguen,* S. 9.

262 Ergänzt nach Waldschmidt 1955, *Bilinguen,* S. 9.

263 Zu der Ergänzung siehe MPS 37.7.

264 So Waldschmidt 1948b, *Wunderkräfte,* S. 67.

265 In einem Fragment (SHT VII, S. 62, Nr. 1650) werden folgende Angaben gemacht: »er wirft hoch« (Rb); es ist etwas »auf der Handfläche« (Rc); die Mallas werden erwähnt (Rd); es ist die Rede von »Kummer« *(daurmana[sya])* (Re).

266 Zu den Lotosarten siehe Anm. 96 zu MAV 5g.1 und MPS 34.12.

267 Diese Bemerkung widerspricht MAV 2 und 3. In MAV 2b wird für die sieben Buddhas eine jeweils unterschiedliche Lebensdauer angegeben.

268 Zu den folgenden Götterklassen vgl. auch MPS 23.6.

269 Eine Koṭi entspricht zehn Millionen.

270 Trat mit seinem Freund Maudgalyāyana in den buddhistischen Orden ein und bildete mit ihm ein führendes Mönchspaar (s. MAV 3c.7). Er war berühmt für seine Weisheit.

271 Siehe Anm. zu Meru bei MPS 25.18.

272 Zu den Götterklassen siehe MPS 23.6.

273 Der Satz ist grammatisch nicht in Ordnung.

274 Zum folgenden vgl. Vin III, S. 1.6–7.

275 Trat mit seinem Freund Śāriputra in den buddhistischen Orden ein und bildete mit ihm zusammen ein führendes Mönchspaar (s. MAV 3c.7). Er war berühmt für seine übernatürlichen Kräfte.
276 Die Übersetzung »Rahm« für *rasa-dhātu* schlägt Waldschmidt vor.
277 Dies sind Bezeichnungen für Ringgebirge, welche das aus Ober-, Unter- und Mittelwelt bestehende All umgeben.
278 Heilige *(arhat)* des Hīnayāna-Buddhismus.
279 Ein Pratyekabuddha verwirklicht die Erleuchtung, ohne die Lehre jemals von einem anderen gehört zu haben. Im Gegensatz zu einem Buddha hat er jedoch nicht die Fähigkeit, anderen Menschen die Lehre darzulegen.
280 Dieses Erdbeben gehört nicht zu den in MPS 17 und MPS 22 erwähnten. Vorgang 31,75 stammt aus einer jüngeren Textschicht.
281 Es folgt eine Aufzählung der vier *nirvedhabhāgīya kuśala-mūla*, der Wurzeln des Guten, die dem Durchdringen (der vier edlen Wahrheiten) dienen. Bei diesen Wurzeln handelt es sich um Geisteszustände. Mit ihnen beginnt die Laufbahn zum Arhat, das bedeutet, daß derjenige, der diese Wurzeln des Guten ausbildet, nicht mehr ein Weltling *(pṛthag-jana)* ist, aber auch noch kein In-den-Strom-Getretener. Das erste dieser vier *kuśala-mūla* ist das »heiße« *(uṣma-gata)*, als nächstes werden die »Gipfel« *(murdhan)* erreicht, es folgt die »Bereitschaft« *(kṣānti)* und schließlich die »weltlichen Spitzeneigenschaften« *(laukika agra-dharma)*. In MPS 31.81 wird diese Reihenfolge nicht eingehalten. Sie geht aber aus Abhidh-k (VP) 6.17–20 (IV S. 163–169) hervor. Zu diesem Abschnitt vgl. auch Schmithausen 1982, Rez. SWTF1, S. 408.
282 Zu dieser Zuordnung von *satyānulomika* siehe Schmithausen 1982, Rez. SWTF1, S. 408. Vielleicht bezieht sich das Wort auf alle vier Elemente, da sie alle dem Durchdringen der vier edlen Wahrheiten gelten.
283 Siehe MPS 9.16.
284 Siehe MPS 9.15.
285 Siehe MPS 9.12.
286 Gemeint sind Mönche, insbesondere Heilige *(arhat)*.
287 »Mit Achtsamkeit« ist eine Konjektur.
288 D.h. im Wald der Śāla-Zwillingsbäume.
289 Vgl. MPS 14.20.
290 Die Edition hat hier versehentlich Futur. Dies ist erst im folgenden Absatz berechtigt.

291 S. MAV 3d.
292 Vgl. MPS 14.20.
293 S. o. Vorgang 14,20–21.
294 Siehe Anm. 2 zu MAV 1a.2.
295 Heute: Ayodhyā, am Fluß Ghāghra gelegen. Zur Buddhazeit Stadt im Königreich Kosala.
296 Heute: Bhagalpur, am Ganges im damaligen Aṅga (heute: Bengalen) gelegener Ort. Aṅga befand sich östlich von Magadha.
297 Oder: Vārāṇasī (Benares), am Ganges im Königreich Kosala gelegene Pilgerstadt. In Sārnāth (in der Nähe von Benares) hielt der Buddha seine erste Predigt.
298 Siehe Anm. 86 zu MPS 10.1.
299 Siehe Anm. 1 zu MPS 1.2.
300 Ein Yojana ist ein Längenmaß, das verschieden angegeben wird. Nach den Angaben in MW ergeben sich – umgerechnet – Längen zwischen vier und 14,5 Kilometern. S. auch Anm. zu MAV 6a.10.
301 Waldschmidt 1951, S. 306f übersetzt Beryll. Vgl. Anm. zu MAV 4d,2.
302 Lies: *iṣikā* statt *istikā*.
303 Vgl. Allon 1987, S. 69, Anm. 83; PTSD s. v. *turiya*; DNA II S. 617 sowie MNA II S. 300: (1) *ātata* (Trommeln mit Leder an einer Seite, z. B. die *bherī*), (2) *vitata* (Trommeln mit Leder an beiden Seiten), (3) *ātata-vitata* (z. B. *paṇava*), (4) *ghana* (Instrumente, die geschlagen werden, z. B. Zimbeln), (5) *susira* (hohle oder gelöcherte Instrumente, z. B. die Bambusflöte). – Im Gegensatz zu dieser Liste ist *vitata* nach MW ein Saiteninstrument.
304 Zu Utpala, Padma, Kumuda und Puṇḍarīka s. Anm. 96 zu MAV 5g.1.
305 Weiße oder blaue Seerose von angenehmem Geruch.
306 Wörtl.: honigsüß duftend. Nach Waldschmidt (1951, S. 310, Anm. 2) könnte Mṛdugandhika gemeint sein. Es handelt sich um eine weitere Seerosenart.
307 Baumart: Dalbergia Oujeinensis oder Gaertnera Racemosa.
308 Baumart mit duftenden gelben Blüten: Michelia Campaka.
309 Wörtl.: rosa. Baum mit Trompetenblüten: Bignonia Suaveolens.
310 Jasminart.
311 Verschiedene Pflanzenarten, u. a. Jasmin.
312 Jasminum Sambac.
313 Verschiedene Pflanzenarten, u. a. Jasmin.

314 Verschiedene Pflanzenarten, u. a. Jasminum Auriculatum.
315 Eine blühende Baumart.
316 Damit wurden im Kampf Signale gegeben.
317 Diese Ergänzung Waldschmidts ist falsch, da nach einem neuen Fragment Musikinstrumente als elftes Geräusch genannt werden. Vielleicht wurden an neunter Stelle die Bambusflöten erwähnt.
318 Nach einem Fragment (SHT VII, S. 251f, Nr. 399, Bl. 214 V1) ist statt *vaṃśa* – »Bambusflöte« das Wort *vāditra* – »Musikinstrument« zu lesen.
319 Vgl. MAV 6a,2.
320 D. h.: Er entsagte dem Weltleben.
321 Gemeint sind Unterkönige. In Absatz 43 redet der König sie als Dorfschulzen an.
322 Die chinesische Übersetzung erwähnt Silber, die tibetische dagegen nicht.
323 Wörtl.: in dem religiösen Palast.
324 Das Sanskrit liest *prācīnāni* – »hedge« (MW). In der tib. Übersetzung steht *rmaṅ* – »Fundament«. Im Pāli-Text findet sich *vatthu* – »Fundament«.
325 Zur Übersetzung von *āsana* vgl. Waldschmidt 1951, S. 324, Anm. 1.
326 Zu den einzelnen Bestandteilen der Säule vgl. Waldschmidt 1951, S. 324, Anm. 2.
327 Land an der Ostküste Indiens zwischen Kattak in Orissa und dem Fluß Godāvarī.
328 Siehe Anm. 303 zu MPS 34.8.
329 Siehe Anm. 96 zu MAV 5g.1.
330 Zu diesen Seerosen s.o. Vorgang 34 a,12.
331 Zu diesen Bäumen s.o. Vorgang 34 a,13.
332 S. o. Anm. 303 zu MPS 34.8.
333 Gemeint ist ein Stoffstück, das so groß ist, daß man zwei Gewänder daraus schneiden kann.
334 Gemeint sind die fünf Eigenschaften der Dinge, auf welche sich die Begierde richtet (und die mit den fünf Sinnesorganen verbunden sind) (SWTF s. v. *kāma-guṇa*): also das Sichtbare, Hörbare, Riechbare usw.
335 Nach Waldschmidt 1951, S. 336, Anm. 2 ist der volle Wortlaut: (Er trat ein) in die von (sinnlichen) Wünschen freie, die von sündigen, unheilsamen Gegebenheiten freie, die mit dem Fassen von Gedanken (und) mit dem Erwägen von Gedanken verbundene, die in Abgeschiedenheit entstandene, von Freude (und) Glücksgefühl erfüllte erste (Stufe der) Meditation.

336 D. h. zur Hauptgemahlin.
337 Wahrscheinlich sollen die folgenden Gegenstände gelb sein, weil diese Farbe dem Glanz des Goldes am meisten ähnelt.
338 Wörtl.: die Sinne.
339 Siehe SWTF s. v. *an–arthika* (N). Dort wird eine Lesung nach einem Faksimile der Sanskrit-Handschriften aus den Berliner Turfan–Funden versucht.
340 Ergänzung nach SHT I, Nr. 588, V 1 und den folgenden Absätzen.
341 Zur Übersetzung von *utstīrya* vgl. Waldschmidt 1948b, *Wunderkräfte*, S. 85, Anm. 3.
342 Lesung nach SHT I, Nr. 592, V 1.
343 Nach Edition, S. 346, Anm. ist der Sinn wohl: es gibt nicht einen Augenblick, in dem man sich von diesem Körper mit seinen Gelüsten gänzlich frei machen könnte.
344 Ergänzt nach SHT I, Nr. 592, V 2.
345 Lesung nach SHT I, Nr. 592, V 5.
346 S. o. Anm. 342 zu MPS 34.141.
347 S. o. Anm. 344 zu MPS 34.142 und SHT I, Nr. 592, V 6–R 1.
348 Wörtl.: Weilen (in der Welt) des Brahman. Gemeint sind die vier zuvor beschriebenen Meditationen über Güte, Mitleid, Freude und Gleichmut.
349 Hier steht *svabhāvatā*. Nach Waldschmidt 1951, S. 352, Anm. 4 ist *sabhāgatā* – »Gemeinschaft« zu lesen.
350 D. h.: Er wandelte in der Meditation in der Welt der Brahma–Gottheiten. Dazu gehören die vier Götterklassen des Brahman (Brahmakāyika, Brahmapāriṣadya, Brahmapurohita, Mahābrahman) und die übrigen Götterklassen des feinstofflichen Bereichs *(rūpa–dhātu)*. Über diesen Göttern steht dann die vierfache unkörperliche Brahmawelt *(caturārūpya brahmaloka)*. Der über die vier Brahmavihāras Meditierende gelangt also in eine feinstoffliche oder unkörperliche Sphäre, in der der Bereich der Begierden *(kāma–dhātu)* überwunden ist.
351 Diese Worte sind nicht sicher. Wenn sie hier standen, bildeten sie den Anfang eines Verses.
352 Vorgang 35b ist ein hier nicht berücksichtigter tibetisch–chinesischer Sondertext.
353 Es ist unsicher, ob im Text wirklich von Fächeln die Rede war, vgl. Waldschmidt 1951, S. 356, Anm. 1.
354 Weltzeitalter, für das verschiedene Längen angegeben werde.
355 Ficus Glomerata (MW, PTSD) = Doldenfeige. Nach Das 1988, S. 86, Anm. 2: Wilder Feigenbaum (Ficus racemosa Wall.), aber auch andere Feigenarten werden *udumbara* genannt. Nach

Waldschmidt, CPS–Edition, S. 112, Anm. 1 handelt es sich um einen Baum, der Frucht trägt ohne erkennbare Blüte.

356 *Pūjâdhikārikā.* Der Wortteil *adhikārikā* ist unklar. Bedeutet er »betreffend, bezüglich« (SWTF, BHSD)?

357 Gemeint ist wohl ein Stoff von doppelter Länge, vgl. BHSD s. v. *duṣya–yuga.* Siehe auch MPS 28c.41.

358 Waldschmidt 1948a, *Überlieferung II,* S. 216f.

359 Vgl. MPS 40e,62. C. W.

360 Siehe MAV 4f.1.

361 Dieser Satz gehört vielleicht noch zur wörtlichen Rede.

362 Wörtl.: der (in die Hauslosigkeit) Hinausgezogene.

363 Ergänzung nach SHT I, Nr. 184, R 4. Vgl. auch die Edition, S. 370, Anm. 5.

364 Ergänzung nach SHT I, Nr. 184, R 9.

365 Eine der vier Arten, einen Vollmönch in den Orden aufzunehmen. Diese Art der Ordination nahm nur der Buddha selbst vor, wobei er den künftigen Mönch mit den Worten: »Komm, Mönch! Geh den heiligen Wandel!« ansprach.

366 Wörtl.: er.

367 *Pṛthag-loka.* Ist die Welt außerhalb des buddhistischen Ordens gemeint? Vgl. den Begriff *pṛthag-jana* für einen gewöhnlichen Mann, der noch nicht den buddhistischen Heilsweg betreten hat.

368 Die Lehre der hier genannten Häretiker wird z.B. SBV II, S. 220–227 und DN 2,16–33, I S. 52–59 dargelegt. Vgl. K. Meisig, *Das Śrāmaṇyaphala-Sūtra,* Wiesbaden 1987.

369 Begründer des Jinismus.

370 Wörtl.: Einspitzigkeit.

371 D.h.: außerhalb der Lehre des Buddha.

372 Mit erstem, zweitem, drittem und viertem Asketen sind *srota-āpanna* – der »In-den-Strom-Getretene«, *sakṛd-āgāmin* – der »Einmalwiederkehrer«, *an-āgāmin* – der »Nichtwiederkehrer« und *arhat* – der »Heilige« gemeint. Vgl. auch MPS 9.14ff u. 26.18ff und die Einleitung (S.31 – Die Stufen des Heilswegs).

373 Man soll einen Beruf ausüben, in dem man anderen Wesen keinen Schaden zufügt.

374 D.h.: in dieser Lehre.

375 Dies bedeutet hier »heilige Männer«.

376 Oder: leidenschaftslose.

377 Gemeint ist die Arhatschaft.

378 Ergänzung nach NFHSū S. 237, Frg. 4, Z. a3.

379 Andere Lesart in NFHSū S. 237, Frg. 4, Z. a5: *(pa)rivrājakā* –

»Wanderasketen«. In MPS 40.54 steht beides nebeneinander: »Wanderasketen anderer Schulen«.

380 Hier paßt *enān* – »diese« (Akk.) nicht zu *parivāsayitavyam* – »es soll zur Probe gelebt werden«. Zu erwarten wäre ein Instrumental: »durch diese soll zur Probe gelebt werden«.

381 *Ārādhita-citta* – »die, deren Herzen zufriedengestellt sind«. Müßte sich eigentlich auf die Probanden beziehen. Dem Sinn nach sind jedoch die Mönche gemeint. Vgl. die Erörterung in SWTF s. v.

382 Es handelt sich um die *pravacanas*, die im Pāli neun Glieder umfassen, s. PTSD s. v. *navaṅga*. Die Mahāvyutpatti (Nr. 1266–1278) hingegen hat ebenfalls zwölf Glieder. Der Dharmsaṅgraha (LXII) hat wiederum neun Glieder.

383 Gemeint ist nicht das tatsächliche Lebensalter, sondern die Dauer der Ordenszugehörigkeit.

384 Im Text ist die Reihenfolge umgekehrt: Der jüngere Mönch soll versorgt werden und liebevoll behandelt werden.

385 Blatt 211.5 fährt fort: Dies sprach der Erhabene. Befriedigten Sinnes freuten sich die Mönche über das Gesagte.

386 *Parivarta.* Siehe Anm. zu MPS 17.17.

387 *Ākāra.* Siehe Anm. zu MPS 17.17.

388 Oder: Es werden nach meinem Dahinscheiden Mönche kommen.

389 Die Anhänger des Buddha haben z. T. zu Lebzeiten das Nirvāṇa erreicht. Diese sterben, ohne irgendwo wiedergeboren zu werden. Die übrigen Buddhagläubigen haben bei ihrem Tod noch »Daseinssubstrat«, das sich neu verkörpern möchte. Nur solche können in einem Himmel wiedergeboren werden.

390 Diese Stelle macht Schwierigkeiten.

391 Gemeint: das Stellen der Frage nach Zweifeln.

392 Zu *paścimā janatā* vgl. Waldschmidt 1948a, *Überlieferung II*, S. 246f, Anm. 57.

393 Dies ist die erste der vier »formlos« *(ārūpya)* genannten Meditationsstufen. Die drei übrigen Stufen folgen. Diesen vier Meditationsstufen entsprechen vier Daseinsformen, d. h., es gibt Wesen aus dem Bereich der Raumunendlichkeit usw. – Die neunte hier genannte Stufe, das Auslöschen von Wahrnehmung (und) Empfindung ist eine Besonderheit des MPS.

394 Neue Lesung nach Fragment SHT I, Nr. 694, R 3.

395 Neue Lesung nach Fragment SHT I, Nr. 694, R 4.

396 Gott des Weltsystems, in dem wir leben, des *sahā loka–dhātu*.

397 Gewöhnlich spricht man von zehn Kräften eines Vollendeten. Siehe Anm. zu MPS 30.24.

398 *Sarvâkāra-balôpeta.* Zu den zehn Kräften eines Buddha siehe Anm. zu MPS 30.24. – Ist vielleicht *sarvâkāra-varôpeta* zu lesen? Letzteres bedeutet nach BHSD »endowed with all excellent forms«. Das Pāli liest *sabbâkāra-varûpeta*, das Tib. hat *rnam-pa thams-cad mchog ldan-pa. Mchog* würde auf *vara* deuten.

399 *Bahūn pragṛhya.* Oder: »ergriffen (einander) an den Armen«?

400 S. o. Anm. 139 zu MPS 14b,20.

401 S. o. Anm. 354 zu MPS 35.5.

402 *Pūjâdhikārikā.* S. o. Anm. 356 zu MPS 35.7.

403 *Caila-vitāna.* Vgl. PTSD s. v. *cela-vitāna* – »awning«. Waldschmidt 1948, *Überlieferung II,* S. 275: »Baldachin aus Kleiderstoff«.

404 Zu den einzelnen Namen s. Anm. 96 zu MAV 5g.1.

405 Siehe Anm. 97 zu MAV 5g.1.

406 Die Ājīvikas waren eine nichtbuddhistische Asketenschule, die von Maskarin Gośālīputra gegründet worden war. Vgl. Anm. 368 zu MPS 40.27. Ausführlich beschäftigte sich A.L. Basham 1950 in seinem Buch *History and Doctrines of the Ājīvikas* mit ihnen.

407 Bedeutender Mönch brahmanischer Herkunft aus dem Ort Mahātittha (Pāli) in Magadha. Die Geschichte seiner Bekehrung berichtet der Pāli-Kanon (SN 16,11,16–23; II S. 218ff). Mahākaśyapa berief das erste Konzil nach dem Tod des Buddha ein und leitete es vermutlich.

408 *Avigopita.* SWTF: nicht entblößt. Waldschmidt 1948, *Überlieferung II,* S. 287: unversehrt.

409 *Anukrameṇa.* Allon 1987, S. 107, Anm. 114 erwägt, ob es nicht *anupūrveṇa* heißen sollte. Vgl. MPS 8.4 und 26.3f. Im Tibetischen gibt es gar kein Äquivalent für dieses Wort (s. SWTF s. v.).

410 Hier stellt sich die Frage, ob die Übersetzung »unversehrt« für *avigopita* nicht doch besser ist (s.o. Anm. zu MPS 48.3); denn hier ist der Leichnam doch offensichtlich entblößt.

411 *Mahā-sthavira.* Nach dem Sprachgebrauch im Pāli ist ein Mönch zehn Jahre nach seiner Ordination ein Ordensälterer *(thera)*, zwanzig Jahre nach der Ordination ein großer Ordensälterer *(mahā-thera)*.

412 Dieser Mönch war einer der fünf ersten Schüler des Buddha. Er verstand als erster die Lehre und wurde damit zum ersten Arhat (CPS 13.7).

413 S. o. Anm. 350 zu MPS 34.164. Es ist erstaunlich, daß hier ein Ort angegeben wird, an dem sich der Verstorbene befindet;

denn eigentlich läßt sich von einem völlig Verloschenen nicht sagen, er befinde sich an einem bestimmten Ort.

414 Wörtl.: Gold. Name verschiedener Baumarten.

415 Wörtl.: auf dem die Affen leben. Holzapfelbaum (SWTF). Feronia Elephantum (MW, PTSD, SWTF).

416 Wörtl.: unter dem die Pferde stehen. Ficus religiosa, sonst auch Bodhi-Baum genannt. S. Anm. 152 zu MPS 16.5.

417 Ficus Glomerata. Siehe Anm. 355 zu MPS 35.6.

418 Größere Provinz. Siehe MW s.v. *maṇḍala* und *mahā-maṇḍalêśvara*.

419 Verschiedene Volksstämme des Gangesbeckens. Vgl. Waldschmidt 1948, *Überlieferung II*, S. 314. Hervorzuheben sind die Śākyas aus Kapilavastu, der Vaterstadt des Buddha an der indisch-nepalischen Grenze (Schumann 1992, *Spuren*, S. 41ff und S. 165ff). Außerdem läßt sich das Gebiet der Krauḍyas mit der Hauptstadt Rāmagrāma(ka) ungefähr angeben. Es lag südöstlich vom Land der Śākyas und nördlich von dem der Mallas. Zu Vaiśālī vgl. Anm. 86 zu MPS 10.1.

420 Oder: herabgefallen.

421 Wörtl.: als Versammelter.

422 Wörtl.: sie werden ein gegenseitiges Niedermetzeln begehen.

423 Oder: an einer Fahne.

424 Vgl. Anm. 168 zu MPS 21.6. Ort im Gebiet der Vṛjis?

425 Bezeichnung für einen Jüngling, vor allem einen jungen Brahmanen.

426 Wörtl.: als Versammelter.

427 Pāli: Pipphalivana. Hauptort der Mauryas nordöstlich der Krauḍyas und östlich der Śākyas.

428 Mythischer Kontinent, auf dem Indien liegt. Siehe Anm. 292 zu MAV 11.14.

429 *Droṇa.* Bedeutet nicht nur »Gefäß«, sondern ist auch eine Maßeinheit.

430 Schlangen. Vgl. auch Anm. 23 zu MAV 3b.9.

431 Gerundet für dreiunddreißig.

432 Ebene an der indisch-pakistanischen Grenze, heutiger Distrikt von Peshāwār und Rawalpiṇḍi, wichtigster Ort: Takṣaśilā. Berühmt durch die dort geschaffene gräko-buddhistische Kunst.

433 Vgl. Anm. 327 zu MPS 34.68.

Abkürzungen

Abhidh-k (VP) Vasubandhus Abhidharmakośa in der Ausgabe von La Vallée Poussin
AN Aṅguttaranikāya des Pāli-Kanon
BHSD *Buddhist Hybrid Sanskrit Dictionary* von F. Edgerton
BHSG *Buddhist Hybrid Sanskrit Grammar* von F. Edgerton
CPS Catuṣpariṣat-Sūtra
Cv Cullavagga aus dem Vinaya des Pāli-Kanon (= Vin II)
C.W. Claudia Weber
DN Dīghanikāya des Pāli-Kanon
DNA Buddhaghosas Kommentar *Sumaṅgala-Vilāsinī* zum Dīghanikāya
DPPN *Dictionary of Pāli Proper Names* von G. P. Malalasekera
LV Lalitavistara
MAP Mahāpadāna-Suttanta des Pāli-Kanon (= DN 14)
MAV Mahāvadāna-Sūtra
MAV(F) T. Fukita, *The Mahāvadānasūtra. A Reconstruction of Chapter IV & V* (siehe Literaturverzeichnis)
MNA Buddhaghosas Kommentar *Papañcasūdanī* zum Majjhimanikāya des Pāli-Kanon
MPP Mahāparinibbāna-Suttanta des Pāli-Kanon (= DN 16)
MPS Mahāparinirvāṇa-Sūtra
Mvy Mahāvyutpatti
MW *A Sanskrit-English Dictionary* von M. Monier-Williams
NFHSū Neue Fragmente chinesischer Sūtren von Bongard-Levin und Vorob'eva-Desjatovskaja
NidSa Nidāna-Saṃyukta
n.N. nach dem Nirvāṇa (= Todesjahr des Buddha)
PTS Pali Text Society, London
PTSD Pali Text Society Dictionary (eigentlich: *Pali-English Dictionary* von Rhys Davids und Stede)
PW (Großes) Petersburger Wörterbuch (eigentlich: *Sanskrit-Wörterbuch* von Böhtlingk und Roth)
SBV Saṅghabhedavastu
SHT *Sanskrithandschriften aus den Turfanfunden*, begründet von E. Waldschmidt
SN Saṃyuttanikāya des Pāli-Kanon

Sni Suttanipāta des Pāli-Kanon
s. v. sub verbo, sub voce, unter dem Stichwort
SWTF *Sanskrit-Wörterbuch der buddhistischen Texte aus den Turfan-Funden,* begonnen von E. Waldschmidt, ed. von H. Bechert
T Taisho (chinesischer Kanon)
Uv Udānavarga
Vin Vinaya des Pāli-Kanon
v. N. vor dem Nirvāṇa (= Todesjahr des Buddha)
wörtl. wörtlich

Literatur

[Abhidh-k(VP)] Louis de La Vallée Poussin: *L'Abhidharmakośa de Vasubandhu. Traduction et annotations. Nouvelle édition anastatique presentée par Étienne Lamotte. 6 Bde.* Institut Belge des Hautes Études Chinoises, Brüssel 1971. Mélanges Chinois et Bouddhiques XVI.

[Allon 1987] Mark Allon: The Mahāparinirvāṇa-Sūtra (incorporating the Mahāsudarśana-Sūtra) – a translation with explanatory footnotes edited in comparison with the corresponding Pali with an introductory essay and a supplementary word index. Submitted as an Honours sub-thesis. South and West Asia Centre, Faculty of Asian Studies, Australian National University Canberra 1987.

[Alsdorf 1955] Ludwig Alsdorf: Bemerkungen zu einem metrischen Fragment des Mahāparinirvāṇasūtra. In: Albrecht Wezler, Hrsg., *Kleine Schriften,* S. 266–269. Franz Steiner Verlag GmbH, Wiesbaden 1974. Glasenapp-Stiftung Bd. 10. Erstveröffentlichung: ZDMG 105, 1955, S. 327–330.

[Bareau 1963–1971] André Bareau: *Recherches sur la biographie du Bouddha dans les Sūtrapiṭaka et les Vinayapiṭaka anciens. 3 Vol.* École Française d'Extrême-Orient, Paris 1963, 1970, 1971. Publications de l'École Française d'Extrême-Orient, Bd. 53; 77,1–2.

[Bechert 1985] Heinz Bechert, Hrsg.: *Zur Schulzugehörigkeit von Werken der Hīnayāna-Literatur. Erster Teil.* Vandenhoeck & Ruprecht, Göttingen 1985. Symposien zur Buddhismusforschung III,1. Abhandl. d. Akad. d. Wiss. in Göttingen, Phil.-Hist. Kl. Dritte Folge Nr. 149.

[BHSD] Franklin Edgerton: *Buddhist Hybrid Sanskrit Grammar and Dictionary,* Bd. II: Dictionary. Yale University Press, New Haven 1953. William Dwight Whitney Linguistic Series. Reprint von Motilal Banarsidass, Delhi u. a. 1985.

[BHSG] Franklin Edgerton: *Buddhist Hybrid Sanskrit Grammar ans Dictionary,* Bd. I: Grammar. Yale University Press, New Haven 1953. William Dwight Whitney Linguistic Series. Reprint von Motilal Banarsidass, Delhi u. a. 1985.

[Das 1988] Rahul Peter Das, Hrsg.: *Das Wissen von der Lebensspanne der Bäume. Surapālas Vṛkṣāyurveda. Kritisch ediert, übersetzt und kommentiert. Mit einem Nachtrag von G. Jan Meulen-*

beld. Franz Steiner Verlag Wiesbaden GmbH, Stuttgart 1988. Alt- und Neu-Indische Studien 34.

[Franke 1913] Rudolf Otto Franke: *Dīghanikāya. Das Buch der langen Texte des buddhistischen Kanons. In Auswahl übersetzt.* Vandenhoeck & Ruprecht, Göttingen 1913. Ebenfalls erschienen: J. C. Hinrichs'sche Buchhandlung, Leipzig.

[Frauwallner 1956] Erich Frauwallner: *Die Philosophie des Buddhismus.* Akademie Verlag, Berlin 1994. 4., gegenüber der 3. durchges. unveränd. Aufl. Erstausgabe: Berlin 1956.

[Garbe 1882] Richard Garbe: *Die indischen Mineralien, ihre Namen und die ihnen zugeschriebenen Kräfte. Narahari's Rāǵanighaṇṭu Varga XIII. Sanskrit und Deutsch.* Verlag von S. Hirzel, Leipzig 1882.

[Geiger 1918] Wilhelm und Magdalene Geiger: *Pāli-Dhamma, vornehmlich in der kanonischen Literatur.* Verlag der Bayerischen Akademie der Wissenschaften in Kommission des G. Franz'schen Verlag (J. Roth), München 1918. Abhandlungen der Bayerischen Akademie der Wissenschaften, philos., philol. und hist. Kl. 31. Reprint in: Kleine Schriften zur Indologie und Buddhismuskunde, hg. v. Heinz Bechert, Franz Steiner Verlag GmbH, Wiesbaden 1973, S. 101–228. Glasenapp-Stiftung Bd. 6.

[Hartmann 1993] Jens-Uwe Hartmann. Der Buddha über die vier Arten von Asketen: ein Beitrag zum Text des Mahāparinirvāṇasūtra. In: Reinhold~Grünendahl u. a., Hrsg., *Studien zur Indologie und Buddhismuskunde. Festgabe des Seminars für Indologie und Buddhismuskunde für Professor Dr. Heinz Bechert zum 60. Geburtstag am 26. Juni 1992.* Indica et Tibetica Verlag, Bonn 1993. Indica et Tibetica Bd. 22.

[Hauer 1958] J[akob] W[ilhelm] Hauer: *Der Yoga. Ein indischer Weg zum Selbst. Kritisch-positive Darstellung nach den indischen Quellen mit einer Übersetzung der maßgeblichen Texte.* Kohlhammer-Verlag, Stuttgart 1958. 3. Aufl. 1983, Südergellersen, Verlag Bruno Martin.

[Hinüber 1985] Oskar von Hinüber. Die Bestimmung der Schulzugehörigkeit buddhistischer Texte nach sprachlichen Kriterien. In: Heinz Bechert, Hrsg., *Zur Schulzugehörigkeit von Werken der Hīnayāna-Literatur, S. 57–75.* Vandenhoeck & Ruprecht, Göttingen 1985.

[Kloppenborg 1973] Ria Kloppenborg: *The Sūtra on the Foundation of the Buddhist Order (Catuṣpariṣatsūtra). Translated by.* E. J. Brill, Leiden 1973. Religious Texts Translation Series, Nisaba, Vol. 1.

[LV] S[alomon] Lefmann, Hrsg.: *Lalitavistara. Leben und Lehre des*

Çâkya-Buddha. 2 Teile. Verlag der Buchhandlung des Waisenhauses, Halle 1902, 1908. In der neuen LV-Edition von P.L. Vaidya 1958 wird die Seitenzählung der Lefmann-Ausgabe mit angegeben.

[LCh] Lokesh Chandra: *Tibetan-Sanskrit Dictionary. Based on a Close Comparative Study of Sanskrit Originals and Tibetan Translations of Several Texts.* International Academy of Indian Culture, New Delhi 1959–1961. Reprint in 2 Bänden von der Rinsen Book Company, Kyoto 1976.

[Malalasekera 1937–1938] G[unapala] P[iyasena] Malalasekera: *Dictionary of Pāli Proper Names. 2 Vol.s.* John Murray, London 1937, 1938. Indian Texts Series.

[MAV(F)] Takamichi Fukita: The Mahāvadānasūtra. A Reconstruction of Chapter IV & V. *Memoirs of the Postgraduate Institute, Bukkyo University,* 13:17–52, March 1985.

[Meisig 1987] Konrad Meisig, Hrsg.: *Das Śrāmaṇyaphala-Sūtra. Synoptische Übersetzung und Glossar der chinesischen Fassungen verglichen mit dem Sanskrit und Pāli.* Otto Harrassowitz, Wiesbaden 1987. Freiburger Beiträge zur Indologie Bd. 19.

[Mvu I] É. Senart, Hrsg.: *Le Mahâvastu. Texte Sanscrit publié pour la première fois et accompagné d'introductions et d'un commentaire,* Bd. I. L'Imprimerie Nationale, Paris 1882. Collection d'Ouvrages Orientaux, Seconde Série.

[Mvy 1926] R. Sakaki, Hrsg.: *Mahāvyutpatti. 2 Vols.* Kyōto 1926.

[MW] Monier Monier-Williams: *A Sanskṛit-English Dictionary. New Edition of E. Leumann, C. Cappeller and other scholars.* At the Clarendon Press, Oxford 1899. Reprint von 1979.

[NFHSu] G.M. Bongard-Levin und M.I. Vorob'eva-Desjatovskaja: Novye fragmenty chinajanskich sutr. In: *Pamjatniki indijskoj pis'mennosti iz central'noj azii. Vypusk 2. Izdanie tekstov, issledovanie, perevod i kommentarij,* chapter 4, S. 207–254. Nauka, Moskau 1990. = Bibliotheca Buddhica XXXIV.

[NidSa] Chandrabhāl Tripāṭhī, Hrsg.: *Fünfundzwanzig Sūtras des Nidānasaṃyukta.* Akademie-Verlag, Berlin 1962. Sanskrittexte aus den Turfanfunden VIII. Deutsche Akademie der Wissenschaften zu Berlin, Institut für Orientforschung, Veröffentlichung Nr. 56.

[Nyanatiloka [2]1922] Nyanatiloka und Nyanaponika: *Die Lehrreden des Buddha aus der Angereihten Sammlung (Aṅguttara-Nikāya). Aus dem Pāli übersetzt von Nyanatiloka. Überarbeitet und herausgegeben von Nyanaponika. 5 Bde.* Aurum-Verlag, Braunschweig, 5. Aufl. 1993. Übersetzung von Nyanatiloka: 2. Aufl. 1922, München-Neubiberg, Verlag Oskar Schloß. Überarbeitungen von Nyanaponika: 3. rev. Aufl. 1969, Köln, Verlag M. DuMont Schauberg. 4. überarb. Aufl. 1984, Freiburg i. Br., Aurum-Verlag.

[Nyanatiloka ³1983] Nyanatiloka: *Buddhistisches Wörterbuch. Kurzgefaßtes Handbuch der buddhistischen Lehren und Begriffe in alphabetischer Anordnung.* Buddhistische Handbibliothek. Verlag Christiani, Konstanz 1952. 3. Aufl. 1983. Reprint der 2. rev. Aufl.

[Prakash 1961] Om Prakash: *Food and Drinks in Ancient India. From Earliest Times to c. 1200 A. D.* Munshi Ram Manohar Lal, Delhi 1961.

[PTSD] T[homas] W[illiam] Rhys Davids und William Stede: *Pali-English Dictionary.* Pali Text Society, London 1921–1925. Reprint von Oriental Books Reprint Corporation, New Delhi 1975.

[Rau 1954] Wilhelm Rau: Lotusblumen. In: Johannes Schubert und Ulrich Schneider, Hrsg., *Asiatica. Festschrift Friedrich Weller. Zum 65. Geburtstag gewidmet von seinen Freunden, Kollegen und Schülern,* S. 505–513. Otto Harrassowitz, Leipzig 1954.

[Schlingloff 1963] Dieter Schlingloff: *Die Religion des Buddhismus,* Bd. II: Der Heilsweg für die Welt. Walter de Gruyter & Co., Berlin 1963. Sammlung Göschen Band 770.

[Schmidt 1989] Klaus T. Schmidt, Hrsg.: *Der Schlußteil des Prātimokṣasūtra der Sarvāstivādins. Text in Sanskrit und Tocharisch A verglichen mit den Parallelversionen anderer Schulen.* Vandenhoeck & Ruprecht, Göttingen 1989. AAWG. Sanskrittexte aus den Turfanfunden XIII.

[Schmithausen 1976] Lambert Schmithausen: Die vier »Konzentrationen der Aufmerksamkeit«. *Zeitschrift für Missionswissenschaft und Religionswissenschaft,* 60:241–266, 1976.

[Schmithausen 1982] Lambert Schmithausen. (Rezension zu SWTF1). *Zeitschrift der Deutschen Morgenländischen Gesellschaft,* 132:407–411, 1982.

[Schumann 1992] Hans Wolfgang Schumann: *Auf den Spuren des Buddha Gotama. Eine Pilgerfahrt zu den historischen Stätten.* Walter-Verlag, Olten 1992.

[SHT I] Ernst Waldschmidt, Hrsg.: *Sanskrithandschriften aus den Turfanfunden. Teil I. Unter Mitarbeit von Walter Clawiter und Lore Holzmann herausgegeben.* Franz Steiner Verlag GmbH, Wiesbaden 1965. Verz. d. orient. Handschr. in Dtld. Hg. v. Wolfgang Voigt. Bd. X,1.

[SHT: II] Ernst Waldschmidt, Hrsg.: *Sanskrithandschriften aus den Turfanfunden. Teil II. Faksimile-Wiedergaben einer Auswahl von Vinaya- und Sūtrahandschriften nebst einer Bearbeitung davon noch nicht publizierter Stücke im Verein mit Walter Clawiter und Lore Sander-Holzmann zusammengestellt.* Franz Steiner Verlag GmbH, Wiesbaden 1968. Verz. d. orient. Handschr. in Dtld. Hg. v. Wolfgang Voigt. Bd. X,2.

[SHT III] Ernst Waldschmidt, Hrsg.: *Sanskrithandschriften aus den Turfanfunden. Teil III. Die Katalognummern 802–1014. Unter Mitarbeit von Walter Clawiter † und Lore Sander-Holzmann.* Franz Steiner Verlag GmbH, Wiesbaden 1971. Verz. d. orient. Handschr. in Dtld. Hg. v. Wolfgang Voigt. Bd. X,3.

[SHT VI] Heinz Bechert, Hrsg.: *Sanskrithandschriften aus den Turfanfunden. Teil 6. Die Katalognummern 1202–1599. Beschrieben von Klaus Wille.* Franz Steiner Verlag Wiesbaden GmbH, Stuttgart 1989. Verz. d. orient. Handschr. in Dtld. Hg. v. Hartmut-Ortwin Feistel. Bd. X,6.

[SHT VII] Heinz Bechert, Hrsg.: *Sanskrithandschriften aus den Turfanfunden. Teil 7. Die Katalognummern 1600–1799. Beschrieben von Klaus Wille.* Franz Steiner Verlag, Stuttgart 1995. Verz. d. orient. Handschr. in Dtld. Hg. v. Hartmut-Ortwin Feistel. Bd. X,7.

[Simson 1985] Georg von Simson: Stil und Schulzugehörigkeit buddhistischer Sanskrittexte. In: Heinz Bechert, Hrsg., *Zur Schulzugehörigkeit von Werken der Hīnayāna-Literatur,* S. 76–93. Vandenhoeck & Ruprecht, Göttingen 1985.

[Simson 1986] Georg von Simson, Hrsg.: *Prātimokṣasūtra der Sarvāstivādins. Nach Vorarbeiten von Else Lüders † und Herbert Härtel herausgegeben,* Bd. I: Wiedergabe bisher nicht publizierter Handschriften in Transkription. Vandenhoeck & Ruprecht, Göttingen 1986. Sanskrittexte aus den Turfanfunden XI. Abhandlungen der Akademie der Wissenschaften in Göttingen. Phil.-Hist. Kl., 3. Folge, Nr. 155.

[SWTF] Heinz Bechert, Hrsg.: *Sanskrit-Wörterbuch der buddhistischen Texte aus den Turfan-Funden. Begonnen von Ernst Waldschmidt.* Vandenhoeck & Ruprecht, Göttingen 1973 ff. Erschienen sind bisher der erste Band (Vokale) sowie die 9. u. 10. Lieferung (bis gaṇḍu-praticchādana).

[Uv] Franz Bernhard, Hrsg.: *Udānavarga. Vol. 1–2.* Vandenhoeck & Ruprecht, Göttingen 1965, 1968. Beide Bde.: Sanskrittexte aus den Turfanfunden 10. Abhandlungen der Akademie der Wissenschaften in Göttingen, Phil.-Hist. Kl. 54.

[Vaidya 1991] Bhagwan Dash Vaidya: *Materia Medica of Ayurveda. Based on Madanapāla's Nighaṇṭu. Assisted by Ku. Kanchan Gupta.* B. Jain Publishers (P)LTD, New Delhi 1991.

[de Voragine 1955] Richard Benz, Hrsg.: *Die Legenda aurea des Ja-*

cobus de Voragine. Verlag Lambert Schneider, Gerlingen 1955. Lizenzausgabe für die Wissenschaftliche Buchgesellschaft Darmstadt, 11. Aufl. 1993.

[Waldschmidt 1939] Ernst Waldschmidt. Beiträge zur Textgeschichte des Mahāparinirvāṇasūtra. *Nachrichten von der Gesellschaft der Wissenschaften zu Göttingen, N. F.,* II:55–94, 1939. Reprint in Waldschmidt 1967, pages 80–119.

[Waldschmidt 1944] Ernst Waldschmidt: *Die Überlieferung vom Lebensende des Buddha. Eine vergleichende Analyse des Mahāparinirvāṇasūtra und seiner Textentsprechungen,* Erster Teil: Vorgangsgruppe I–IV. Vandenhoeck & Ruprecht, Göttingen 1944. AAWG, Phil.-Hist. Kl. Dritte Folge, Nr. 29.

[Waldschmidt 1948 a] Ernst Waldschmidt: *Die Überlieferung vom Lebensende des Buddha. Eine vergleichende Analyse des Mahāparinirvāṇasūtra und seiner Textentsprechungen,* Zweiter Teil: Vorgangsgruppe V–VI. Vandenhoeck & Ruprecht, Göttingen 1948. AAWG, Phil.-Hist. Kl. Dritte Folge, Nr. 30.

[Waldschmidt 1948 b] Ernst Waldschmidt: Wunderkräfte des Buddha. Eine Episode im Sanskrittext des Mahāparinirvāṇasūtra. *Nachrichten der Akademie der Wissenschaften in Göttingen,* S. 48–91, 1948. Reprint in Waldschmidt 1967, pages 120–163. Enthält den Text von MPS 31.

[Waldschmidt 1950] Ernst Waldschmidt: *Das Mahāparinirvānasūtra. Text in Sanskrit und Tibetisch, verglichen mit dem Pāli nebst einer Übersetzung der chinesischen Entsprechung im Vinaya der Mūlasarvâstivādins. Auf Grund von Turfan-Handschriften herausgegeben und bearbeitet,* Teil I: Der Sanskrit-Text im handschriftlichen Befund. Akademie Verlag, Berlin 1950. ADAW, Phil.-Hist. Kl. Jg. 1949, Nr. 1.

[Waldschmidt 1951 a] Ernst Waldschmidt: *Das Mahāparinirvānasūtra. Text in Sanskrit und Tibetisch, verglichen mit dem Pāli nebst einer Übersetzung der chinesischen Entsprechung im Vinaya der Mūlasarvâstivādins. Auf Grund von Turfan-Handschriften herausgegeben und bearbeitet,* Teil II: Textbearbeitung: Vorgang 1–32. Akademie Verlag, Berlin 1951. ADAW, Phil.-Hist. Kl. Jg. 1950, Nr. 2.

[Waldschmidt 1951 b] Ernst Waldschmidt: *Das Mahāparinirvānasūtra. Text in Sanskrit und Tibetisch, verglichen mit dem Pāli nebst einer Übersetzung der chinesischen Entsprechung im Vinaya der Mūlasarvâstivādins. Auf Grund von Turfan-Handschriften herausgegeben und bearbeitet,* Teil III: Textbearbeitung: Vorgang 33–51 (inbegriffen das Mahāsudarśanasūtra). Akademie Verlag, Berlin 1951. ADAW, Phil.-Hist. Kl. Jg. 1950, Nr. 3.

[Waldschmidt 1953] Ernst Waldschmidt: *Das Mahāvadānasūtra. Ein kanonischer Text über die sieben letzten Buddhas. Sanskrit, verglichen mit dem Pāli nebst einer Analyse der in chinesischer Übersetzung überlieferten Parallelversionen. Auf Grund von Turfan-Handschriften herausgegeben,* Teil I: Einführung und Sanskrittexte im handschriftlichen Befund. Akademie-Verlag, Berlin 1953. ADAW Jg. 1952, Nr. 8.

[Waldschmidt 1955] Ernst Waldschmidt: Zu einigen Bilinguen aus den Turfanfunden. *Nachrichten der Akademie der Wissenschaften in Göttingen, Phil.-Hist. Kl.,* S. 1–20, 1955. Reprint in Waldschmidt 1967, S. 238–257.

[Waldschmidt 1956] Ernst Waldschmidt: *Das Mahāvadānasūtra. Ein kanonischer Text über die sieben letzten Buddhas. Sanskrit, verglichen mit dem Pāli nebst einer Analyse der in chinesischer Übersetzung überlieferten Parallelversionen. Auf Grund von Turfan-Handschriften herausgegeben,* Teil II: Die Textbearbeitung. Akademie-Verlag, Berlin 1956. ADAW Jg. 1954, Nr. 3.

[Waldschmidt 1961] Ernst Waldschmidt: Der Buddha preist die Verehrungswürdigkeit seiner Reliquien. *Nachrichten der Göttinger Akademie der Wissenschaften,* S. 375–385, 1961. Reprint in Waldschmidt 1967, pages 417–427. Enthält den Text von MPS 25.

[Waldschmidt 1967] Ernst Waldschmidt: *Von Ceylon bis Turfan. Schriften zur Geschichte, Literatur, Religion und Kunst des indischen Kulturraumes. Festgabe zum 70. Geburtstag.* Vandenhoeck & Ruprecht, Göttingen, 1967.

[Weber 1994] Claudia Weber: *Wesen und Eigenschaften des Buddha in der Tradition des Hīnayāna-Buddhismus.* Harrassowitz Verlag, Wiesbaden, 1994.

Register

Ābhāsvara – eine Götterart, 160, 194
Abhibhū – Schüler des Buddha Śikhin, 43 f.
Abṛha – zu den Śuddhāvāsa gehörende Götterart, 99 f., 160, 194
adbhutadarma – Text mit Wundern, 231, 242
Ādumā – ein Ort, 177 f.
Agnidatta – Vater des Buddha Krakasunda, 47 f.
Ajātaśatru Vaidehīputra – König von Magadha, 106, 168, 263
Ājīvika – nichtbuddhistische Asketenschule, 257
Ajita Keśakambala – nichtbuddhistischer Lehrmeister, 237
Ajñātakauṇḍinya – ein Mönch, 260
Akaniṣṭha – zu den Śuddhāvāsa gehörende Götterart, 56, 100 f., 103, 160, 194
alkoholische Getränke, 52
Amme, 56, 78
Āmragrāmaka – Ort im Lande der Vṛjis, 157
Āmrapāli (oder Amrapāli) – Hetäre in Vaiśālī, 134, 136, 139
Anabhraka – die »wolkenlosen« Götter, 194
Ānanda – Vetter des Buddha Gautama und sein Diener, 45, 108
Anāthapiṇḍada – ein Kaufmann, 36
Aṅga – Land im heutigen Bengalen, 138
Aṅgiras (oder Aṅgīrasa) – Beiname des Buddha Gautama, 45, 138
Aniruddha – ein Mönch, 246, 248 f., 250, 254 f.
Anopamā – Vaterstadt des Buddha Viśvabhuj, 47 f.
Anstrengungen, vier rechte – *samyak-prahāna*, 143, 155
Apramāṇābha – Götter »von unermeßlichem Glanz«, 194
Apsaras – himmlische Kurtisane, 50
Ārāḍa Kālāma – nichtbuddhistischer Lehrmeister, 176
arhat – Heiliger, 31
Ariṣṭa – Laienanhänger aus Nādikā, 131
Aruṇa – Vater des Buddha Śikhin, 46 f.
Aruṇāvatī – Vaterstadt des Buddha Śikhin, 46 f.
āryâṣṭāṅga mārga – edler achtteiliger Pfad, 155
Aśoka – Diener des Buddha Vipaśyin, 45
aśvattha – Baumart, 42, 261
Atapa – zu den Śuddhāvāsa gehörende Götter, 100 f., 160, 194

Atimuktaka – Pflanzenart, 209, 217
Atula – Sohn des Buddha Śikhin, 46
Auge, himmlisches – *divya-cakṣus*, 66
Ausfahrten, vier, 23
Auslöschen von Wahrnehmung (und) Empfindung – Meditationsstufe, 246
avadāna – Legenden über frühere Geburten von Heiligen, 231, 241
Bahupattraka – ein Heiligtum, 146f.
bala – Kraft, 155
Bandhumat – Vater des Buddha Vipaśyin, 46f., 57, 69f., 72f., 75f.
Bandhumatī – Vaterstadt des Buddha Vipaśyin, 47, 67, 79f., 92–98
Bandhumāvatī – Vaterstadt des Buddha Vipaśyin, 46
Bandhuvatī – Mutter des Buddha Vipaśyin, 46f.
Bārāṇasī – Benares , 47f., 207
Befleckung – *kleśa*, 53
Benares, 47f., 51, 54
Bereich der Bewußtseinsunendlichkeit – Meditationsstufe, 246
Bereich der Nichtsheit – Meditationsstufe, 246
Bereich der Raumunendlichkeit – Meditationsstufe, 246
Bereich, in dem es weder Wahrnehmung noch Nichtwahrnehmung gibt – Meditationsstufe, 246
Bestandteile der (übernatürlichen) Macht, vier – *ṛddhi-pāda* (Meditationsform), 143, 147, 155
Bhadra – Laienanhänger in Nādikā, 131
Bhadrika – Diener des Buddha Krakasunda, 45
Bharadvāja – Schüler des Buddha Kāśyapa, 44f.
bhāvanā-bala – meditative Aufbau- und Schöpfungskraft, 189
Bhoganagaraka – Ort im Lande der Mallas, 157
Bhujiṣya: M. Bhujiṣya – Schüler des Buddha Kanakamuni, 44f.
Bodhibaum, 42, 148
bodhy-aṅga – Erleuchtungsglied, 155, 183
Brahmā Sabhāpati (oder B. Sahāzṃpati) – ein Gott, 194, 201, 248
Brahmadaṇḍa – Form der Strafe, 182
Brahmadatta – Vater des Buddha Kaśyapa, 47f.
Brahma(n)welt – Welt einiger Götterarten, 196, 227
Brahmapurohita – eine Götterart, 194
Brahma-vihāra, vier – Meditationsart, 226f.
bṛhatphala – Götter mit »großen Tatfrüchten«, 160, 194
Brunnen, 55
Bulaka – ein Volksstamm, 263, 267
Cakravāḍa – Ringgebirge um die Welt, 198
cakravartin – Weltherrscher, 58, 205, 229
Calakalpā – Ort im Lande der Bulakas, 168, 263, 267

Campā – Hauptstadt von Aṅga, 207
Campaka – eine Pflanzenart, 209, 217
Cāpāla – Heiligtum bei Vaiśālī, 107, 146 f., 154
Cāru – Laienanhänger in Nādikā, 131
Chanda – ein Mönch, 182
Cunda (Karmāraputra) – ein Schmied, 29 f., 170–174, 181 f.
Dämonen – *rākṣasa*, 50
Daśabalakāśyapa – ein Mönch, 260
Daseinssubstrat – *upadhi*, 243
Dhānuṣkārin – eine Pflanzenart, 209, 217
Dhanavatī – Mutter des Buddha Krakasunda, 47 f.
Dhūmrasagotra – Brahmane, der die Reliquien des Buddha aufteilte, 266 f.
Dhurānikṣepana – Heiligtum, 146 f.
dhyāna – Meditation, 220
dreiunddreißig Götter – *trayatridṃśa*, 160, 195
Droṇagrāmaka – Ort im Lande der Vṛjis, 157, 267
Durst (oder Gier), 83, 89, 113, 130
Edelsteine, sieben E. eines »großen Mannes«, 58 f.
(Ehren)schirm, 54
Einflüsse, üble – *āsrava* 44
Einmalwiederkehrer – *sakṛdāgāmin*, 31, 132, 202
Einzelbuddha – *pratyekabuddha*, 168, 199, 202
Empfängnis, 25
Entstehen in Abhängigkeit – *pratītya-samutpāda*, 26, 82
Erdbeben, 31, 49, 53, 150–153, 158 f., 247
Erklärung *(vyākaraṇa)* – Textart, 241
Erleuchtung, 80 f., 95, 152, 181 f.
allerhöchste vollkommene – *anuttara samyaksambodhi*, 202, 243
Erleuchtungsglieder, sieben – *(saṃ)bodhy-aṅga*, 117, 143, 155, 183
Erweckungen der Achtsamkeit, vier – *smṛty–upasthāna* (Meditationsart), 143, 155
Erzählung mit dem Anfang »So ist es geschehen« – *itivṛttaka*, 241
Erzählung mit Versen – *geya*, 241
Fähigkeiten, fünf (geistige) – *indriya*, 143, 155
Familie – *gotras*, 41
feierlicher Ausspruch *(udāna)* – Textart, 241
Fesseln – *saṃyojana*, 132
Fruchtwasser (?) – *jubhra*, 50
Gaṇḍagrāmaka – Ort im Lande der Vṛjis, 157
Gandhāra – Ebene an der indisch–pakistanischen Grenze, 271
Ganges – Gaṅgā, 128, 194
Gāthā – Strophe, 231, 241
Gautama – Familie *(gotra)* des historischen Buddha, 41, 107, 121, 126, 129, 257
Gautamanyagrodha – Heiligtum, 146 f.
Gazellenhain – Ort der ersten Predigt, 92 f.
Geburt Vipaśyins, 25

Geistesfaktoren – *caitasika dharma*, 90
Geschichte über frühere Geburten (des Buddha) – *jātaka*, 241
Geschichte über frühere Geburten von Heiligen – *avadāna*, 241
geya – Text mit Versen, 231, 241
Gier, siehe Durst, 82, 84f., 87ff., 129, 130, 228
Glanz der (Haut)farbe, 180
Godanīya – mythischer Kontinent, 195
Götter (aus dem Himmel) der Dreiunddreißig – *trayatriṃśa*, 160, 193, 195
G. aus dem Gefolge Brahmās – *brahma-pāriṣadya*, 160
G. aus der Gruppe Brahmās – *brahma-kāyika*, 160
G., aus Verdienst geboren – *puṅya-prasava*, 160
G. mit begrenztem Glanz – *parīttābha*, 160
G. mit großen (Tat)früchten – *bṛhat-phala*, 160
G. mit unermeßlichem Glanz – *apramāṇābha*, 160
G. von begrenzter Schönheit – *parītta-śubha*, 160
G. von unermeßlicher Schönheit – *apramāṇa-śubha*, 160
G., die ganz von Schönheit sind – *śubha-kṛtsna*, 160
G., die Macht über die Schöpfungen anderer (?) haben – *parinir-mita-vaśi-vartin*, 160
G., die Priester Brahmās sind – *brahma-purohita*, 160
G., die sich magischer Schöpfungen erfreuen – *nirmāṇa–rati*, 160
G., scheinende – *ābhāsvara*, 160
G., wolkenlose – *anabhraka*, 160
Göttersöhne, 50
Götterversammlung der Dreißig, 64
Gṛdhrakūṭa – Berg bei Rājagṛha, 106f., 112
große Brahmās *(mahā-brahman)* – eine Götterart, 160
»großer Mann« – *mahā-puruṣa*, 25, 57, 59
Gruppen, fünf G. der Persönlichkeit – *skandha* 27, 90
Haarwirbel – *ūrṇā*, 62f.
Hastigrāmaka – Ort im Lande der Vṛjis, 157
Heiliger – *arhat*, 31
Heiligkeit – *arhatva*, 202
Himmelskönige, vier – Götter, 160, 193, 195
Hiraṇyavatī – Fluß von Nepal zum Ganges, 174, 181, 183, 227
»In-den-Strom-Getretene« – *srota-āpanna*, 31, 133
In-den-Strom-Treten, 201f.
indriya – fünf (geistige) Fähigkeiten, 155
itivṛttaka – Text mit dem Anfang »So ist geschehen«, 231, 241
jātaka – Geschichten von früheren Geburten des Buddha, 231, 241
Jalūkāvanaṣaṇḍa - Blutegelwald, 170, 186

Jambū – mythischer Fluß, 64, 169
Jambudvīpa – Kontinent des Rosenapfelbaumes, 101, 146f., 192, 195, 270
Jambugrāmaka – Ort im Lande der Vṛjis, 157
Jetavana – Hain des Prinzen Jeta in Śrāvasti, 36
Kaḍaṅgara – Laienanhänger in Nādikā, 131
Kakuda Kātyāyana – nichtbuddhistischer Lehrmeister, 237
Kalaviṅka – indischer Kukkuck, 62, 66
Kaliṅga – Land an der Ostküste Indiens, 216, 271
Kalpa – Weltzeitalter, 147, 228
Kanakamuni – Vorzeitbuddha, 40–48, 100–102
Kāñcana – Baumart, 261
Kapila – mythischer Seher, 48
Kapilavastu – Vaterstadt des Buddha Gautama, 47, 168, 263, 267
Kapittha – eine Baumart, 261
Karkaṭaka – Laienanhänger in Nādikā, 131
karman – Lehre von der Wirksamkeit der Tat, 241
Kāśyapa – Vorzeitbuddha, 40–48, 100–102
Kātyarṣabha – Laienanhänger in Nādikā, 131
Katzenauge – *vaiḍūrya*, 51, 59, 207
Kauṇḍinya – Familie *(gotra)* der Buddhas Śikhin und Viśvabhuj, 41
Khaṇḍa – Schüler des Buddha Vipaśyin, 43f., 92–95
Kokanada – eine Lotosart, 138
König, weltbeherrschender – *cakravartin*, 57f., 205, 229, 252
Korallenbaumblüten, 56, 256
koṭi – eine große Zahl, 169, 193
Kraft, übernatürliche – *ṛddhibala*, 189, 196
K. von Mutter und Vater geerbt, 189f.
K. der Unbeständigkeit, 199
K. der Verdienste – *puṇya-bala*, 189, 192
K. der Weisheit – *prajñā-bala*, 189, 195
Schöpfungs- oder Aufbauk., meditative, 189, 199
Kräfte, fünf (geistige) – *bala*, 143, 155
Krakasunda – Vorzeitbuddha, 40–48, 99, 101f.
Krauḍya – Volksstamm am heutigen Fluß Gandak, 167, 263, 267
Kṛkin – König in der Vaterstadt des Buddha Kāsyapa, 47f.
Kṣema – König in der Vaterstadt des Buddha Krakasunda, 47f.
K. – Name eines Hains, 92f.
Kṣemakāra – Diener des Buddha Śikhin, 45
Kṣemāvatī – Vaterstadt des Buddha Krakasunda, 47f.
Kukustā – Fluß im Lande der Mallas, 175
Kumuda – eine Lotosart, 56, 191, 209, 217, 256
Kuñjika – Pflanzenart, 131
Kuśāvatī – in der Legende früherer Name von Kuśinagarī, 207
Kuśinagarī – Sterbeort des

Buddha Gautama, 168, 174, 182, 186, 202, 206f., 227, 250
Kuṣṭhagrāmaka, 156f.
Kūṭâgāraśālā – Versammlungshalle in Vaiśālī, 146
Kuṭigrāmaka – Ort in Magadha (?), 130
Laiengebote, fünf – *śikṣāpada*, 52, 233
Lebensdaten, 19
Lebenszeit des Buddha, 22f.
Lehre von (der Wirksamkeit) der Tat – *karman*, 241
Lehrtexte, verschiedene Arten, 231
Licchavi – Volksstamm der Vṛji-Konföderation, 136f., 263, 267
Lokottaravādin – Angehöriger einer buddhistischen Schule, 21
Lotosblumen, 56
Madhugandhika – eine Lotosart, 191, 209, 217
Magadha – Königreich am Ganges, 106, 263
Mahā-Maṇḍala – größere Provinz, 262
Mahā-Māyā – Mutter des Buddha Gautama, 47f.
mahā-brahman – eine Götterart, 194
Mahācakravāḍa – Ringgebirge um die Welt, 198
Mahācunda – ein Mönch, 260
Mahākāśyapa – ein Mönch, 29, 257, 260
mahā-puruṣa – »Großer Mann«, 57
Mahāsudarśana – mythischer König, 207, 209f., 227
Mahāvīra – Begründer des Jinismus, 237
Maheśvara-Bereich – Bereich bestimmter Götter (?), 194
Maitreya – zukünftiger Buddha, 32, 194
Makuṭabandhana – Heiligtum im Lande der Mallas, 146f., 227, 253
Mālikā – Pflanzenart, 209, 217
Malla – Republik zwischen Kosala und Magadha, 170, 186ff., 250ff., 267
Mallagrāmaka – »Malla-Dorf«, 157
Māra, der Böse – buddhistischer »Teufel«, 147–149
Markkaṭa-hrada-tīra – »Affensee« bei Vaiśālī, 146
Maskarin Gośālīputra – Begründer der Ājīvika, 237
mātā-paitṛka-bala – die von Mutter und Vater geerbte (Körper)kraft, 189
Mātṛkā-Verse – »Mutterverse« aus dem Abhidharma-Piṭaka (?), 163
Maudgalyāyana – ein Mönch, 44f., 197
Meditation, erste Stufe der – *dhyāna*, 220, 245
Merkmale eines »großen Mannes«, zweiunddreißig, 57, 59–63
Meru (oder Sumeru) – mythischer Berg, 169
Mönchsweihe – *upasampad*, 238–240
Mūlasarvāstivādin – Angehöriger einer buddhistischen Schule, 21
Musikinstrument der fünf Arten, 208
Naḍerapicumanda – ein Baum, 197

Nādikā – Ort im Lande der Vṛjis, 131
Nāga – Schlange, Fabelwesen, Elefant oder Beiname des Buddha, 43, 55, 156, 271
Nairañjanā – Fluß durch Magadha, 148
Nandana – Hain im Himmel der Dreiunddreißig, 50, 76, 140
Nandighoṣa – Name eines Wagen, 221, 223, 225
Navamālikā – eine Pflanzenart, 209, 217
Nichtwiederkehrer – *anāgāmin*, 31, 132, 202
nidāna – Zusammenfassung der Themen (Textart), 231, 241
Nikaṭa – Laienanhänger in Nādikā, 131
Nirgrantha Jñātiputra – Begründer des Jinismus, 237
nirmāṇa–rati – eine Götterart, 194, 196
Nirvāṇa, restloses, 149, 152, 181 f., 201, 229, 231, 243
Niṣkā – eine Münze, 64 f., 169
Novizenweihe – *pravrajyā*, 238–240
Ordensältere – *sthavira* (skt), *thera* (pāli), 260
Padma – eine Lotosart, 56, 191, 209, 217, 256
Paiṅgika–Māṇava – ein Brahmanenjüngling, 138
Pāpā(grāmaka) – Ort im Lande der Mallas, 168, 170, 174, 186, 262, 267
parinirmitavaśavartin – eine Götterart, 194, 196
parinirvāṇa – endgültiges Nirvāṇa, 148
parīttābha – eine Götterart, 194
parīttaśubha – eine Götterart, 194
Pāṭalā – eine Pflanzenart, 209, 217
Pāṭalaka – Heiligtum bei Pāṭaliputra, 121, 126
Pāṭaligrāmaka = Pāṭaliputra (Ort in Magadha), 119 f., 124–126
Pfad, edler achtteiliger – *āryâṣṭaṅga mārga*, 143, 155, 237 f.
Pippalāyana Māṇava – ein Brahmanenjüngling, 269 f.
Pippalavatī – Hauptort der Mauryas, 270
Prabhāvatī – Mutter des Buddha Śikhin, 46 f.
prajñā-bala – Kraft der Weisheit, 189
Pratāpana – Sohn des Buddha Krakasunda, 46
Prātimokṣa–(Sūtra), 97 f., 242
pratītya–samutpāda – Entstehen in Abhängigkeit, 82, 84, 90
pratyeka–buddha – Einzelbuddha, 168, 199, 202
pravrajyā – Novizenweihe, 238
Puṇḍarīka – eine Lotosart, 42, 56, 209, 217, 256
puṇya-bala – Kraft der Verdienste, 189
puṇya-prasava – eine Götterart, 194
Pūraṇa Kāśyapa – ein nichtbuddhistischer Lehrmeister, 237
Pūrvavideha – ein mythischer Kontinent, 195
Putkasa – ein Minister der Mallas, 176 f., 179

Rad der Lehre, 152, 243
Rāhula – Sohn des Buddha Gautama, 46
Rājagṛha – Hauptstadt von Magadha, 106, 138, 207
Rākṣasas – eine Dämonenart, 50
Rāmagrāma – Ort der Nāgas, 271
Rāmagrāmaka – Ort im Lande der Krauḍyas, 167, 263, 267
ṛddhi-bala – übernatürliche Kraft, 189
ṛddhi-pāda – Meditationsform, 147, 155
Sāketa – Stadt in Kosala, 206f.
Śakra – König der dreiunddreißig Götter, 39, 50, 76, 193, 201, 248
Śākya – Familie *(jāti)* des Buddha Gautama, 41, 240, 263, 267
Śākyamuni – Bezeichnung des Buddha Gautama, 41f., 45
Śāla – Baumart, 42
Śālavana – Wald mit Śāla-Bäumen, 146f.
Saṃbhava – Schüler des Buddha Śikhin, 43f.
saṃbodhy-aṅga – Erleuchtungsglied, 117
Saṃjayin Vairūtīputra – ein nichtbuddhistischer Lehrmeister, 237
Saṃjīva – Schüler des Buddha Krakasunda, 44
Śaṃkara – ein Gott, 102
saṃskāra – Gestaltungen, karmische Formationen, 86, 88
Saṃtuṣita – ein Gott, 194
samyak-prahāna – (vier) rechte Anstrengungen, 155
saṃyojana – Fessel, 132
Saptâmraka – ein Heiligtum, 146f.
Śāriputra – ein Mönch, 44f., 195
Sārthavāha – Sohn des Buddha Kanakamuni, 46
Sarvāstivādin – Angehöriger einer buddhistischen Schule, 20
Sarvamitra – Diener des Buddha Kāśyapa, 45
Saugandhika – Lotosart, 191, 209, 217
Schönheit, 64
Schritte, sieben S. nach der Geburt, 54
Schulung, dreifache – *śikṣā*, 113
Schwangerschaft der Buddhamutter, 25
»Schwimmhäute« – körperliches Zeichen eines »großen Mannes«, 26
Śikhin – Vorzeitbuddha, 40–47, 99, 101f.
Śiṃśapā – Baumart, 130
skandha – (fünf) Gruppen der Persönlichkeit, 90
Śobha – König in der Vaterstadt des Buddha Kanakamuni, 47f.
Śobhāvatī – Vaterstadt des Buddha Kanakamuni, 47f.
spontan entstanden – Eigenschaft der Götter, 132
Śrāvastī – Hauptstadt von Kosala, 36, 206
Śroṇa – Schüler des Buddha Viśvabhuj, 43f.
smṛty-upasthāna – vier Erwekkungen der Achtsamkeit (Meditationsart), 155

Strophe *(gāthā)* – Textart, 241
Subhadra – Laienanhänger in Nādikā, 131
S. – ein Wanderasket, 234–239
Śubhākṛtsna – Götterart, 194
Śubhākṛtsna – Brahmane aus Viṣṇudvīpa, 168
Śuddhāvāsa – Götter der »reinen Gefilde«, 99
Śuddhodana – Vater des Buddha Gautama, 47f.
sudarśana – zu den Śuddhāvāsa gehörende Götter, 100f., 160, 194
sudṛśa – zu den Śuddhāvāsa gehörende Götter, 101, 160
Sumanas – eine Pflanzenart, 209, 217
Sumeru (oder Meru) – ein mythischer Berg, 195
Suprabuddha – (1) Sohn des Buddha Viśvabhuj, 46
Suprabuddha – (2) ein Śakya aus Kapilavastu, 168
Supradīpa – Vater des Buddha Viśvabhuj, 47f.
Śūrpagrāmaka – Ort im Lande der Vṛjis, 157
Sūrya – Sonne(ngott), 49
Susaṃvṛttaskandha – Sohn des Buddha Vipaśyin, 46
Svastika – Diener des Buddha Kanakamuni, 45
Tagara – ein aromatisches Pulver, 56
Text, von großem Ausmaß – *vaipulya*, 241
T., von Wundern – *adbhutadharma*, 241
Theravāda – eine buddhistische Schule, 19
Tiṣya – (1) Schüler des Buddha Kaśyapa, 44f.
Tiṣya – (2) Schüler des Buddha Vipaśyin, 43–45, 92–95
Turfan–Expeditionen, 20
Tuṣita – eine Götterart, 49–53, 56, 151, 160, 194, 196
udāna – feierlicher Ausspruch (Textart), 231, 241
Udumbara – eine Baumart, 42, 228, 261
Unterweisung – *upadeśa* (Textart), 242
Upacāru – Laienanhänger aus Nādikā, 131
upadeśa – Unterweisung (Textart), 231, 242
Upamāna – ein Mönch, 228
Upāriṣṭa – Laienanhänger aus Nādikā, 131
upasaṃpad – Mönchsweihe, 238
Upaśānta – Diener des Buddha Viśvabhuj, 45
Upoṣatha – Name eines Elefantenkönigs, 221, 223f., 226
ūrṇā – Haarwirbel zwischen den Augen des Buddha, 62
Uruvilvā – Ort in Magadha, 148
Utpala – eine Lotosart, 56, 191, 209, 217, 256
Uttara – Schüler des Buddha Kanakamuni bzw. des Buddha Viśvabhuj, 43–45
Uttarā – Mutter des Buddha Viśvabhuj, 47f.
Uttarakuru – ein mythischer Kontinent, 195
Vaidehīputra – Teil des Namens von König Ajātaśatru, 106

vaipulya – Text von großem Ausmaß, 231, 241
Vairaṇyā – ein Ort, 197
Vaiśālī – Hauptstadt der Licchavis, 134, 136, 141, 146, 156 f., 168, 207, 263, 267
Vaiśravaṇa – ein Gott, 102
Vālāha – Name eines Pferdekönigs, 221, 223, 225
Varṣākāra – Minister in Magadha, 30, 106, 124, 126, 128 f., 263, 267
Vārṣikā – eine Pflanzenart, 209, 217
Veṇugrāmaka – Ort im Lande der Vṛjis, 141 f.
Veṇuyaṣṭikā – Ort in Magadha, 119
Verdienst – *puṇya*, 128
Verlöschen – Nirvāṇa, 152
Vidura – Schüler des Buddha Krakasunda, 44
Vijitasena – Sohn des Buddha Kāśyapa, 46
Vipaśyin, 40–47, 67 und passim
Viśākhā – Mutter des Buddha Kāśyapa, 47 f.
Viṣṇudvīpa – ein Ort, 168, 263, 267
Viśvabhuj – Vorzeitbuddha, 40–48, 99, 101 f.
Vorstellung des Nirvāṇa, 203
Vṛji – Land nördlich des mittleren Ganges, 106–112, 125, 146
Vṛjigrāmaka – »Vṛji-Dorf«, 157
vyākaraṇa – Erklärung (Textart), 231–241
Wahrheiten, vier edle – *ārya satya*, 119 f.
Wasserströme, zwei (zur Geburt), 55
Weltbereich, dreitausendfacher großtausendfacher, 196
W., tausendfacher kleiner, 196
W., zweitausendfacher mittlerer, 196
Wurzeln des Guten, »heiße« – Stufe auf dem Weg zur Erleuchtung, 201
Yajñadatta – Vater des Buddha Kanakamuni, 47 f.
Yāma-Götter, 160, 194, 196
Yamakaśāla – Śāla-Bäume in Paaren, 202
Yaśas – Laienanhänger aus Nādikā, 131
Yaśodatta – Laienanhänger aus Nādikā, 131
Yaśottara – Laienanhänger aus Nādikā, 131
Yaśovatī – Mutter des Buddha Kanakamuni, 47 f.
yojana – ein Längenmaß, 59, 66, 207
Yūthikā – Pflanzenart, 209, 217
Zusammenfassung der Themen – *nidāna* (Textart), 241

Danksagung

Danken möchte ich allen, die zum Entstehen des vorliegenden Buches beitrugen. Zunächst ist hier Dr. Leo Both aus Bonn zu erwähnen, der mit mir meine gesamte Übersetzung des Mahāvadāna-Sūtra durchgesehen hat. Wichtige Literatur wurde mir von Dr. Siglinde Dietz aus Göttingen vermittelt. Bei der Arbeit in der Bibliothek des Indologischen Seminars aus Bonn gab mir der Bibliothekar Peter Wyzlic zahlreiche wertvolle Hinweise. Weiterhin gilt mein Dank meinem inzwischen verstorbenen Doktorvater Prof. Dr. Hans-Joachim Klimkeit aus Bonn, von dem die Idee zu den Übersetzungen des Mahâvadāna-Sūtra und des Mahāparinirvāṇa-Sūtra ins Deutsche stammt. Bei allen Fragen zur elektronischen Textverarbeitung unterstützte mich mein Bruder Dipl.Inform. Volker Weber.

Zur Herausgeberin

Claudia Weber, geboren 1961 in Berlin, studierte in Berlin, Uppsala und Bonn Religionswissenschaft, Indologie und Vor- und Frühgeschichte und promovierte in Bonn über »Wesen und Eigenschaften des Buddha in der Tradition des Hinayana-Buddhismus«. Sie ist derzeit am Institut für Religionswissenschaft der Universität Heidelberg tätig. Bei Diederichs ist Claudia Weber bereits mit dem Beitrag »Der Buddha in der Lehre des Theravada« vertreten (»Wer ist Buddha?«, 1998).

DIEDERICHS GELBE REIHE
Die lieferbaren Bände

- DG 1 I Ging
- DG 6 Das Totenbuch der Tibeter
- DG 7 Heinrich Zimmer: Der Weg zum Selbst
- DG 8 Helmuth von Glasenapp: Pfad zur Erleuchtung
- DG 12 Hellmut Wilhelm: Sinn des I Ging
- DG 13 Geshe Lhündub Söpa u. Jeffrey Hopkins: Der Tibetische Buddhismus
- DG 14 Dschuang Dsi: Das wahre Buch vom südlichen Blütenland
- DG 15 Upanishaden
- DG 16 Mahabharata
- DG 18 Popol Vuh
- DG 19 Laotse: Tao te king
- DG 20 Annemarie Schimmel: Rumi
- DG 21 Bhagavadgita / Aschtavakragita
- DG 22 Kungfutse: Gespräche. Lun Yü
- DG 23 Al Ghasali: Das Elixier der Glückseligkeit
- DG 24 Basil Johnston: Und Manitu erschuf die Welt
- DG 27 Idries Shah: Die Sufis
- DG 28 Liä Dsi: Das wahre Buch vom quellenden Urgrund
- DG 29 Tantra in Tibet
- DG 30 Chang Chung-yuan: Tao, Zen und schöpferische Kraft
- DG 31 Li Gi. Das Buch der Riten, Sitten und Bräuche
- DG 32 Annemarie Schimmel: Und Muhammad ist Sein Prophet
- DG 33 Heinrich Zimmer: Indische Mythen und Symbole
- DG 34 Śāntideva: Poesie und Lehre des Mahāyāna-Buddhismus
- DG 35 Der Sohar. Das heilige Buch der Kabbala
- DG 36 Kungfutse: Schulgespräche
- DG 37 Annemarie Schimmel: Gärten der Erkenntnis
- DG 39 Emma Brunner-Traut: Die Kopten
- DG 42 Mong Dsi: Die Lehrgespräche des Meisters Meng K'o
- DG 45 Ramayana
- DG 46 Germanische Götterlehre
- DG 47 Hans Findeisen u. Heino Gehrts: Die Schamanen
- DG 51 Erfahrungen mit dem I Ging
- DG 52 Franz Carl Endres u. Annemarie Schimmel: Das Mysterium der Zahl
- DG 53 Gerhard Wehr: Die Bruderschaft der Rosenkreuzer
- DG 56 Albert Y. Leung: Chinesische Heilkräuter
- DG 57 Christian Rätsch: Chactun. Die Götter der Maya
- DG 61 John Blofeld: Der Taoismus
- DG 62 Alfred Douglas: Ursprung und Praxis des Tarot
- DG 64 Richard Wilhelm und C. G. Jung: Geheimnis der Goldenen Blüte

DG 65 Wen Kuan Chu/ Wallace A. Sherrill: Astrologie des I Ging
DG 67 Heinrich Zimmer: Abenteuer und Fahrten der Seele
DG 68 Wolfram Eberhard: Lexikon chinesischer Symbole
DG 71 Christian Rätsch: Indianische Heilkräuter
DG 73 Hans Wolfgang Schumann: Der historische Buddha
DG 74 Heinrich Seuse u. Johannes Tauler: Mystische Schriften
DG 78 Robert Aitken: Zen als Lebenspraxis
DG 81 Namkhai Norbu: Dzogchen, der Weg des Lichts
DG 82 Annemarie Schimmel: Muhammad Iqbal
DG 84 Namkhai Norbu: Der Zyklus von Tag und Nacht
DG 91 Weisheit der Völker
DG 93 L. S. Dagyab: Buddhistische Glückssymbole
DG 96 Benjamin Walker: Gnosis
DG 99 Hans Wolfgang Schumann: Buddhismus
DG 101 Omar Ali-Shah Sufismus für den Alltag
DG 102 Annemarie Schimmel: Von Ali bis Zahra
DG 103 Rients R. Ritskes: Zen für Manager
DG 106 Geshe Thubten Ngawang: Vom Wandel des Geistes
DG 107 Sri Chinmoy: Veden, Upanishaden, Bhagavadgita
DG 108 Friedrich Weinreb: Kabbala im Traumleben des Menschen
DG 109 Dominique Viseux: Das Leben nach dem Tod
DG 110 René Grousset: Die Reise nach Westen
DG 111 Dennis Genpo Merzel: Durchbruch zum Herzen des Zen
DG 112 Åke Hultkrantz: Schamanische Heilkunst und rituelles Drama
DG 114 Hans Wolfgang Schumann: Mahāyāna-Buddhismus
DG 115 Christian Rätsch: Heilkräuter der Antike
DG 116 Gerhard Wehr: Spirituelle Meister des Westens
DG 117 Hartmut Kraft: Über innere Grenzen
DG 118 Isabelle Robinet: Geschichte des Taoismus
DG 119 Idries Shah: Sufi-Wege zum Selbst
DG 120 H. P. Blavatsky: Theosophie und Geheimwissenschaft
DG 121 Rumi: Von Allem und vom Einen
DG 122 Dominique Hertzer: Das Mawangdui-Yijing
DG 123 Murad Hofmann: Reise nach Mekka
DG 124 Andreas Gruschke: Mythen und Legenden der Tibeter

DG 125 Malidoma Somé: Vom Geist Afrikas
DG 127 Gerd Becher/Elmar Treptow: Vom Frieden der Seele
DG 128 Hanna Moog: Leben mit dem I Ging
DG 129 Hans Wolfgang Schumann: Die großen Götter Indiens
DG 131 Gerardo Reichel-Dolmatoff: Das schamanische Universum
DG 132 Thomas Cleary: Zen-Geschichten
DG 133 Vanamali Gunturu: Krishnamurti
DG 134 Kornelius Hentschel: Geister, Magier und Muslime
DG 135 Konrad Dietzfelbinger: Mysterienschulen
DG 136 Matthias Dalvit: Geburts-I Ging und Astrologie
DG 137 Andreas Gruschke: Die heiligen Stätten der Tibeter
DG 138 Elvira Friedrich: Yoga
DG 139 John Bierhorst: Die Mythologie der Indianer Nordamerikas
DG 141 Marc Jongen: Das Wesen spiritueller Erkenntnis
DG 142 Jyotishman Dam: Shiva-Yoga
DG 143 Ella E. Clark: Indianische Legenden
DG 144 Jakob Böhme: Im Zeichen der Lilie – Werke
DG 145 Rudolf Haase: Johannes Keplers Weltharmonik
DG 146 Gerhard Wehr: Heilige Hochzeit
DG 147 Ad Borsboom: Myten und Spiritualität der Aborigines
DG 148 John Matthews: Keltischer Schamanismus
DG 149 Johannes Hartlieb: Das Buch der verbotenen Künste
DG 150 Gerd Heinz-Mohr: Lexikon der Symbole
DG 151 Martina Darga: Das alchemistische Buch von innerem Wesen und Lebensenergie
DG 152 Vanamali Gunturu: Mahatma Gandhi
DG 153 Meister Eckhart: Mystische Traktate und Predigten
DG 154 Namkhai Norbu: Spiegel des Bewußtseins
DG 155 Die Weisheit Asiens
DG 156 Claudia Weber: Buddhistische Sutras
DG 157 Paramahansa Yogananda: Die spirituelle Lehre der Rubaijat
DG 158 Matthias Mala: Die Macht der weißen Magie